基于中国管理实践的理论创新研究丛书

中国企业组织变革
与文化融合策略

王重鸣　主编

科学出版社

北京

内 容 简 介

本书根据国家自然科学基金委员会管理科学部首个重点项目群的项目之一"基于并行分布策略的中国企业组织变革与文化融合机制研究"的五年实证研究，针对中国企业转型升级和变革实践中面临的组织变革与文化融合关键问题，以认知科学的"分布式决策策略"和决策科学的"双栖式行为策略"为研究思路，从中国企业组织变革视角，系统考察与总结动态变革的研究方法，围绕创业社会责任论和组织前瞻警觉论，提出了能力适配成长论、女性创业领导论、知识产权创业论、跨境外派角色论，进而检验与创建了变革赋能行动论，系统总结了企业组织变革和组织发展的模式、机制、策略和路径，为中国企业组织变革管理提供了新的理论与方法论。

本书可供各类专业的学生、教师、干部、经理人员与专业技术人员阅读、学习，可作为研究生教材、方法参考和工作与变革实践的指导手册。

图书在版编目（CIP）数据

中国企业组织变革与文化融合策略 / 王重鸣主编. —北京：科学出版社，2021.3

（基于中国管理实践的理论创新研究丛书）

ISBN 978-7-03-067349-7

Ⅰ. ①中… Ⅱ. ①王… Ⅲ. ①企业组织-企业改革-关系-企业文化-研究-中国 Ⅳ. ①F279.23

中国版本图书馆 CIP 数据核字（2020）第 254056 号

责任编辑：陈会迎 / 责任校对：贾娜娜
责任印制：张 伟 / 封面设计：无极书装

科 学 出 版 社 出版
北京东黄城根北街 16 号
邮政编码：100717
http://www.sciencep.com

北京虎彩文化传播有限公司 印刷
科学出版社发行 各地新华书店经销

*

2021 年 3 月第 一 版 开本：720×1000 B5
2021 年 5 月第二次印刷 印张：18
字数：362 000

定价：180.00 元
（如有印装质量问题，我社负责调换）

丛书编委会

编　委（按姓氏拼音排序）

总　序

为了全面、系统、深入地研究与展示中国改革开放 40 年来的优秀管理实践与创新变革经验，聚焦中国管理实践的理论创新，国家自然科学基金委员会管理科学部于 2012 年首次启动了重点项目群的项目资助类型，资助了"基于中国管理实践的理论创新研究"重点项目群。该重点项目群旨在通过聚焦中国企业与组织的管理实践行为的多视角协同研究，充分发挥管理学多学科领域合作研究的优势，深度探索中国企业及组织管理的成功实践、作用机制及其发展演进机理。该重点项目群侧重研究在复杂多变和具有中国特色的管理制度、经济环境、社会与文化条件下中国企业与组织的管理模式、行为机制与成长策略。在此基础上，项目群拓展相关管理理论，探究创新机制，建构研究策略，尝试构建中国管理的理论创新，从而显著提升我国管理学基础研究和理论发展的原始创新能力。该项目群重点项目的主持人和项目名称如下。

（1）清华大学杨斌教授："中国企业战略领导力研究：集体领导力的理论模型及有效性"。

（2）中山大学陆亚东教授："中国企业/组织管理理论创新研究"。

（3）吉林大学蔡莉教授："中国转型经济背景下企业创业机会与资源开发行为研究"。

（4）浙江大学王重鸣教授："基于并行分布策略的中国企业组织变革与文化融合机制研究"。

（5）浙江大学吴晓波教授："中国企业自主创新与技术追赶理论研究：模式、机制与动态演化"。

（6）西安交通大学席酉民教授："建构中国本土管理理论：话语权，启示录与真理"。

五年来，在国家自然科学基金委员会管理科学部的指导下，"基于中国管理实践的理论创新研究"重点项目群的各项研究取得了一定的理论创新和研究成果，也积累了一些重点项目群有效运营和项目管理的宝贵经验。本系列成果论著从多个角度展现出该重点项目群研究的多项理论创新与实践成效。概括起来，在企业集体领导力特征、中国管理理论体系、创业机会与资源开发一体化、组织变革与文化融合、自主创新与技术追赶、本土管理模式六大领域取得了理论创新成果。

一、重点项目群取得的主要理论创新

重点项目群的各项目团队在"基于中国管理实践的理论创新研究"方面解决了哪些关键理论与实践问题呢？改革开放以来，中国管理经历了承包制改革、多元化经营、科技型创新、国际化创业、企业转制变革、数字化转型等重要实践，提出了一些新的重要理论问题与实践挑战。比较集中的问题有：中国管理的独特性、领导行为的新模式、技术创新的新路径、变革文化的新策略、创业行为的新视角与新战略、本土领导的新理论等。重点项目群的各项目团队紧紧围绕这些重要实践问题，开展了深度的实证研究与独创的案例诠释，取得了重要的理论创新。

（一）中国企业的集体领导力模型

清华大学杨斌、杨百寅项目团队完成的重点项目"中国企业战略领导力研究：集体领导力的理论模型及有效性"，以中国集体主义文化为背景，提出了"集体领导力"概念，并展开系统性研究，包括概念界定与梳理、测量工具开发与验证、理论检验和实际应用。该项目把集体领导定义为"有着共同理想和价值观的领导集体在民主集中制下分工合作、集体决策以实现集体利益最大化的过程"。其领导力来源于领导班子的众人智慧，以集体主义为社会文化基础，聚焦高层团队，扮演召集人与协调人领导者角色。中国企业通过领导团队内部充分交流和沟通以及组织成员的共识认同而形成领导力的过程，进而体现出多方协商机制、民主集中达成共识的决策机制。在此基础上，研究开发了"共同理想、分工协作、发展成长"三项中西方文化下的共有维度和"顾全大局、和而不同、民主集中"三项中国情境下的特有维度。围绕集体领导力结构维度的区分效度与聚合效度，组织基础的前因变量效应，验证个体层面、团队层面和组织层面的不同作用机制等开展了理论构建和实证检验，并对相关其他领导力研究（战略型领导、变革型领导、家长式领导等）的交叉验证和差异分析，开展了多层次的理论与实证研究，进一步拓展了对于中国情境下集体领导力的创新理解。

（二）中国企业的"合"理论体系

中山大学陆亚东项目团队所完成的重点项目"中国企业/组织管理理论创新研究"，探索以中国企业成长为目的，以战略管理为视角的中国企业管理中的"合"理论体系，包含复合、联合、相合、结合等核心元素，进而创建其竞争优势或弥补其劣势，关注资源与能力的"独特组合、开放利用和共生发展"，以合补短，以合促长，合则共生，从而创造出市场快速响应、高性价比、复合式服务的独特优势。该项目研究围绕中国与新兴市场企业的国际化理论体系，构建了包含"内向国际化、激进对外直接投资、国内转换能力、国内能力升级、全球能力增强"五步骤的上升螺旋模型及其动态机制。以中外、天地、古今思路做好中国特色管理理论的创新，并总结出中国管理学理论创新研究的六种方法：困惑驱动式、哲学引导式、分类式、框架式、比较式、隐喻式。这为优化和应用中国企业的"合"理论体系提供了切实可行的方法论。

（三）中国创业机会资源一体化理论

吉林大学蔡莉和中国人民大学徐二明教授团队完成的重点项目"中国转型经济背景下企业创业机会与资源开发行为研究"，聚焦于机会—资源一体化的视角，通过对 135 家创业企业（孵化器）的案例分析，围绕中国转型经济背景下的创业环境与企业内部因素特征，对创业机会—资源开发行为概念体系的构建及影响因素进行分析，创建了 LCOR（L 创业学习、C 创业能力、O 创业机会、R 创业资源）创业模型，并基于此模型对创业战略选择开展研究。该项目研究了中国转型经济情境下的创业环境维度，构建基于中国情境的创业研究体系。基于此，从创业环境中的制度环境视角切入，对制度创业下的机会—资源开发行为进行系统研究；系统提出机会—资源一体化概念体系并进行量表开发。以机会—资源一体化为研究视角，构建机会与资源作用关系模型，并就政府和市场强弱关系组合及特定行业背景下的机会—资源一体化行为进行分类研究；从知识视角揭示了创业学习机制，进而探究其与创业行为的作用关系；构建创业能力概念体系，探究创业学习到创业能力的转化机制；系统研究了创业战略的概念内涵及特征，并构建创业战略模型，进而深入探究机会、资源与创业战略选择的关系。该项目 LCOR 创业模型的构建，与 Timmons 模型互为补充，拓展和深化了创业行为理论。此外，该项目提出创业战略往往是在过程中形成的，同时提出创业战略是重行动、淡战略的过程。创业战略是活动积累的结果，这一结论是对传统创业战略理论的扩展。

（四）中国企业变革赋能行动理论

浙江大学王重鸣项目团队完成的重点项目"基于并行分布策略的中国企业组织变革与文化融合机制研究"，针对中国企业转型升级、全球创业、科技创业、云端运营、"互联网+"以及数字智能等重要实践问题，运用双栖演化行为策略和并行分布决策策略，以"文化竞合适应—团队决策选配—组织行动发展"为组织变革演进框架，通过深度案例分析、神经实验验证、专题问卷测量、企业数据库建模和现场准实验等一系列实证研究方法，创建了基于动态变革的问题驱动方法论和变革赋能行动理论。该理论包含三大维度：价值适应维度——创业社会责任理论，决策选配维度——组织前瞻警觉理论，赋能发展维度——创新赋能行动理论，以及基于两栖策略的变革文化融合三重机制等理论创新及其应用方法，这些理论和方法形成了中国企业变革赋能行动理论体系。该项目针对战略新兴产业发展、互联网与数字化转型、家族企业发展、企业国际化战略、企业转型升级和创业创新生态系统实践等当前典型的变革实践问题开展应用策略开发研究工作，并创建了包含 80 项案例的创业组织变革案例库和组织发展工具库。

（五）中国企业自主创新追赶理论

浙江大学吴晓波项目团队完成的重点项目"中国企业自主创新与技术追赶理论研究：模式、机制与动态演化"在长期扎根中国管理实践的基础上，通过对 20 家典型企业为代表的跟踪式纵向案例研究的深度分析，系统研究了复杂多变和具有中国特色的制度转型、跨范式技术体制、多层次市场空间及新兴的全球网络与价值网络为一体的中国情境下中国企业在范式转变的新构念"超越追赶"，并从技术范式转变和价值网络重组两个维度创新性地提出了基于自主创新的超越追赶模式，从技术追赶和市场追赶两个维度，丰富了对超越追赶内涵的诠释，积极探索中国企业技术追赶的模式、机制及创新能力演化规律，从而构建了超越追赶的管理机制。该项目进一步从知识产权控制和市场控制两个维度深度分析了超越赶超的非线性学习机制、迂回路径选择、迂回创新模式和创新能力要求，从而形成了超越追赶的新理论体系。

（六）中国本土和谐管理整合理论

西安交通大学席酉民项目团队所完成的重点项目"建构中国本土管理理论：话语权，启示录与真理"，基于情境依赖、主体互动的假设，深入研究与阐释了中国管理情境下领导资源获取的不同方式及领导资源偏好的一般特征，并围绕网络经济下资源与商业模式的新含义以及企业竞争优势的新来源，探索了组织适应新技术的背景和实现可持续发展的机制。项目研究取径多元范式，尝试了新的研究方法，从中国实际现象出发，让问题决定方法，从系统、批判性思维看待组织管理问题，并针对管理理论的基础问题和中国管理理论的构建进行了探索。该项目在组织应对环境复杂性的组织模式与动态机制、高新技术环境下的组织创新机制、组织与复杂环境及场域的互动机制和组织内部网络化的自治协作机制诸多方面取得创新，对于破除中国管理研究的单一范式之弊很有启发。

二、重点项目群的理论创新如何炼成

过去五年的重点项目群的探索与实践取得了宝贵的经验，主要表现在三个方面。

（一）专家指导与团队协同

重点项目群的设立，是国家自然科学基金委员会管理科学部的一项创新尝试，旨在集合一批国内的重量级学者投身于研究中国管理实践，提出中国管理理论创新的重要过程。重点项目群怎样才能充分整合优势和聚焦管理理论创新呢？由于重点项目群由多支跨领域的研究团队组成，如何强化多团队协作就成为新的探索。增强团队协作的创新方法是开展年度重点项目群团队交流与分享研讨会。来自多个重点项目群团队的海内外杰出专家学者就基于中国管理实践的理论创新研究这一重要专题进行报告、研讨和交流。

国家自然科学基金委员会管理科学部的创新做法是特邀了 5 位工商管理相关领域的国内外知名学者担任专家，成立了重点项目群专家指导组，对年度项目研讨会开展指导。各位指导专家对项目团队的研究进展汇报进行深度点评、热情鼓励并提出建议。清华大学的赵纯均教授、弗吉尼亚大学的陈明哲教授、南京大学的赵曙明教授、北京大学的武常岐教授、厦门大学的吴世农教授等专家指导组成员，在多次年度项目进展研讨会和中期检查会期间，先后就中国理论与管理实践的关系、中西方理论的对话、研究问题的聚焦、理论思路的精炼，乃至如何发挥研究成果的应用价值等问题和各项目团队进行了热烈的建设性讨论。他们在认真听取和审阅了各个重点项目的进展研讨中，指导各项目研究工作，建议各项目通过实证分析、案例研究、实验验证、脑电神经建模等多种研究方法，提炼中国管理实践理论，促进交叉领域间交流，深化理论进展和提升研究成果落地应用的方法。特别是勉励项目团队拥有一颗企图心，敢于尝试，敢于冒险，努力在理论创新上取得突破。

在此过程中，还就项目群指导专家组的成立、运营方式，项目群实施过程的协调、组织与管理机制进行了深入细致的讨论，形成了实施过程管理的相关约定。每次重点项目群年会，都发挥了沟通研究进展，分享新思想与新见解，探讨遇到的问题、困难以及合作需求等作用，显著推动了重点项目群的研究目标的最终达成。通过对各自科学研究和实践经验的分享，分阶段对促进中国管理实践的理论创新、中国企业的转型与超越、中国企业家的赋能与成长做出重要贡献。

（二）问题驱动与创新方法

"基于中国管理实践的理论创新研究"重点项目群，旨在以中国企业与组织的重要管理实践为研究对象，充分发挥管理学多学科领域合作研究的优势，多视角深度探索中国企业与组织管理的成功因素、作用机制、持续发展、演进机理，研究复杂多变和具有中国特色的制度、经济与文化环境下中国企业/组织的管理模式、行为模式与成长发展模式和建模理论，管理创新机制及其演化规律，提升我国管理学基础研究和理论的原始创新能力。为了达成这一目标，各个项目团队强化问题驱动，创新研究方法，努力融汇中西理论，连通古今文化，创造性地开展基于中国管理实践的理论创新研究，为中国乃至世界的管理理论做出很大贡献。

1. 定性分析与定量研究相结合

在"中国企业战略领导力研究：集体领导力的理论模型及有效性"项目的研究中，在理论思路构建的基础上，采用量表开发方法，识别与检验集体领导力的关键维度结构和测量方法，并通过实证方法检验其区分效度与聚合效度，以问卷调查方法验证了集体领导力对于绩效的预测效应。在"中国转型经济背景下企业创业机会与资源开发行为研究"中，项目团队综合运用分类案例分析与问卷调查，发现动态平衡灵活型知识整合和效率型知识整合对于提升高技术企业绩效具有显著作用，而灵活型与效率型知识整合则有助于高技术新创企业弥补创业能力。

2. 经典演绎与理论视角相整合

在"中国企业/组织管理理论创新研究"项目中，综合演绎中国古代经典理念，聚焦新型理论视角拓展，有效地整合了双元理论、动态视角、国际化视角、复合式视角，提出与检验了"合"理论，创新地解释为什么拥有普通资源和能力的中国企业能够实现成长的关键问题。在"建构中国本土管理理论：话语权，启示录与真理"研究中，项目团队因循和谐管理的研究足迹，以中国本土管理实践为出发点，尝试了一系列"宏观、中观经验理论"的本土建构，推进了和谐管理理论作为元理论、经验理论的体系化。

3. 问题驱动与多维实证相聚合

在"基于并行分布策略的中国企业组织变革与文化融合机制研究"项目中，首创问题驱动、情境嵌入、机制聚焦的新方法论，通过深度案例研究、脑神经认知实验、准实验现场实证等多构思多方法，聚合式验证了变革赋能行动理论的价值适应、决策选配和赋能发展三维理论体系及其三重演进机制。在"中国企业自主创新与技术追赶理论研究：模式、机制与动态演化"项目中，运用深度案例跟踪方法，建构了制度、技术、市场、网络四维情境下的自主创新的知识产权控制与市场控制两个分析维度，从而验证了超越追赶理论的多维体系及其动态演化机制。

（三）策略构建与成果应用

"基于中国管理实践的理论创新研究"重点项目群显著推动了各校的科研能力建设与专业队伍培养，并且对中国特色的管理实践应用具有重大的指导意义。

清华大学杨斌、杨百寅项目团队在研究策略上体现出概念构建、测量开发、变量定位、机制检验的严谨方法论运用和集体领导力在多类企业的应用；中山大学陆亚东项目团队通过创造性地利用"合"理论（包括复合、联合、相合、结合），提出了中国企业增强自身竞争优势或弥补其劣势的策略；浙江大学的王重鸣项目团队强调通过长期承担项目研究而增长团队创新能力与研究模式变革精神，并在变革赋能行动理论的应用上创建了创业组织变革案例库和组织发展策略库；吉林大学蔡莉项目团队和浙江大学吴晓波项目团队都运用深度纵向案例分析方法，在聚焦理论建构基础上提炼出中国企业的创业创新模式与策略；西安交通大学席酉民项目团队则通过多元范式，从中国实际现象出发，让问题决定方法，并从系统、批判性思维看待组织管理问题和探讨管理理论范式及中国管理策略的开发。

让我们检阅本系列专著的组织管理理论创新成果与应用价值：中国企业集体领导力、中国管理"合"理论体系、中国企业创业机会资源论、中国企业变革赋能行动论、中国企业超越追赶论、中国本土管理理论。从国家自然科学基金委员会管理科学部资助的首个重点项目群的研究与应用成果来看，理论创新与策略应用紧密结合，源于中国管理实践，用于指导新的实践，正在取得持续的创新成效！

重点项目群专家指导组
2018 年 6 月

前　言

　　本书为国家自然科学基金委员会管理科学部首个重点项目群的项目之一"基于并行分布策略的中国企业组织变革与文化融合机制研究"（项目号：71232012）的成果，通过五年的实证研究，针对中国企业转型升级和变革实践中所面临的组织变革与文化融合关键问题，以认知科学的"分布式决策策略"和决策科学的"双栖式行为策略"为研究思路，创新性地构建包含"问题驱动"和"情境演进"的问题驱动方法论。本书围绕我国企业变革实践的重大问题，聚焦变革文化适应、转型决策选择和变革行动发展等重要机制问题，运用多案例跟踪研究、深度访谈调研、多层问卷测量、情景判断测验、行为决策实验、现场准实验和多阶段过程建模等多种实证方法，从中国企业组织变革动力因素出发，系统考察与总结出八项理论与方法论成果：①基于动态变革的问题驱动方法论；②基于竞合适应的创业社会责任论；③基于分布决策的组织前瞻警觉论；④基于组织学习的能力适配成长论；⑤基于变革创新的女性创业领导论；⑥基于系统柔性的知识产权创业论；⑦基于心理获得的跨境外派角色论；⑧基于行动学习的变革赋能行动论。本书创新性地提出与验证了问题驱动方法论的情境嵌入、组织动力、演进建模三种维度；创业社会责任论的责任价值、责任动力、责任参与三项特征；组织警觉决策论的前瞻启动、组织警觉、双栖并行三项要素；变革赋能行动论的价值适应、决策选配和赋能发展三重机制。研究以适应—选配—发展（adaptation—selection—development，ASD）为过程要素的 ASD 变革理论框架，以心智模式、胜任能力、效能体系为三项赋能策略与效能指标，系统总结了中国企业组织变革和组织发展的问题驱动、创新模式、责任机制、变革策略和融合路径等，为中国企业组织变革管理提供新的理论与方法论。

　　本书是我们在国家自然科学基金委员会管理科学部的支持与指导下完成的项目成果展示，是本书课题组全体成员研究成果的集成与共同创新。衷心感谢本书课题组全体成员与合作者！特别是发表相关论文成果的各位老师、博士后成员，参与研究、发表成果的博士生等的共同努力与出色工作！他们包括梁觉、Michael

Frese、严进、李远、胡洪浩、莫申江、刘景江、杨海滨、谢小云、方兴东、瞿文光、李杰义、王晓辰、薛元昊、吴挺、傅颖、凌斌、杨静、陈燕妮、James Moore、Milad Jannesari、潘剑英、李洪昌、郑博阳、王威、王艺、李超等。

王重鸣

2019 年 8 月 8 日

目　　录

第一章　基于动态变革的问题驱动方法论

第一节　组织变革策略与问题驱动方法论

一、中国管理实践问题与研究策略

进入 21 世纪以来，我国的经营管理环境日趋全球化、信息化、数字化与智能化并取得持续创新发展，中国企业的创新驱动和数字经济实践不断提出新的研究课题与发展策略。中国企业组织进入了高质量成长、变革转型升级、创业创新发展和可续成长战略的全新阶段。围绕中国管理实践问题开展理论创新研究，有效实施组织变革与文化融合策略，已经成为中国管理研究的战略任务之一。有关变革文化适应、动态决策过程和创新变革行动的组织变革管理问题，成为中国管理实践研究的热点问题与前沿领域。

（一）中国管理研究的新视角与趋势

对有关中国管理所面临的各种新挑战开展研究，需要有新的方法论与策略。本书的第一项任务是构筑和检验基于动态变革的问题驱动方法论。围绕多元化文化冲击、跌宕式产业兴衰、颠覆式模式创新和数字化转型变革，提出新问题、新情境、新方法、新套路。聚焦转型升级和变革创新等中国管理实践的关键问题，急需以问题导向和情境关联的新思路开展实证研究与策略分析，从而提出具有重要理论与方法论意义的新型解决方案，强调问题驱动-情境嵌入在中国管理问题研究中的方法论价值（王重鸣等，2011）。

在微观与中观层面，中国企业组织正在提升主动变革的行动力。这包括强化风险决断和组织转型的胜任能力，着力增强核心团队的多文化适应、多路径选择、多机会行动与多业务整合等能力。如何构建"基于变革创新的创业责任模式"，如何开展"基于前瞻警觉的变革决策策略"和"基于转型升级的创业赋能策略"，成为中国企业组织持续发展的紧迫问题。

在宏观层面，创业创新实践推动中国管理跃上新的台阶。中国管理在转型升级中日益面临高动态、超竞争、新模式的成长环境，以科技创新为先导的产业升级与增长方式的转变带来了一系列新的挑战，现有的商务模式、团队管理、领导策略、组织文化、决策模式的固有套路等，难以有效适应转型升级的新要求；日益崛起的战略性新兴产业和智能化商务加速了组织变革创新、联盟重组发展与内外资源整合的进程，使得组织设计、文化模式、人力资源、技术创新与商业模式的功能转换成为新的焦点。同时，国际化战略对中国企业组织的变革创新能力和新一代创业创新生态系统提出了新的能力建设要求。

问题驱动方法论的一个重要维度是解决"内隐特征-情景表征"的问题。这对中国管理问题及其动态机制研究具有重要意义。中国的管理研究以往比较习惯于采用个体水平分析或采用一般案例分析、态度式问卷调查和释义型统计分析等方法，难以从行为机理和成长模式上解释与揭示组织层面的关键特征，特别是基于变革文化特征的组织行为机理。由于中国管理行为的内隐特征和潜规则模式特别显著，需要强调情景表征机制（即从情景-行为单元加以分析与表述）和行为分析的"中观视角"（即组织水平的多层建模）。为此，聚焦中国管理实践问题的理论创新和实践策略研究，具有重要的战略意义。

（二）组织生态与行为决策研究视角

中国管理所面临的新挑战，使相关研究领域的生态性、行为性和动态性日益明显，研究者提出了许多在常规管理背景下经典理论难以回答或有效回答的问题，展现出一系列新的研究视角。

1. 组织生态的研究视角

有关中国企业组织的变革创新与文化融合机制问题受制于组织环境和文化情境的变迁及组织成长的阶段演进和兴衰特点，必须以组织生态的新视角，针对突破性成长过程的动态能力要素开展过程跟踪，并围绕组织变革的适应性、选择性、颠覆性和发展性，进行中国管理情境下的"准实验式"实证考察。这里所说的"准实验式"，是指在不加以研究式控制的现实场景中观察、捕捉、跟踪、解读组织变革与动态行为过程，从而做出符合中国管理实践特征的理论创新。

2. 行为决策的研究视角

如前所述，由于中国各类企业面临的问题日趋复杂、多样、波折、模糊和不确定，复杂行为决策模式与策略研究成为组织变革研究的前沿课题。尤其是围绕宏观、中观和微观等多层次行为决策要素之间的交互关系，开展有关组织行为决策机制与策略的研究，正在成为新的、广为推荐的研究视角。

3. 动态行动的研究视角

中国企业管理研究日益对忽视动态过程和回避行动机制的"封闭、静态、单一"的关系求证式研究感到困惑，急需结合管理实践，围绕生态行为模式提出整体解决方案，从而显著推动有关"组织行动策略"和"能力-行动连接"等问题的研究与应用。特别是"行动学习策略"研究成为近年来工商管理研究的前沿领域和热点问题。其中，组织行为学被作为系统研究基础，行动策略及行动学习则被作为核心研究议题。

为此，聚焦中国管理实践问题，需要提出嵌入中国情境的"问题驱动式"研究的新方法论，开展多层面组织变革与文化融合机制的研究，将为中国管理问题研究提供全新的理论创新方法与路径。以此系统研究组织变革的文化适应策略和动态决策与创新行动机制，具有深远的理论与实践意义。

二、组织变革策略研究与发展趋势

围绕变革转型领域研究进行的国内外文献回顾表明，有关组织变革与文化融合机制及策略的理论与应用研究取得了重要进展，也呈现出许多新的发展趋势。

（一）中国管理研究的问题导向策略

在我国改革开放 40 多年来的巨大成就的基础上，中国企业进入了创新驱动和转型升级的崭新阶段。全球商务日趋动态、复杂与更新，连同此起彼伏的并购重组、"互联网+"、大数据商务、人工智能等，都对经典管理理论与研究方法提出新的挑战，也呈现出引人注目的理论与方法建树的机遇。中国管理正在进入创新驱动和高质量发展的新阶段。转型升级、数字化转型、国际国内并购、跨境电商等管理实践不但提出了战略性关键问题，也塑造了新的情境特征，成为组织变革研究的新问题与情境驱动的重要依据。

如何加快转变成长方式，开创持续发展的新局面，成为当前研究的新重点。中国经济与社会领域的深刻变革，贯穿了经济社会发展全过程和各个领域，提高发展的全面性、协调性、可持续性，需要在发展中促转变、在转变中谋发展。相关研究则比较关注宏观水平的基于创新驱动和内生增长的发展转型与改革攻坚策略及科技创新与创新投资策略等，相对比较忽视转型升级和新兴产业变革及发展所提出的组织变革与文化融合问题，急需在动态决策、变革策略、和谐关系、创新领导和变革行动管理等方面，开展基于中国管理实践的理论研究和应用策略开发。柯林斯和汉森（2012）在其著作《选择卓越》中，针对高于同行业 10 倍速发展的企业所开展的深度案例分析所提出的，动态未知环境下的选择行为成为"成就卓越"的必由之路，而创新、纪律和警觉则是三项主要的组织动力要素。为此，中国管理问题研究的情境性分析已经成为理论创新及应用发展的重要抓手。著名的中国管理研究专家 Child（2009）在 Context, comparison, and methodology in Chinese management research（《中国管理研究的情境、比较观点与研究方法论》）中总结了中国管理研究的方法论，指出"必须通过'情境考虑'来评估其'情境特定性'或是以'情境捆绑'的方式来研究中国管理情境的关键特征及其效应"。他认为，一是需要对情境因素做出概念构建、定义与测量；二是需要对中国管理开展跨国比较研究，在比较中加以鉴别和考察，通过国际比较，检验"中国独特特征"及其效应。

　　许多研究认为，中国管理情境的关键特征和实践策略并非一成不变，也不是一种"统一现象"，而是随时间发生快速变化与转型，并表现出动态式"情境演进"的特点。为此，Child（2009）提出一种基于更为动态的、交互反馈的、随时间共同演进视角的新方法。在讨论中国管理的未来时，我们可以进一步对有关研究方法论进行分类，包括独特与普遍、探索与开发、严谨与关联、促进与防范等，从而强调研究设计与解题目的之间的相互匹配。例如，许多研究以改进中国组织的绩效（关联标准）或是细化现有理论（严谨标准）等为目标。

（二）中国管理研究双栖分析策略

　　由于管理问题的演进特征和管理活动的动态性，采用辩证思维和"双栖策略"（也称双元）开展深入的分析和建模成为重要的新研究范式。管理研究日益强调辩证地运用两种互补策略的方法，如采用开发式研究和探索式研究的不同策略，既可快速满足当下经营需求，又可有效适应环境变化而寻求可持续发展与业绩。有关双栖概念的研究主要聚焦在组织应对竞争的结构化机制，进一步研究开始关注双栖策略与组织绩效的关系。我们发现，在创业任务上，双栖策略的运用会更为显著地提升组织绩效；而在个体绩效方面，不同策略的效应区别并不显著。最新的研究则开始聚焦于领导力问题，认为组织变革情境中，采用双栖策略显然更具有适应性和跟进能力，从而提出双栖型领导力的增强途径。我们在有关中国企业组织变革与文化融合机制问题的研究中，运用"双栖策略"，积极推进中国管理实践重大问题的深度研究。

（三）组织变革与创新文化的适应

我们的研究指出，中国企业的组织变革伴随着文化的融合适应和转型。有关的研究主要围绕以下领域展开。

1. 文化价值观框架的研究

中国管理实践的重要特点是其文化价值观框架和关系导向。中国传统文化尤其是儒家思想在管理实践中有着深远的影响。例如，管理层次与控制、领导风格、仁慈与专制管理、家族裙带与商务关系等方面凸显文化的影响。在中国现代管理方面，与儒家思想一脉相承的工作伦理、整体领导风格、组织规范、和谐群体和自我牺牲精神、组织忠诚度和管理价值观等，都有着深刻的文化印记。这方面的研究进展，强调文化的整合范式与行为机制，关注文化价值取向对于组织变革行动的显著影响。王重鸣团队在对联想集团 1200 多位员工和 300 多位家属的深度访谈与关键文化事例的行为评价基础上，设计与构建了包含"服务客户""精准求实""诚信共享""创业创新"四大核心价值观的联想文化框架，并以"认知-情绪"和"内源-外源"两个维度的交互关系刻画组织文化螺旋发展的动态机制。时至今日，服务、精准、共享、创新四项核心价值观要素已经成为时代性的重要关键词。

面对复杂性和动态性不断增强的内外环境，社会信念体系中出现了相对独立的复杂性维度。我们近期的研究聚焦在通过建立、提升和运用组织间网络的资源来推进企业的创新成果和竞争能力，并借助人力资源管理实践，创设组织间网络互动，形成文化适应策略。我们在研究中特别关注文化的作用和行为效应（Keller et al., 2017），进一步研究需要关注组织文化与变革行动之间的交互适应机制问题。

2. 高技术模式与创新文化适应研究

基于高技术的战略性新兴产业采用全新的商业模式，成为新的发展趋势。创业环境的评价与优化也成为主要的研究方向（潘剑英和王重鸣，2014a）。这些进展都对文化的开放性、包容性和社会信任度提出了挑战和值得关注的问题。Qu等（2011）的研究发现，基于组织网络的信息外包模式与社会信任度及文化中的不确定性回避等国别文化要素对于组织变革模式具有制约作用，并直接影响组织的创新路径与发展策略。在组织变革过程中，信息技术外包模式可作为战略的核心整合要素而重塑文化特征与行为机制。同时，聚焦不同的产业特征（如动态、规模、集中度、资本密集度等）对组织变革的信息技术外包策略，尤其是对于相关组织文化适应行为的显著影响，可以协助深化组织变革，优化竞争环境。随着经营环境的动态性和复杂性日益增强，组织变革和信息技术外包之类的决策更需要整合组织文化的要素，以期获得持续变革成效。相关研究还建议，由于各类产业的转型升级和技术集成各不相同，这类企业可以通过组织文化融合策略来促进国际并购、战略联盟和企业创业等形成整合优势。为此，对组织变革文化的动态碰撞与转型机制可以开展实证分析与深度研究。

3. 组织间竞合关系与和谐管理研究

中国管理实践的另一个重要特征是，组织变革行动的动力机制不仅源于组织内部的技术创新研发、人才资源配置、业务运营模式等三要素之间的依存关系，而且更大程度上表现出一种外部依赖性，特别是宏观政策导向、同行企业竞争，特别是组织间的竞合关系和联盟行为。

面对组织变革与产业转型的态势，许多企业从常规产业相对静态、单象限的经营竞争模式转向动态、多象限的发展模式，包括高风险、超竞争的人力资源模式、新兴技术的创新方式和基于可持续发展的经营方式。为此，需要通过多领域交叉的知识建构与获取，指导企业开展和谐管理并实现持续发展。情境复杂性和动态性的增强不仅使得组织变革更为开放和互动，也促使决策者采取动态、多元和辩证的视角重新审视变革策略及其行动方案。本书的研究则从动态、多维度的视角建构相应的理论框架，特别是从"和谐"的全新视角分析文化冲突问题，并对比"表面和谐"与"价值和谐"对不同冲突解决模式的影响，显著加深了研究者对中国企业管理的冲突与和谐关系机理的理解。例如，通过在中国企业组织的团队成员中开展有关冲突与合作的管理研究，验证信任关系对于持续团队绩效的至关重要性。通过对不同地区的样本进行验证，提出比较通用的多种和谐因素，分析这些因素与冲突管理风格之间的紧密关系，从而把中国和谐文化概念与冲突管理的策略与成效紧密结合在一起。

（四）转型升级行为决策与组织策略

在中国企业的转型升级和新兴产业发展的背景下，组织边界日趋虚拟化、组织结构更加柔性化、决策模式多见分布式，组织生态也日益受到大家的重视。这些新的组织特征对管理行为决策与变革领导策略等都提出了新的问题与挑战。个体与组织层面的行为决策与判断策略机理研究日益受到人们关注。

1. 行为决策理论研究

关于管理决策与商务判断的理论，著名管理决策学专家 Herbert Simon 和 James

March 提出了诸如"决策的有限理性""决策的开发与探索策略""决策的模糊性与动态机制"等经典组织动态决策理论。早期的组织决策研究比较关注决策者的个人认知行为与价值前提，认为决策者对于组织决策行动的关注，取决于其行动特点与价值取向；中期的相关研究则比较关心不确定条件下决策判断的启发式行为及组织决策实施（如人事决策）过程中决策者的主动加工倾向、过分自信偏差及组织行动相关的决策加工模式，并注意从多类决策中分析行为偏差与提出应对策略；而近期的研究则日益注重从个体决策分析转移到采用组织决策的"中观"层面的视角，把组织的人力资源策略及组织行为决策作为最大限度发挥组织潜力和人力资源潜能的新途径。许多研究开始关注决策的"组织适应"，以组织适应过程作为组织行动的决策开发与探索机制成为当前研究的重要理论基础。

2. 群体行为决策研究

管理决策的重要内容是群体行动决策，这方面的研究注重群体认知策略、团队间互动合作行动及动态变革任务下多团队决策在多目标协同、模糊决策选择和多元价值取向等方面的特征与机制，并日益受到人们关注。由于新兴产业和转型升级都没有现成的成功模式，因而，企业更多采用一种嵌入产业升级与创新驱动活动的组织学习策略。哈佛商学院的 Amy Edmondson 围绕动态团队决策的学习过程，提出了包括信息建构、问题解决组合、团队心理安全和权责认知等重要过程要素的变革团队学习模型。我们新近的合作研究则表明，在组织行动中，团队领导构建成员共享心理模型，明确愿景目标和团队认同功能路径，获得决策释义认同和创意分享，并利用群体多样性和群体断层现象，捕捉这种新的群体动力学效应（Luan et al., 2016）。这一发现有助于我们重新认识文化多样性对群体过程和群体决策效能产生的深刻影响，从而提升团队决策的协作绩效和适应绩效。有关组织变革的决策研究成为组织变革行动的重要前提。

新的研究趋势是越来越聚焦于传统产业升级换代和战略性新兴产业发展中产生的新问题与新策略，围绕动态变革决策、社会-技术系统整合决策、信息化战略决策和创业转型决策，通过战略决策，组织适应、选择与开发的变革行动显著促进了探究深层次的决策机制与组织学习效应。例如，金融业的复杂战略行动决策过程与模式组合能够带来显著的组织绩效增长；而在汽车业，高层经理的战略决策行为并不能带来更好的组织绩效。由此，战略决策行为过程的多种组合模式及其效应，成为战略性决策行为机制研究的新焦点。

3. 组织决策与适应学习研究

在组织变革中，由于人们认知表现出的有限理性、组织常规模式的刻板及决策模糊性等问题，组织决策表现出很大的经验惯性。因此，组织变革成为组织的适应学习过程、多业务模式选择和持续发展的新行动策略，加强了组织功能不断探索、开发、优化与行为事件评估的过程（严进等，2015）。为此，需要研究变革过程中如何在组织水平提升认知决策能力，强调转型期组织变革和决策的适应性。这种适应性决策-行动机制在组织变革中构建起群体行动决策的"诊断—反馈—评价—行动"的研究范式。

组织变革下的参与决策模型与文化融合发展机制也引人瞩目。王重鸣在中国与瑞典企业的比较研究基础上，聚焦我国企业信息技术变革的动态决策机制，创建了"人员策略-系统策略-参与策略"的"人与计算机决策界面模型"，为中国企业转型升级与创新发展的战略任务提供了新的理论框架和理论依据。英国塔维斯托克研究院的 Frank Heller 在经典塔维斯托克的行动研究模型基础上创建了组织参与决策模型（海勒和王重鸣，1988），并结合中国管理实践开展了深度研究，提出了基于参与决策机制的"中国企业决策权力分布模式"（Wang and Heller，1993）。早在 20 世纪 90 年代中期，王重鸣团队通过 3 年的研究，进一步在对中国联想电脑公司成长历程深度分析的基础上运用认知决策互动机制，构建与设计出"螺旋发展式联想文化模型"，率先提出以"创新、精准、共享、服务"为核心元素的企业文化，成为紧密结合中国管理实践问题开展全球化战略下组织变革与文化融合策略研究的重要框架。组织决策的行为模式在日益复杂的组织变革与文化理念冲突下对于变革效能的影响格外引人注目。决策者在个体、群体和组织多水平上的交互作用，构成了一幅多水平动态适应的决策图景。

4. 组织变革与领导策略研究

有关组织变革情境下的领导行为一直是研究的焦点。创新领导特征与双栖决策策略已经成为组织行为研究的前沿领域。本书课题组重要成员、国际应用心理学协会前任主席弗雷瑟（Michael Frese）曾在《工业与组织心理学》杂志发表了一篇重要的焦点文章，提出了"创新与变革情境下领导决策策略"的新概念，即"双栖策略型领导力"。弗雷瑟认为，创新是人类适应环境的核心元素。而创新领导行为的适应机制需要一个整合的双栖框架，以便对创新的冲突性需求进行自我调节和路径选择。为此，需要进一步研究创新管理与领导的原理，提出关键决策命题与行动原则。围绕创新领导力，从文化的影响机制出发，提出一种"双栖型领导力"。有效的领导者需要根据创新要求改变自己的行为，以便转换领导方式形成"双栖型领导力"。这种新型领导决策策略行为不仅在不同时间变化而且依据不同情境交替改变，情境塑造领导力，文化则是最重要的情境条件之一。在长达 10 年的中德合作比较研究中，王重鸣和弗雷瑟等通过对 300 多家中国企业和 300 多家德国企业开展跨国纵向实证比较，验证了中小微企业的领导决策策略在很大程度上受文化特征制约的模式，并提出把文化因子作为双栖策略型领导力的关键元素。

（五）组织行动主动性和行动策略

有关组织行动的主要研究领域集中于不同变革情境下的个体与团队主动性及其行动过程特征等问题。这方面的研究取得了显著的进展。

1. 主动性与行动模型研究

组织变革的行动模式具有多层次的特点。弗雷瑟在运用辩证思路研究创新型领导力和主动行动机制方面独树一帜。个体层面的主动性涉及工作嵌入度和深度参与。随着组织的环境越来越存在不确定性，个体和团队的主动性成为更加受人关注的研究领域。行动理论提出，企业家的行为风格可以用个人主动性来刻画，并将其定义为一系列工作行为的集合，指个体采用一种主动的自我驱动方式去完成工作任务并实现目标的行为特征。并将个人主动性定义为自我驱动、行动领先、坚持不懈等行动。组织文化与组织信任对于主动精神具有重要的作用，进而影响组织的沟通、激励、解题、决策与学习等心理与管理过程，乃至组织的效能与工作生活质量等。在检验人际和谐动机、组织文化与心理氛围和变革主动行动之间的关系的同时，本书课题组的重要成员梁觉围绕这些问题开展了深度研究（Wang et al.，2014a）。Leung 等（2015）发现，对心理安全感起决定作用的有变革行动感知、变革可预见感与开放度、员工参与度和组织发展策略等，而心理安全感又显著影响合作性目标的依存性和亲社会行为。Wang 等（2017a）的研究验证了社会资本对于创新行为的重要效应，为进一步理解创新行动机制提供了新的依据。

2. 主动性与组织行动机制研究

有关组织行动与个人主动性关系的实证研究与理论创新都取得了一系列进展。在德国国家自然科学基金项目和中国国家自然科学基金的资助下，我们与弗雷瑟团队共同开展了为期 4 年的"中国与德国中小企业创业成长成功机制"跟踪研究，在团队主动性和创业变革学习机制等方面取得一系列创新成果，为组织变革行动研究提供了重要框架（王重鸣等，2008）。之后，我们通过长达 10 年的创业变革行动机制跟踪研究，进一步深化了研究成果。在总结影响个人主动性的因素和行为结果时，我们认为，组织情境、组织胜任力和个性这 3 个方面变量通过创业导向对主动性行为产生显著影响，进而影响了个体与组织绩效。我们通过 4 个阶段的纵向研究发现，工作特征（控制度和复杂度等）对个人主动性具有显著影响。团队转换型领导行为通过提升团队成员自信而强化团队主动行为；而组织转换型领导行为则通过组织承诺来提升成员群体的主动行为。主动性强的员工能更好地与同事协作并构建起社会网络，从而获得关键资源，拥有更充足的空间以发挥个人主动性和获取更高的工作绩效。同时，在对中国中小企业的研究中，我们以扎根理论方法开展案例研究并得出，团队主动性是组织变革和创业发展的重要群体动力要素，具有 3 个典型特征——群策、协作、适应，分别反映出团队主动性的动力基础、行动过程和持续机制特征。这方面的研究成为围绕组织变革行动机制与文化融合策略研究的重要行为基础。

3. 信息技术的界面和组织变革行动关系研究

我们根据"人与计算机决策界面理论"层次，聚焦互联网与信息系统的开发及组织变革决策并开展一系列实证研究，以"人机互动"的视角，诠释了信息技术应用与组织变革行动之间的策略关系。作为与新兴产业密切相关的信息技术开发的重要发展，"云计算"正在对组织变革决策提出全新的挑战。信息沟通网络的革命性变革也对组织变革和文化融合机制提出了崭新的研究课题。信息技术的"移动化"日益表现出电子移动商务与组织行动理念及文化的互依性和互动制约关系。创业产业集群"革命性"转型升级的新兴产业创业创新行动，对关键技术、商业模式和人力资源等三要素的嵌入式策略设计和跨组织行动形成了新的并行交互的加工模式。随着有关组织变革研究的不断深化，信息网络发展与组织变革的决策策略、行动模型、文化机制等焦点领域在取得显著进展的同时，面临着新的挑战和前沿研究问题。

4. 组织变革与组织动态能力研究

在持续组织变革的动态环境下，通过逐步变革，构建新的动态能力和运作能力成为成功的关键策略。动态能力的概念包括组织学习与适应外界环境的能力，使组织产生新的核心优势。一般组织动态能力由组织资产、禀赋、内部协调过程等多个要素形成，具有高度的路径依赖性。通过深度案例分析进一步认为，如何实施动态能力是众多产品型企业面临的挑战，其中最重要的是通过基于资源认知的组织间系列变革行动，包括调动、创造、获取和释放多种资源。关于相关竞合组织中联盟嵌入程度、知识管理能力机制、调节型学习和全球创业领导力等也有许多研究和理论进展。网络组织可以通过创造知识转移渠道和降低知识学习风险来提高知识在网络组织间竞合关系的转移效率。

Wang 和 Zang（2005）在对中国东西部企业进行系统实证研究的基础上，提出了创业成长的群体导向、组织间互动关系与全球策略的网络组合模型。研究发现，创业企业经营层结构和企业创业模式与组织发展过程的"机会识别与信息搜索"和"资源获取与策略管理"两方面相关。

综上所述，对组织变革情境下的文化价值观、组织文化策略和组织间竞合关系等方面的研究近年来都取得了新的研究进展，也为进一步研究提出了有待解决的问题。

三、中国管理研究的理论与方法

（一）组织变革与文化融合的研究

回顾对中国管理关键问题的国内外相关研究表明，对有关组织文化适应、动态变革决策和创新行动领导策略等焦点领域的研究进展显著，取得了重要的进展。中国管理变革实践提出一系列全新关键问题和情境特征，对中国管理问题研究的分析方法和问题探究日益展现出新的思路，对组织变革行动与文化价值观框架研究取得了进展，组织变革情境下的网络外包模式与组织文化策略密切关联。同时，组织变革情境下组织间竞合关系与组织动态能力成为研究的新领域，对管理行为决策的策略和决策开发与探索机制的理论研究取得了进展。组织变革情境下的创新型领导研究日趋活跃，辩证领导决策策略成为新的前沿领域。在组织变革的研究方面，个人主动性、团队主动性、主动性行动模型等选题日趋流行。在组织变革与信息技术的界面和组织变革行动关系方面，许多综合性交叉性研究正在展现。在组织变革行动与文化价值观框架方面的研究取得新进展。在研究方法方面，案例分析与问卷测量及统计建模方法成为普遍的实证工具。在"人-职-组织匹配"的框架下，研究方法论日益呈现出"问题驱动"和"多层次分析"的趋势。有关组织变革的行为特征、文化管理、组织竞合、变革决策和创新领导力等方面的研究都取得了显著和快速进展。总体来看，中国管理日趋重视"情境因素"，但比较侧重于传统文化因素影响或习惯于把情境因素视作"背景"，忽视了转型变革情境急剧演变和变革过程中新旧文化冲突、利益权衡、转型期双重性与文化概念更新问题。

针对中国管理实践的关键问题、文化价值观新机制和演进式情境特征，我们开展了理论创新研究，改变了相关研究常见的问题，如相对微观、比较零散、比较抽象化、缺乏整体框架，特别是缺乏围绕中国成长型企业转型升级、新兴产业发展和全球创业策略等方面的研究。

1. 针对中国管理实践的关键问题开展创新研究

以往对"从概念到抽象关系"的研究比较多，因而比较脱离中国管理的关键情境和实践问题。为此，我们针对嵌入中国管理重大实践的关键问题与演进型情境特征开展实证研究。特别是围绕我国企业（如产业集群）在转型升级、新兴产业和国际战略等面临的文化碰撞、技术滞后、人才短缺、组织惯例、决策惰性、变革零散、商模陈旧、创新缓慢等组织变革复杂问题开展深入研究，逐步提出解决变革难题的方案。

2. 围绕中国管理实践的文化融合开展深度分析

以往研究对于组织变革的相关领域特别是文化机制和基本框架缺乏深度分析，组织变革研究比较侧重于影响因素或变革任务本身，比较忽视对"组织变革过程和变革决策机理"的研究。由于中国企业转型变革呈现出阶段性、分布式、多重性和颠覆性等特点，组织变革决策显现"高情境依赖"（如受制于外部条件约束）和"低经验参照"（如面临成功陷阱）等特点，变革决策的多阶段选配机制成为理论创新的焦点，急需围绕中国文化和商务行为的文化价值观元素之间的交互机制和内隐行为开展深度研究。

3. 针对组织变革的决策与行动机理做系统研究

个体行为判断与层次交互机制方面的研究在快速、前瞻、并行决策过程的实证研究方面缺乏实验分析。急需界定和分析在颠覆性、低参照、独创性、风险性转型组织变革情境下的决策判断与选择机制及两栖决策策略。以往研究较多关注组织变革态度或认知而比较忽视组织变革的行动特征和行动技术，急需对成长型企业的组织变革的多层次行动生成机制、行动策略、行动跟进与转换机制开展系统实证研究，尤其是对在组织生态视角下的组织间变革竞合行动机制等开展研究。以往研究较多忽视产业背景的重要影响，更多注重"人际知觉差异"，需要运用"问题驱动方法论"等新的研究方法论图式，关注转型式产业、新兴产业和国际性产业等情境特征及组织变革行为与文化融合机制的关系机理。

4. 采用问题驱动方法论开展多维行动策略建模

以往研究较多采用"当前式"一般访谈、案例分析、问卷调查等方法，急需对组织变革文化、决策与组织发展行动开展"跟踪式"纵向案例比较分析和行动策略过程的实证研究。特别是对中国管理变革实践的持续成长范式开展理论建模和策略检验，为中国成长型企业转型升级、新兴产业发展和国际化新战略提供有效的行动框架。

为此，本书针对中国管理实践提出的关键问题，以基于双栖策略的多层次并行分布式决策机制的总体思路为立论依据，围绕企业转型升级、战略性新兴产业发展、互联网大数据新业务和国际化战略实施等变革实践开展问题驱动式深度研究，提出有关基于变革转型和文化融合的创业社会责任、变革创业五力模型和变革文化融合三重机制等重要理论创新与政策建议。

（二）中国企业组织变革的研究焦点

1. 研究的重点问题与策略焦点

针对中国管理实践提出的组织变革与文化融合机制问题，本书采用基于多层次并行分布式决策策略与文化适应和行动演化式两栖策略的总体理论思路，围绕企业转型升级（并购重组、内部创业）、全球创业（新型外派）、数字化转型（互联网、工程数字化、智能技术与商务转型）和战略性新兴产业及数字经济变革等新实践与新发展而提出关键问题，通过多案例跟踪式分析、脑电神经与情景式测量、变革行为决策实验、现场准实验与行动跟踪研究等多种方法与研究模式，并在问题驱动方法、创业社会责任、前瞻警觉决策、学习创新行动、变革转型组织发展等方面，紧紧围绕中国企业变革管理实践的理论创新和应用效能等问题，深度分析和实证研究中国企业组织的变革动力因素与动态决策机理，重点研究价值适应、决策选配和赋能发展的组织变革的三重机制与策略范式，提出有关中国管理理论创新和企业转型策略的政策建议。

1）组织变革的动力学框架与情境演进特征

针对中国企业转型升级和国际化创业实践提出关键问题，通过组合式深度案例研究和组织变革情境诊断，重点解决组织变革动力框架和情境嵌入与演进建模特征。

2）组织变革的文化适应性与创业社会责任

运用两栖策略新思路，解决变革转型的多元文化元素和多重创业社会责任之间互动融合的竞合适应机制问题。

3）组织变革的决策分布式与前瞻警觉机理

围绕组织变革转型决策问题，通过深度案例分析和分布式决策实验的实证分析，着重解决中国企业转型变革的动态模糊决策，构建"分布式多源启动判断"和"交互式前瞻警觉选择"的决策神经机理。

4）组织变革赋能行动机理与组织发展策略

解决中国企业变革思路-行动的脱节问题，构建与检验组织变革的三维赋能行动模型，特别是以"行动焦点调节"和"行动序列编排"为机制及基于组织主动行动的组织发展策略。

5）组织变革文化融合三重机制与演进范式

通过纵向研究，分析和检验中国企业组织变革的价值适应（基于创业社会责任）、决策选配（基于前瞻警觉）和赋能发展（基于赋能行动）三重机制和两栖变革策略（"责任–融合""开发–探索""创新–规制"）的行为机制，从而形成多层次策略嵌套的创新演进范式。

2. 突破性理论探索与论证途径

我们通过五年的研究工作，拓展和深化了基于中国管理实践的理论创新与研究方法论，建构了组织变革的问题驱动与理论创新框架，主要在以下方面做出突破性的理论探索与实践论证。

1）基于动态变革的问题驱动方法论

从中国企业转型升级、全球创业和科技创业着手考察适应学习、跨界转换、社技并行（社会–技术并行）等文化价值问题，同时，从中国企业云端运营、"互联网+"、数字智能出发分析组织敏捷、虚拟团队、模式创新等创新动力问题。

2）基于竞合适应的创业社会责任论

组织变革的关键特征是竞合适应，本章通过创业变革创新和可持续文化取向，以变革文化价值为基础，构建创业社会责任论，从责任价值、责任动力和责任参与三个维度，考察创业责任的共享行动机制。

3）基于分布决策的组织前瞻警觉论

组织变革的文化价值与创新动力对变革决策具有直接的影响，以分布启动、目标参照、交互洞察、前瞻判断四种特征构建起组织变革与文化融合的组织前瞻警觉论，作为组织变革决策的理论框架和行为决策机制。

4）基于组织学习的能力适配成长论

组织变革的创新动力把组织学习提升到新的高度，以团队参与和组织嵌入两种策略，构建了赋能行动理论，从而揭示出组织变革的能力适配机制。

5）基于变革创新的女性创业领导论

进一步聚焦女性创业、知识产权创业和跨境创业三个应用领域，以变革创新为视角，重点关注中国组织变革情境下的女性创业领导力和能力开发策略。

6）基于系统柔性的知识产权创业论

以系统柔性为依据，重点关注中国组织发展的重要创新路径，即知识产权创业的模式与创新驱动策略。

7）基于心理获得的跨境外派角色论

以心理获得感为基础，重点关注中国企业走出去战略和全球创业进程中的自主外派角色构筑，提出新的跨境人才策略。

8）基于行动学习的变革赋能行动论

在以上各项研究的基础上，以行动学习为框架，以失败学习为策略，聚焦于组织变革与文化融合的变革赋能行动，通过价值适应、决策选配和赋能发展三重机制，实现价值定位、调节聚焦，进而强化组织成长能力。

图 1.1 为组织变革问题驱动与理论创新框架：基于并行分布策略的中国企业组织变革与文化融合机制的理论模型。

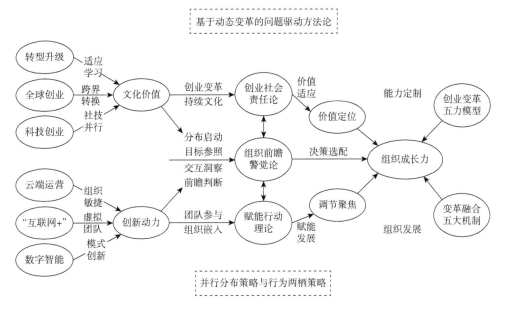

图 1.1　组织变革的问题驱动与理论创新框架

第二节　互联网创业变革的问题驱动策略

一、"互联网+"变革情境特征与策略

在开展组织变革的问题驱动研究时，我们以互联网情境中的创业变革为例，说明问题驱动策略的特点与运用。我国传统企业的转型升级战略和"互联网+"行动，正在使互联网这一机会要素在创业实践和研究中显得越加重要。本书课题组的方兴东近年来围绕互联网创业变革与文化融合策略开展了一系列研究，出版了"光荣与梦想：互联网口述系列丛书"的深度访谈成果（方兴东，2018a，2018b，2018c，2018d，2018e，2018f，2018g，2018h），为深入理解互联网行业的组织变革与创新发展提供了系统的理论与实践框架。

王重鸣和吴挺（2016）的研究表明，问题驱动方法论需要解决两大问题：一是在移动互联网、大数据、云计算、智能化不断发展的背景下，传统企业所面对的市场、用户及商业生态系统正在被颠覆，越来越多的企业需要解决如何利用互联网和数字经济时代的机遇去适应快速变革的互联互通世界的问题。在这一转型的二次创业过程中，企业的商业模式、业务流程、经营理念和组织架构等都需要进行重塑，构建新的"情境特征"，从而更好地利用互联网这一"增量"去改造、融合和升级传统业务的"存量"并实现"增量"和"存量"之间的协同发展。二是互联网正成为中国产业升级和未来发展的重要引擎，各类企业都意识到互联网在整个经济发展中的重要作用。在大众创业、万众创新的新形势下，"互联网+"行动计划应如何用国际领先的互联网力量去"嵌入产业"以提升企业相对薄弱的创新能力和管理效能，最终促进互联网与传统行业的深度融合？总而言之，互联网正成为影响企业发展和国家创业创新战略的重要实践因素，需要学者在创业研究中进一步关注其潜在价值和影响过程。

1. 本节研究聚焦的三个关键问题

许多组织变革与创业研究对互联网和数字经济时代的关键情境特征和行动缺乏关注。在个体层面，创业研究大多关注或者试图去证明创业者与非创业者之间的区别，其基本假设是所有创业者或新创企业面对的情境具有同质性。而在宏观层面，创业研究则主要考量国家经济、政府部门管制、资源供给等相关情境因素对区域性创业活动的影响过程，并没有意识到互联网情境作为宏观变量对创业活动可能产生的影响。虽然近年来一些学者开始意识到互联网情境对创业的重要性并开始着手研究，但是这些研究往往缺乏全面性和整合性。因此在本节中我们试图回答以下三个问题。

（1）基于互联网情境的研究主要聚焦哪些关键情境特征与行动？

（2）这些基于互联网情境的创业变革活动具有哪些新的特征？

（3）基于互联网情境的创业研究与传统创业研究之间存在怎样的联系？

2. 问题驱动方法论与组织变革

为了识别创业变革研究领域中与互联网情境相关的问题，我们按照问题驱动方法论的要求，采用以下三个步骤进行系统的研究文献搜索。

（1）我们聚焦于影响因子较高的 6 种创业期刊在 2009 年 1 月～2015 年 4 月发表的全部文章，并根据题目、摘要和关键词筛选出与互联网和创业同时相关的 14 篇文章，主要集中在 *Journal of Business Venturing* 和 *Entrepreneurship Theory and Practice* 两种重要创业期刊上。

（2）详细检查了这 14 篇文章的参考文献，将相关文献纳入本节研究范围。之所以关注影响因子较高的学术期刊上的文章或其参考文献，是因为这类文章研究程序更加规范，研究步骤更为详细，能够提供更有价值的研究视角和结论。这一步骤总共获得 43 篇相关文献。

（3）经过进一步筛选，有 25 篇文章进入本节的研究视野。通过内容分析，将目前关于互联网情境下的创业研究归类为 3 个主题：众筹模式下的创业融资、电子商务背景下的国际创业与新社交媒体情境下的创业沟通。表 1.1 是文章分类的基本情况。

表 1.1　文章分类的基本情况

与互联网情境相关的创业主题	文章数量/篇
众筹模式下的创业融资	12
电子商务背景下的国际创业	9
新社交媒体情境下的创业沟通	4

3. 研究文献检索的三项标准

对所检索到的文献进行筛选和梳理，文献筛选有以下三项标准。

（1）文章在讨论创业相关问题时必须和互联网紧密相关，具体操作时基于文章的内容分别做出评价，如果评价一致则归入研究范围，如果不一致则通过进一步讨论决定。

（2）排除仅以互联网行业作为样本数据来源的文章，这类文章关注的创业问题并不具备互联网特征，不属于分析的范围。

（3）我们将需要回顾的文章设定为能够反映学者最为关注的实践问题和前沿理论。

二、互联网情境的创业变革问题导向

（一）众筹模式下的创业融资研究

新创企业需要各类资源来保证生存和发展，资金是最重要的资源之一。除风险投资和其他传统的融资渠道外，通过互联网众筹来获取投资已经成为一种重要途径，并且发展迅速。众筹概念来源于小额信贷和众包的组合，代表了一种新型的、基于互联网的资金筹措方式，并在许多领域已经成为融资的主要方式。众筹作为一种基于互联网捐赠、公开募集资源的方式，表现为创业者交换某种回报或企业投票权来实现特定的创业目的。进一步细化众筹的行为特点和融资目的，可以看到众筹是指追逐利润或社会效益的创业者通过互联网而非传统的财务渠道，向大量的个体融集相对较少资金来支持企业发展或变革转型的一种创业行为。在实践中，许多国家也鼓励新创企业将众筹作为创业资本的渠道来源，但是对这一现象的研究还是很初步的。从文献的数量和发表时间来看，众筹模式下的创业融资在三个主题中占到将近一半。这说明，有关众筹的创业研究还处于初始阶段；众筹作为一种基于互联网的创业活动，已经引起学者的兴趣和广泛关注。

众筹研究多以融资是否达到预期目标和最终产品的交付作为衡量众筹绩效的关键指标。通过文献综述发现众筹绩效主要受项目特征、地理位置和社会资本三方面因素的影响，并对组织变革与发展项目起着十分积极的促进作用。

1. 项目质量与投资者决策影响因素

由于投资者与创业者之间的信息不对称，虽然项目本身的质量在面对面的传统筹资和基于互联网的众筹模式下都是十分重要的，但前者更多看重创业者对项目的陈述过程，而后者则多关注项目的融资金额、是否有原型产品及创业者的社交网络等象征项目质量的因素，而非营利项目（社会导向）比营利项目（商业导向）更容易吸引投资者的关注，生产实体产品项目比提供服务的项目更容易达成融资目标。

2. 众筹融资与传统融资的特征

创业者和投资人之间是否跨越地理位置的限制是众筹融资与传统融资的主要区别特征。常规创业研究认为，地理位置会影响企业间的技术溢出、产业集群效应和投资者对企业的监控需求并最终限制企业的成功。虽然有研究发现当创业者离投资者较近时，融资就越有可能达到目标，但地理因素在互联网的背景下被削弱了很多，创业者可以通过互联网跨越地理限制在全球范围内向感兴趣的个体和投资者进行融资。

3. 创业者社会资本与众筹绩效

这方面的研究呈现出不同的结果。有研究从不同跨文化情境出发探究社会资本的三个维度（结构、关系和认知）与众筹绩效的关系，研究结果显示，这三个维度都能很好地预测众筹结果，而且其效应在关系导向的中国情境下更强。其他实证数据却表明，众筹结果与社会资本之间不存在显著关系。

除了探索众筹绩效的影响过程，我们开始研究众筹的决策过程。众筹主要分为两种模式：产品预售和股权分享。第一种产品预售模式下，创业者邀请顾客提前购买产品，从而获取生产所必需的资金。第二种股权分享模式下，创业者通过与个体分享未来的利润或者企业权益来获取所需资金。用利润最大化的经济模型去解释创业者对这两种常见众筹模式的选择过程。研究发现，当初期的资本需求相对较小时，创业者倾向选择预售模式。预售模式使得创业者通过价格差来区分众筹投资人和普通购买者。由于众筹投资人提前消费产品而产生了更大效用，因而他们需要支付更高的价格。当资本的需求逐渐上升时，创业者需要降低众筹产品价格来获得更多的投资。当达到某一门槛时，项目的可营利性大幅度降低，从而抑制了预先销售的积极性。反过来，基于股权的众筹模式开始凸显其优势。这种方式在帮助创业者获得大量融资的同时最小化利润损失。因此当资本需求较大时，创业者倾向选择股权分享模式。

（二）电子商务背景下的国际创业

跨境电商是企业国际化的重要途径之一，许多中小企业都采用了这一策略。阿里巴巴在阐述国际化战略时，提出要通过互联网电子商务平台帮助国际中小企业向中国市场输送优质产品和服务。由于互联网能在很大程度上减少不同地区的企业在互动合作中的障碍，提高跨界信息流动和交换，最终促进企业在国际市场的扩张，特别是"一带一路"倡议下的新机遇和挑战，互联网下的国际创业研究与应用成为新的重点领域。由于国际创业研究领域的兴起早于互联网技术的发展，后续研究需要聚焦于国际创业中新兴企业发展相关的关键要素。

1. 以往研究主要领域与特征

以往研究大多从"线下"情境出发，研究企业层面的因素（如创新性、商业网络、知识习得等）与国际创业绩效之间的关系，因而研究结果难以直接推广到"线上"情境。我们的分析发现，国际创业研究中基于资源观的理论框架同样适用于互联网情境，我们将互联网情境下的国际创业研究分为两类：一类关注资源，研究网络声誉和在线品牌社区等互联网资源如何帮助企业获得国际竞争优势；另一类则关注能力，研究企业在国际化进程中如何获得与国际绩效密切相关的互联网能力。

以往研究视声誉为企业的一项重要资源，具有良好声誉的企业有助于吸引投资、顾客、供应商和员工，并在企业发展过程中产生成本和价格优势。比起线下情境，互联网的发展使得企业能够接触到地理位置较远的顾客，同时在更大的市场范围内面临更多的竞争对手。良好的网络声誉对企业更好地开发国际机会是十分重要的，尤其是对新兴行业的中小企业，因为它们可以通过网络声誉这一无形资源来降低沟通、搜寻和互动的成本，克服国际化过程中遇到的"有形资源"不足的挑战。网络声誉可以分为网络曝光度和高质量产品服务。研究发现，象征网络声誉的外部信号，如价格、广告和品牌能够有效地预测企业在国际市场中的绩效表现。另外，国际创业这一领域的学者很早就证实了良好的社交网络会促进企业的国际化。互联网的出现和发展使得企业和客户之间形成了一种新的网络关系—在线品牌社区。由于互联网的无边界性，在线品牌社区可以不受地理位置的限制并且很容易跨越国家界限，因而对企业的国际化是有价值的。在企业方面，在线品牌社区可以通过提供用户信息、优化购买过程和传递正面品牌信息等方式来发现、评估和开发新的国际商机。同时，跨地区和国家的在线品牌社区象征着企业能够克服地理界限来实时关注客户需求和发展新的客户，避免了国际创业过程中企业与客户距离过远而导致的沟通不畅或客户流失等困境。在客户方面，在线品牌社区是一种质量信号，象征着企业能够有效地服务差异化的客户。消费者通过在线品牌社区积极讨论与企业产品或服务相关的问题，并在互动过程中了解企业最新产品的信息，这种客户参与能够培养消费者的情感归属，降低消费者转向选择竞争对手的可能性，也促进了组织转型所需要的承诺度。

2. 中小企业的国际化战略

中小企业的国际化战略成功与否很大程度上取决于企业在应对新的外部环境时的变革和适应能力，如互联网能力。这是指在国际化进程中，利用互联网技术来提高知识的转移，提升国际市场交易及开发和维护全球网络关系的企业能力。成功的国际创业企业往往表现出更高程度的互联网能力。从互联网的应用范围区分，将互联网分为两类：一类是联结网页应用与办公数据库的后端整合能力；另一类是促进交易过程和定制客户要求的前端整合能力。

在分析了来自 10 个国家的 624 家跨境零售商的数据后发现，基于后端整合的互联网能力能更好地分析各类信息并快速响应市场需求，因而给国际化的电子商务企业带来更大的价值。我们认为国际创业变革情境下的互联网能力包含了整合网络应用与组织流程、定制国际市场的在线体验及企业技术机会 3 个方面的内容，并指出这一能力受到企业高管的重视程度、主动性和参与程度的影响。进一步通过 8 个案例探索国际创业中企业创新性和主动性与互联网能力之间的关系。研究结果表明，当企业持续通过新的途径增加顾客数量并表现出更多的主动行为时，则越有可能提升其互联网能力。另外，国际研究中的风险偏好和社交网络两个关键因素却并不影响企业的互联网能力。

（三）新社交媒体情境下的创业沟通

1. 常规研究的两种分析视角

常规研究在关注创业沟通时主要从两种视角出发。

第一种视角关注企业故事，认为现有行业的新创企业需要不断地向外部讲述企业具有差异化的"故事"来获取外部相关者的积极评价。

第二种视角的研究关注变革行动，认为新创企业需要使用象征性的语言和行动来减少不确定性并获得文化、社会和政治方面的合法性。

这两种视角的不同范式在创业沟通研究中基于的假设是"创业者能够控制企业为外界所知的故事"。因此，在研究中往往忽视利益相关者对企业沟通过程的影响。但这一假设在互联网情境中受到了很大的挑战，因为新社交媒体的快速兴起和发展使得利益相关者与企业之间的互动性大大增强，并深刻影响企业的对外沟通方式和认知过程。只有少量研究与新社交媒体下的创业沟通相关，且侧重于在线沟通中的策略方式，或关注在线沟通中的创业认知及其效应。

2. 在线沟通策略的研究进展

在线沟通策略方面的研究表明，鉴于新兴社交媒体带来了企业与用户之间的强互动性，越来越多的创业者或企业开始利用社交媒体进行在线商务沟通。例如，通过监控微博上的用户留言来迅速响应顾客投诉，聘用数百名客服员工处理在线投诉，且采用在线系统来招聘员工并鼓励他们通过社会网络与外界保持联系。有关连锁餐厅创业者如何通过社会网络的在线活动来建立客户关系的研究，检验了创业企业经营合法性、新社交媒体应用与吸引投资者之间的紧密关系。但是，这些研究并没有深入探究基于新社交媒体的创业沟通对组织变革的功能及其与创业绩效之间的关系。为了区分基于新社交媒体的在线沟通和基于企业故事或象征性行动的线下沟通，赋予前者"信息流"的标签来代表这一类在线创业沟通模式的特征。

由表1.2可知，基于"信息流"的创业沟通与线下创业沟通在某些方面具有一定的相似性，但是在受众范围、内容定制化、稳定性方面具有较大的差异。与正式叙述和象征性行动的沟通方式相比，基于"信息流"的在线沟通具有受众范围广、低定制化、稳定性较差等特性。另外，通过对八家企业的案例访谈和微博内容编码提炼出四种在线沟通方式：闲散型、质量型、差异化型和多维度型。实证结果显示，多维度在线沟通最有利于提升创业绩效。当创业者想要提高企业质量在用户心中的感知时，所发布的微博内容不能只是关注质量，而应该采取质量导向和差异化导向并重且内容正面积极的传播。

表 1.2　不同类型创业沟通模式之间的比较

维度	企业故事	象征性行动	"信息流"
类型	线下	线下	线上
格式	特定时间点的单一书面描述	一段时间内的讲话、书面信息或其他行动	一段时间的多条简短书面信息

续表

维度	企业故事	象征性行动	"信息流"
内容	关于如何完成目标的正式描述	在与利益相关者互动过程中展现的、具有某些信号的讲话，文本或其他产物	在特定平台发布的具有某些信号的文本
范围	广泛：任何感兴趣的人都可以获取	较狭窄：只有互动过程中的特定方可以接触	广泛：任何感兴趣的人都可以获取
稳定性	相对固定	不确定，视具体行动而异	相对短暂
定制化	低	高	中等

3. 在线创业认知的研究进展

有关在线创业认知的研究也提出，在线沟通包含了一场变革。在线创业认知的研究除了关注新社交媒体在线沟通的有效性，也开始重视在线沟通过程中的创业变革认知。研究发现，在利用社交媒体与用户进行社会互动的过程中，会激发创业者形成创业方式与创业结果之间的效果推理，并持续影响创业者的机会识别和创业行动。大部分创业者在被调研时提到，在使用社交媒体系统的过程中会重新审视或评估自己原先持有的商业想法和价值观。例如，由原先对新社交媒体持怀疑态度，转变为以更加开放的态度和方式发表有关企业的微博信息，并开始认识到自己的行为使得顾客和相关投资者越加信任企业并愿意成为企业生态圈的一部分。除了促使创业者重新评估现有资源和解决方案，社交媒体的社会互动还会激活效果推理认知模型中有关"现有手段-预期结果"的联结。创业者开始通过社交媒体有效监控许多用户企业的信息与运营状况，并获取客户反馈。此外，研究还发现，在线互动过多或过少并不能持续有效地激发创业者的效果推理认知。当创业者对新社交媒体持观望或否定态度时，在线互动过少，比较忽视在线互动对企业的潜在价值，往往不能基于新的互联网情境重新评估原先的想法，导致错失新的创业商机；而当在线互动过多，关注太多用户时，创业者会因为信息过载而导致注意力分散，陷入认知流失的困境。在这种情况下，创业者不能有效建立手段与结果之间的联系，因而降低创业决策的效能。

行业转型升级带来的不确定性和大数据时代引发的技术革命，使得信息机会要素在创业活动中扮演越来越重要的角色。一方面，在全球化竞争和市场需求动态变化的变革情境下，企业正面临转型的"阵痛"：创业者不清楚商业环境中哪些要素正在发生变化，最终导致机会的流失。另一方面，随着互联网的发展、社交媒体的兴起和数据分析技术的进步，创业者日益面临大数据驱动下的创业变革环境。大数据时代所呈现信息的容量、速率和多样性，使得创业机会的一些特征，如顾客行为、市场需求和行业发展趋势变得更容易预测，新创企业越来越多地用数据和信息来驱动决策和行动。虽然创业者利用大数据的技术和能力还不能完全达到要求，但是能够通过多种渠道（互联网、行业网络、市场报告等）获得比过去更多、更快和更全面的信息，从而带来更好的决策质量和绩效结果。研究指出，新的信息使原先不确定的事物变得可预测，信息获取在应对动态、不确定环境时非常有效。因此，变革环境和大数据时代都要求企业和个体在创业行动中关注多源信息的潜在价值。

三、创业的行动策略和信息模式

（一）信息获取策略和新创企业绩效

以往研究认为，信息作为一种外生变量影响了创业活动的发生及其过程。但大多研究只关注信息对创业行动的影响过程，却很少去反思创业行动会影响信息的获取及其对创业绩效的影响。吴挺和王重鸣（2016）的研究分析了在互联网快速发展的背景下，相关的新创业现象，如用户创业、众筹行为及新社交媒体的创业沟通策略等问题，特别是关注互联网情境下与信息获取相关的创业行动特征。

越来越多的互联网实践凸显出创业者的主动行动对于获取和创造有用信息过程的重要性。正如《精益创业》所强调的，创业者可以通过"极简的原型产品的快速迭代，收集有价值的用户信息，并再次优化迭代"这一方法路径，增加创业成功的概率。在这一过程中，"快速迭代—信息获取"的过程在创业研究中有待得到有效的验证，因此，有必要在创业领域进一步探索特定变革创业行动对信息获取的作用。

具体地，我们可以通过两个方面来获取研究的进展：一是聚焦于互联网情境提出与新信息产生和获取密切相关的创业变革行动，探索快速行动和多重改进对变革信息获取的积极影响；二是探索信息获取在上述创业行动和新创企业绩效之间的中介作用，即快速行动和多重改进如何促进创业者获取更多的外部信息反馈，从而促进对产品、市场和竞争对手的理解，帮助企业和个体获得更好的创业变革绩效。

在组织变革情境下，创业者需要持续地收集顾客的需求信息和竞争对手的行动信息以提升产品或服务的质量，从而创造出更多的顾客价值，和可以增强企业竞争优势的知识资源。这些信息通常反映了市场中不断变化的发展趋势、顾客需求和行为模式，以便有效揭示顾客对品牌的偏好和对产品质量与价格的关注度，增加创业者对客户购买趋势和市场议价能力的认知。作为一种无形的资源，转型变革的外部信息的获取对于新创企业的发展有着重要的作用。

创业行动大都涉及信息的获取和解读，其核心就是利用市场信息的不对称性来发现和利用他人忽略的机会。同时，企业的发展过程可以被视作通过获得信息来学习新事物的过程。由于信息的不均衡分布和接收者的个体差异，一些个体比起其他人会更早获得资源信息，那么他们就可以低于均衡状态时的价值购买资源，然后通过重新组合资源的方式进行出售并获取利润，获得新的发现或开拓新的市场。一般来说，创业者参与更多的信息搜寻活动会产生更高的绩效。有效实施人际社交策略的新企业比竞争对手更早地获得有价值的信息，而这种信息优势会产生更好的产品绩效与转型策略。我们发现具有更多产品创新信息的新创企业，其产品利润和投资回报率也更高。因此，我们提出以下假设。

假设 1.1：创业者的信息获取与新创企业绩效正相关。

（二）创业行动信息获取和新创绩效

无论是研发新产品、进入新的市场还是成立新的企业，创业的核心任务都是行动，创业的过程体现了个体对系统过程和结果的主动影响。要成为创业者，就要用行动去实践其识别出的、值得追求的商机。由于商机具有时效性，创业者往往要以快速、频繁的行动对机会加以利用，从而避开竞争对手的模仿。快速迭代这一创业行动被许多资本投资家、创业者和行业专家认为是互联网产品创新和新创企业成功的重要决定因素。

1. 新创企业敏捷行动的特点

在研究了 100 多家新创企业的案例后我们发现，在变革环境下成功的创业者往往会表现出以下敏捷行动特点。

（1）面临不确定和市场压力时会快速做出响应。

（2）利用最少的资源做出快速响应。

（3）在持续的尝试活动中去适应不断变化的外部环境。

对腾讯微信案例的深度分析也指出快速、反复和精确迭代等行动有助于降低创新失败的风险，最终实现颠覆式创新和价值创造。这些实践和研究都指出新企业（或新项目）的成功与快速行动及多重改进密切相关。

虽然快速行动并非必然产生好的组织结果，但是在动态的变革情境中，快速做出决策和行动的个体在考虑问题时更具综合性，决策的结果也更加成功。显然，快速行动是解决问题的关键也是竞争优势的来源，创业行为速度更快的创业者更可能成功创办新企业进而实现价值创造。

2. 创业者快速行动的效应

互联网行业的创业者往往面对的是不成熟但又快速发展的新兴市场，信息稀缺是这类市场的显著特征之一。更早地行动能够更快产生信息反馈和领先对手的迭代式学习。在有限的时间和资源条件下，快速行动能够增加尝试的数量，为互联网创业者提供更多的信息和获取新的商机与转型机会。快速行动可以帮创业者在竞争对手之前发现正确或潜在的产品、服务、市场或组织形式，从而为新企业带来更好的适应机制和竞争优势。在实践中，许多有经验的互联网创业者也得出了类似的经验：尽可能快地采取行动，并在行动中寻找信息反馈和新的商机。因此，我们提出新的假设。

假设1.2：在互联网情境下，创业者的快速行动对信息获取存在积极影响。

假设1.3：在互联网情境下，信息获取在快速行动与新创企业绩效之间起中介作用。

当产品、服务和市场问题中充满不确定因素时，管理者需要通过持续性的实验来适应这种动态性。研究发现，成功的创业者倾向于实施多次改进行为来处理与预期目标有差距的产品、流程或市场。创业者在适应变革环境时常常采用持续实验或试错行为。研究也表明，成功创业群体中显示"非计划中的持续试错行动"，这表明个体在面对变革环境或转型升级目标时，经常采取一系列解决问题的行动，表现出基于目标进行反复修正并持续寻求更好解决方案的变革行为。

在创业变革情境中，多重改进与创业目标密切相连，这些目标包括产生新的或更好的产品、服务、流程和组织。多重改进涉及监测和学习过程。当创业者严格监控市场、员工和其他利益相关者的反馈和改进活动时，多重改进能够在获取信息、保护资源和提升绩效方面发挥最大作用。多重改进可以帮助创业企业获取顾客对进入市场中的产品、服务及其运作模式的反馈，从而帮助创业者修正以往决策差错或发现新的创业机会。通过多重改进，可以帮助创业者发现自己曾做出的错误决策，提供获取更好解决方案的机会。当创业者面对快速变化和竞争激烈的互联网市场环境时，则更需要通过多重改进来获取稀缺的信息资源，因此创业者的信息获取对新企业成长是有价值的。因此，我们提出以下假设。

假设1.4：在互联网情境下，创业者的多重改进对信息获取存在积极影响。

假设1.5：在互联网情境下，信息获取在多重改进与新创企业绩效之间起中介作用。

四、问题驱动方法与开展深度分析

越来越多的学者关注互联网创业变革情境下采用问题驱动的方法，利用海量的网络二手数据进行研究和分析。通过新社交媒体的"信息流"探索了不同的在线沟通策略在降低创业不确定性和提高竞争差异化优势过程中的作用。本书运用问题驱动方法论，通过二手数据来收集和测量相关变量，关注互联网情境的创业变革行动。

（一）本节研究的方法论准备

1. 研究样本的收集与处理方法

为了检验提出的研究模型，我们选择互联网创业平台的相关数据。

1）互联网创业平台与大数据

苹果应用平台为许多个体、团队和组织提供了新的创业机会。例如，截至 2014 年 6 月，苹果应用商店已有 120 多万个应用、900 万个开发者和 750 亿次下载。

2）平台创业者可自行推送产品

平台本身的沟通媒介及其他方式与用户在互动的过程中会产生很多有价值的信息，并被有效地保存，供事后分析。

3）在竞争机制下的优秀应用

优质应用被更多的用户发现和使用。创业者之间的竞争异常激烈。在这种竞争激烈的互联网环境下，创业者会表现出本节关注的创业行动。总的来说，互联网创业平台的存在为我们追踪互联网的创业变革行动成效、信息获取和新创企业绩效之间的关系提供了独特的机会。

2. 通过两种数据源收集创业者数据

本节研究采集的所有相关网页记录包含了 154 个应用（天气类和摄影类）的基本数据和 1 万多条的行为数据。这些数据包括以下方面。

（1）创业者相关的数据，如进入市场时间、推出新系统适配版本的时间及所有的产品改进行动等。

（2）用户相关的数据，如不同地区用户反馈、产品满意度和星级评价等。

（3）市场相关的数据，如初始排名、采集点产品排名和平台推荐等。

不同的数据来源及数据本身的客观性有效地避免了共同方法偏差。

（二）问题驱动研究中的变量测量

本节研究采用以下方法测量主要变量。

1. 新创企业绩效

根据研究的规则，新企业是指成立时间小于或等于 8 年的企业，本节选择的创业企业均不超过 6 年。这样，以苹果应用商店为平台的创业者，其产品排名在很大程度上决定了企业的收入和利润。为了减少数据的波动性，我们针对每一个企业都获取 5 组排名数据（数据采集点前 30 天，数值范围 1～500，内在一致性 α=0.95），并将平均值标记为 R。为了统计数据的结果呈现更加直观，我们用 NVP=500-R 来代表新企业的销售收入，NVP 数值越大，新创企业绩效越好。

2. 快速行动特征

通过问卷形式获取企业对三类情景的响应时间（技术采用、产品开发和市场拓展的情景评价）并测量快速行动。我们借鉴 Baum 的测量方法，以创业者对外部环境变化的响应速度来衡量快速行动。为了测量快速行动这一变量，我们将手机系统作为一种特定的外部环境变化。由于新系统的出台对软件的稳定性、兼容性和用户界面优化都提出了新的要求，因此，创业者需要有针对性地发布新的版本。在操作上，先计算了新系统发布与创业者采取行动（开发适配版本）的时间间隔，并记作 TS。若期间创业者并没有发布针对新系统的应用版本，我们统一标记为最大值 250 天。最后我们用 SA=（250-TS）/30 来测量快速行动，即 SA 越大，创业者对外部环境变化的响应速度越快。

3. 多重变革改进

通过案例访谈提供与创业者变革行动相关行为指标，如"我们经常会对产品和流程进行实验和改进""我们非常重视企业产品和流程的持续改进"等。这份测评量表主要从创业者的感知来测量多重改进，而本节研究则用实际的改进数量来测量多重改进。具体地，我们用从产品发布到数据采集点所有改进数量来表征多重改进。

4. 测量的编码过程

为了使测量过程更加客观，我们完成了一系列的编码过程。

（1）仔细阅读了 154 个样本的所有网页记录，主要目的是熟悉所有改进内容的变异性。

（2）随机选取其中的 30 个样本，通过"开放式编码"的方式将改进内容提炼为内容优化、功能改进、错误修复和功能新增 4 个类别。在这一步骤中作者进一步将样本拓展到 60 个（原来的 1 倍），发现并没有新类别产生。

（3）培训两位志愿者，志愿者 A 用第二步产生的编码框架对所有样本进行数量统计，志愿者 B 则利用编码框架随机对其中的 30 个应用进行统计，经分析两位评阅者的一致性达到 95%。

（4）用第一位志愿者收集的数据来测量多重改进变量。

5. 积极获取信息

客户是企业获取外部信息最重要的来源之一，从客户的角度可以评价企业的信息获取行为。对于苹果应用商店的创业者，客户针对每个版本的应用做出评论，作为其获得产品、用户和竞争者信息的最好的途径之一。在测量上，先收集了从产品推出至数据采集点期间的全部用户反馈数，标记为 N。由于不同应用的用户反馈数呈现跨级别现象且数据分布明显负偏态，我们在测量信息获取这一变量时进行了对数转换处理。

6. 控制变量选择

考虑到进入市场的先后顺序、产品曝光等因素对新创企业绩效会产生一定影响，研究选择了先进者优势、产品曝光度和先前绩效作为控制变量。先进者优势在市场和创业研究中是一个重要的概念，尤其是对新兴产业或者产品主导的市场。进入市场的先后顺序与企业的竞争优势密切相关，先进入者一般比后进入者拥有更好的产品绩效、市场份额和盈利水平。

为此，在研究中将先进者优势作为一个重要的控制变量，并用专门的天数统计软件计算数据采集点的天数来测量先进者优势。另外一个重要的控制变量是产品曝光度。研究表明产品曝光会影响用户对产品的品牌认知和评价，最终影响其购买行为并对企业绩效产生影响。在苹果应用商店的竞争机制中，一些产品会比其他产品在平台中获得更高的曝光度，这一因素会对新创企业的绩效产生重要影响，因此，需要对产品曝光度进行控制，需要用平台推荐次数来对其进行测量。除了上述两个控制变量，以产品为主导的新创企业绩效还受到诸如产品特征、研发投入及竞争强度等因素影响。虽然在二手数据的收集过程中不能对这些因素进行控制，但是这些因素与产品刚进入市场的新创企业的绩效密切相关，先前绩效会对后续绩效产生很大影响，为此，在本节研究中对先前绩效进行控制。在具体操作上，我们将第一个版本推出时的平均排名记为 R_0，然后用 $PP=500-R_0$ 测量先前绩效。

7. 研究的统计分析与研究策略

我们以 SPSS 20.0 软件和 SPSS 的 PROCESS 宏程序完成统计分析，采用主流的自助法来分析中介效应。在具体操作上采用 5000 次重复取样，构造 95%偏差校正的置信区间。如果置信区间的下限和上限之间不包括 0，那就说明相应的效应是显著的。研究还采用一系列的稳健性检验来增强研究结果的可靠性。

五、基于问题驱动方法的分析与结果

（一）变量的描述性统计分析结果

表 1.3 显示了所有变量的描述性统计指标。可以看出，信息获取与新创企业绩效之间存在显著的相关关系。同时，产品曝光度、先进者优势、快速行动、多重改进、信息获取也显著相关，所研究的核心变量之间存在显著的相关关系，其中，与新创企业绩效相关性比较显著的有先前绩效、快速行动、多重改进、信息获取。

表 1.3 变量的描述统计分析结果

变量	均值	标准差	先进者优势	产品曝光度	先前绩效	快速行动	多重改进	信息获取
先进者优势	29.77	10.89						
产品曝光度	65.14	123.23	0.11					
先前绩效	357.95	191.84	0.28**	0.10				
快速行动	4.42	3.13	0.01	0.12	−0.01			
多重改进	44.43	41.54	0.28**	0.26**	0.17*	0.41**		
信息获取	2.90	1.21	0.10	0.41**	0.11	0.36**	0.57**	
新创企业绩效	346.24	154.74	−0.06	0.13	0.39**	0.21*	0.24**	0.40**

*表示 $p<0.05$，**表示 $p<0.01$

（二）相关变量中介效应分析结果

从对中介效应进行回归分析的结果得出，在控制了相应的变量之后，信息获取到新创企业绩效的直接效应为 46.50（$p<0.001$），假设 1.1 得到验证；同理，快速行动到信息获取的直接效应为 0.12（$p<0.001$），多重改进到信息获取的直接效应为 0.02（$p<0.001$），假设 1.2 和假设 1.4 得到有效验证。

我们分析了自变量到中介变量的回归系数和中介变量到因变量的回归系数的乘积项是否显著不为零。表 1.4 显示的结果表明，快速行动通过信息获取影响新创企业绩效的间接效应为 5.55，多重改进通过信息获取影响新创企业绩效的间接效应为 0.76。这两条中介关系都是显著的，假设 1.3 和假设 1.5 都得到了完全支持。

表 1.4　中介效应的分析

自变量	间接效应	标准误	下限	上限
快速行动	5.55	1.69	2.75	9.31
多重改进	0.76	0.21	0.42	1.20

（三）测量指标的稳健性检验结果

为了进一步增强结果的可靠性，本节研究还进行了一系列的稳健性测试。

1. 不同测量指标表征多重改进

得益于二手数据的可追溯性，我们计算了产品推出以来的版本数量。创业者每推出一个新的版本，都是针对多个产品问题的系统改进。因此，产品的版本数量越多，越能代表创业者的多重改进（两种测量方式的相关系数达到 0.79）。

2. 用户评论数测量信息的获取

创业应用平台显示出跨文化和全球化差异的特征。创业者在信息获取方面以最大市场容量的本地用户为主，对用户评价的来源做了地区性的划分，使得我们在测量信息获取这一变量时可以用本地用户的评论数量来替代全部的用户评论数量。我们以产品满意度（用户评分）来测量新创企业绩效。对于创业者来说，用户对产品的满意度在很大程度上会影响其排名。结果表明，本节研究的主要假设都得到了实证支持。

（四）研究结果如何回答关键问题

结合变革转型问题情境，有关研究提出以下关键问题。

1. 基于互联网情境的创业行动

在电商变革的背景下，国际创业主要基于创业的关键要素，特别是互联网资源与能力；而在新社交媒体情境下，创业沟通则聚焦于新沟通方式的特点、效能，以及沟通过程认知与机会识别及商机开发之间的关系。从研究进展来看，相关主题的研究还处于初始发展阶段。大多数研究以文献综述方式探讨理论内涵或开展探索性案例研究，只有少数研究尝试用定量实证的研究方法，分析相关变量（如众筹）的影响因素或其作用过程。虽然有研究已经开始重视互联网情境下的创业特征及相关过程，但总体上，研究的进展比较缓慢。

2. 基于互联网创业变革活动的新特征

互联网变革情境中的创业活动更具变革性，呈现出开放性、无边界性和互动性等新特点。创业融资的来源不再局限于风险投资人、家庭和朋友等传统渠道，而是采用基于互联网的众筹平台和社区，把尚未实现的想法分享给任何感兴趣的人，进而获得企业启动或发展所需的资金。在国际创业实践中，创业者通过在线品牌社区，进行全球客户的实时管理和主动互动，克服地理位置和资源有限等物理界限。同时，互联网的发展使得创业者在与外界开展创业沟通时更多考虑外界利益相关者的想法及其具体策略。

3. 互联网情境创业研究的新特点

在转型升级背景下，相关研究从注重线下活动转而关注线上的创业行为，从而进一步完善了相关理论。例如，许多研究分析了国际创业中的品牌认知和商业网络特点及其与企业国际化之间的关系。互联网创新产生了新的形式，即网络声誉和在线品牌社区。以往创业沟通研究比较聚焦于以企业为主的单向沟通。新社交媒体的发展使得企业与外界的互动性大大增强，使得企业的沟通方式或结果更容易受到利益相关者的影响。因此，需要在互联网创业研究中考虑这一转变，深化概念和拓展理论，使之成为创业理论的最新发展。

（五）基于互联网的研究与变革创新

表 1.5 为有关基于互联网创业研究的部分总结，可以看到，运用问题驱动方法论，研究取得了以下进展。

表 1.5　基于互联网的创业研究

研究主题	众筹情境的创业融资	电商情境的国际创业	新媒体情境的创业沟通与认知
问题驱动	通过互联网渠道向大量个体融资较少资金以支持企业发展的创业行为问题驱动	在企业海外市场拓展进程中利用互联网相关的企业资源，识别与捕捉国际商机，实现国际创业的商机问题驱动	运用新社交媒体使创业者与外界互动性增强并影响对外沟通和对内认知的过程问题驱动
行动特征	开放性：通过世界各地个体进行融资，地理因素被互联网削弱	无边界性：企业在全球范围内对机会进行探索、评估和开发	互动性：企业或创始人直接通过新社交媒体与利益相关者沟通互动
研究进展	众筹研究：众筹概念界定、模式分类；众筹模式的决策过程；众筹绩效的影响因素	互联网企业资源研究：在国际创业过程中的重要性；网络声誉资源与市场竞争，互联网能力与价值创造，在线品牌社区与全球客户管理	在线沟通策略研究：在线沟通方式与企业绩效之间的关系；在线沟通过程中的创业认知及其与机会识别及开发之间的关系

研究主题	众筹情境的创业融资	电商情境的国际创业	新媒体情境的创业沟通与认知
研究阶段	起步阶段：以文献综述和探索性案例为主	发展阶段：以实证研究检验假设为主	起步阶段：以探索性案例分析为主

1. 组织变革情境与创业行动的"黑箱"

互联网创业行动大致包含两大类：快速推进行动和多重改进行动。通过二手数据分析证实，快速推进行动和多重改进都具有积极作用，这进一步丰富了创业行动理论。

2. 创业行动与信息获取之间的关系模式

在创业行动理论中，信息及信息获取一直被认为是影响创业行动的重要因素，而对于创业行动对信息获取的作用则缺乏研究。基于互联网情境的分析验证得出，快速推进和多重改进两类创业行动对信息获取都具有积极作用，从而对创业行动的信息理论做出了新的补充。

3. 样本收集和数据分析有较大创新

我们利用苹果应用商店这一创业平台，收集与创业行动相关的客观行为数据。在对行为数据的分析过程中运用了创新方法，用关键事件的反应时间和所有改进数量来验证和表征两个核心变量：快速推进行动和多重改进行动。此外，利用二手数据的可追溯性和易获得性特点，进行了一系列的稳健性检验，以便增强结论的可靠性。这些新的做法为后续研究做出了富有意义的尝试，我们可以进一步挖掘与创业相关的过程现象和机制问题。

在信息技术快速发展和变革转型的情境下，以用户体验为中心的创业活动成为互联网创业者应对环境变化、获取快速成长的关键途径。因此，本节的主要发现对互联网创业实践有着重要启示。创业者要倾听用户的声音，在产品迭代过程中，要充分关注在线平台用户（如各类应用中心、品牌论坛和微信等新兴媒体）的反馈，主动了解用户的困扰和需求，要小步快跑，勇于创新。在"创业行动—信息获取—再次行动"的创业链下，用快速、持续性的创业行动去收集信息或用户反馈，以极强的时效性让产品越来越靠近用户的需求，并在演进的过程中注入用户需求的基因。

（六）中国管理实践的问题驱动方法论应用

在信息技术快速发展和变革转型的过程中，由于管理情境的动态性或颠覆性，以互联网为中心来重构新旧企业的组织与变革创业活动需要采用新的方法,即问题驱动方法论。各个行业的"互联网+"转型成为创业者应对变革环境和国家经济转型的关键途径,互联网已成为影响变革创业活动的重要情境之一。

我们在互联网相关的变革创业研究基础上,通过理论指导实践活动,把互联网变革情境下的创业研究分为三个主题并解读其情境特征和嵌入产业变革的方式:众筹情境的创业融资、电商情境的国际创业和新媒体情境的创业沟通与认知。

通过比较,归纳出互联网情境下创业变革行动的新特点,以及基于互联网变革的创业研究与传统创业研究的区别和联系。在"互联网+"的变革创新实践中聚焦相关的研究问题情境并进行系统的理论和实证分析。

可以从以下三个方面进一步做出研究。

1. 互联网变革情境下创业行动与效能

通过众筹平台的海量二手数据,分析创业者在互联网情境下是如何与外部投资者进行互动的,以及不同的互动模式对众筹绩效的影响。基于新的互联网变革情境,如大数据、云计算或移动互联等,探索创业变革活动所呈现的新特点和新规律,以此丰富互联网变革情境的内涵。以基于互联网的大数据为例,有关如何在组织管理和决策研究中运用大数据思想已经有较多讨论。需要通过实证方法,分析大数据对创业认知、创业决策或创业行动的影响。例如,探讨基于大数据进行决策的创业者是否会比传统创业者具有更高的成功率。

2. 跨文化比较和情境依赖性与普适性

在研究中比较强调情境独特性,会造成理论普适性的局限,而忽视情境独特性又有可能使研究失去理论贡献的潜力。在以往研究通过嵌入互联网情境得出特定研究结论的基础上,围绕诸如多维度在线沟通策略是否最有利于提升创业绩效等问题,考察这些研究结果是否适用于中国互联网变革情境的新发展,并建立应用范围更广的理论模型。

3. 基于互联网情境的分析层次和多层建模

组织变革情境本身是一个跨层次的概念。从问题驱动方法论来看,互联网变革情境不只是开放式技术环境,还包括相关的行为主体的组织环境与动力要素。因此,变革情境对新创业活动的影响具有多重性。以常规企业的"互联网+"转型过程为例,互联网的开放共享、去中介化等新特性不仅在组织层面影响企业的结构重塑、战略定位和模式创新,而且对个体的认知方式和工作任务产生了深刻影响。我们发现,运用问题驱动方法论,可以比较有效地解决有关互联网情境的创业研究大多呈现单一层次的局限性。进一步研究可以依托传统企业互联网与数字化转型的行业背景，通过建立跨层分析模型，研究互联网与数字化转型变革下如何影响多层次的创业活动特点与绩效机制等新问题。

第二章 基于竞合适应的创业社会责任论

第一节 组织变革文化与竞合适应机制

一、组织变革的文化适应机制

我们所开展的"基于并行分布策略的中国企业组织变革与文化融合机制研究"的重点研究问题之一是组织变革的文化融合机制，也是项目的重点研究任务。

（一）组织变革的文化价值竞合适应

我们从转型期组织变革的文化特征入手，关注组织变革情境中在中外文化与新老文化元素、国有与民营价值理念、组织间文化导向、代际价值碰撞等方面所形成的动态交互、竞争融合的情境演进特征和文化价值竞合适应机制。

为什么多元文化特征在企业的组织变革中变得尤其突出呢？我们的研究表明一些原因。

1. 组织内外文化多样性的作用

从推动组织变革的内外部因素看，中国企业面对更加广泛多样的文化要素。企业内部多样性的不断提高，带来了更加多样性的文化元素。例如，更多的多元文化价值取向的管理者、新生代员工成为核心价值观的践行者。在外部环境方面，企业需要主动应对经济全球化的广泛影响（如企业的国际化战略）、技术进步带来的冲击（如互联网、数字化对传统企业的影响）、企业的行业转变和延伸（如从传统行业进入新能源行业）、行业内外部的高度竞争和快速迭代等挑战。组织的内外部环境中的多种利益相关者，包括员工、市场、客户、合作者、政府部门、媒体，甚至竞争对手等，都可能秉持不同的文化价值取向，从而显著丰富企业的潜在文化清单；而企业运营的生态化和组织间的互动程度也不断增加（如联盟和并购），外部文化要素与企业自身文化之间形成交互影响。

2. 组织变革中文化碰撞的影响

组织变革的有效实施，尤其是颠覆式组织变革，往往伴随着对组织文化的特定要求和重塑。当组织变革范围较小时，组织变革实践和企业文化之间具有相对较高的一致性。此时，企业文化更可能维持现状，组织可以直接通过采取行动而非改变工作方式来达到目标，或调节其实践，或采用与现有组织文化相一致的新实践。研究表明，当企业采取行业转型、产业链延伸等方式实现转型式变革时，需要引入新的企业理念和行动方式，并将其作为组织变革实施的文化支撑。这时，企业的组织文化也更可能表现出高水平的多样性。多元文化问题成为组织变革实施过程中的一项关键挑战，而能否对多元文化要素进行有效处理成为决定组织变革有效性的重要因素。

3. 组织变革推动企业理念和价值观转变

在组织变革中主动推动文化转型，引入和更新文化元素，也使得多元文化问题更加凸显。例如，成熟企业所面临的重要挑战之一是如何构建新的企业文化以支持新的业务模式，并激励及协调干部员工向新的业务目标和成长愿景聚拢。为此，中国企业正在积极推动不同方向的组织文化改变，如服务化、环保化、战略化、科学化转变，从数量到质量，从注重短期利益到重视长期利益，从集中管理到授权管理，从老板文化到团队文化，从被动间接文化到主动直接文化，从封闭消极的被动应对到开放创新的学习心态等。

（二）组织变革与并购重组的策略

许多组织变革都与并购重组的情境密切相关。在并购重组过程中特别是跨国并购中，多元文化问题成为最重要的挑战。中国企业的并购以纵向收购完善产业链为主，兼有同行业内部的横向并购，从而拓展产品线和进入新市场等。不同的并购重组目标决定了并购方的决策选择。从处于不同行业及具有不同发展背景、多种规模和地位等特征的企业中选取并购对象。并购双方的组织文化往往存在较大差异。在跨国并购中，文化多样性不仅来源于并购双方在组织文化上的差异，而且包括所在国别文化方面的差别。中外社会文化差异问题在中国企业跨国并购中更为突出。中国文化既包含了传统文化的元素，也有现代及改革开放后的价值观特征。在中国传统文化中，关系、面子、和谐、阴阳、中庸等都是重要的文化特征元素；从国别文化价值观角度看，中国文化具有高集体主义、高权力距离和长期导向等特点；从认知角度看，中国文化表现出较高的辩证思维倾向。此外，国别文化的差异也加大了组织文化的多样性。因此，并购双方的企业性质、并购双方的组织文化和国别文化背景等因素的共同作用使得多元文化成为并购情境中的一个核心特征。

回顾中国企业所进行的并购重组包括海外并购，数量和涉及金额都在逐年快速增加，而企业在并购中所面对的情境特征和文化元素都更具复杂性。对于变革转型中企业对变革创新文化适应的相关研究也表现出更为重要的理论与实践意义。同时，将并购变革作为研究变革文化竞合适应问题的情境，不仅有助于理解中国企业在转型升级中的文化竞合适应机制，而且有助于解释企业所采取的组织变革策略，从而为中国企业变革转型实践提供理论指导。

（三）组织变革文化适应的新进展

组织变革情境下的文化特征和组织文化的研究具有高度的一致性。文化和组织文化均被界定为一个群体所共享的价值观、信念和行为规范等元素。传统的研究视角强调了文化和组织文化的相对稳定性、相互的共享性与较强的影响力。文化和组织文化的新近理论进展与实践研究则进一步界定了文化和组织文化的内涵及其效应机制。文化的动态建构主义视角，将文化效应看作文化知识与情境交互作用的动态结果，而文化则在这个动态过程中被不断地修订和再创造。研究提出，组织变革情境会激活个体习得的不同类型文化知识并促使个体实现对该情境的文化性构建情境因素的组织文化效应是文化力的核心机制。

相比于组织变革和并购变革情境下的文化适应研究，在其他相关情境和行为分析下的文化竞合适应研究关注了文化竞合适应的不同维度、过程和结果。有关价值观改变的研究说明了文化竞合适应的一般心理机制与管理策略，描述了个体价值观在受到环境线索挑战时发生改变的过程，并把价值观的改变分为最初的价值观改变和长期的价值观调整两个过程，这两者均可能源自认知路径或努力路径。对于初始价值观改变的维持，需要做出长期的价值观调整努力。这两个过程循环往复、不断加强。

文化价值观的结构理论则认为，个体价值观之间竞合关系的重要维度是其所对应个体的深层动机需求。价值观与这些需求之间的联系决定了价值观之间的一致性和对立性关系，从而影响价值观改变的方向。跨文化领域的文化融合和适应研究也更加强调竞合的过程和结果。在竞合适应的过程上，研究者强调了个体或群体对于原有文化和新文化要素的不同导向与文化融合模式。

二、组织文化元素的竞合与适应

（一）组织变革下的组织文化效应

在组织水平上，不同类型的组织价值观之间或者新旧价值观之间形成了文化的竞合和适应。研究者区分了倡导型、特征型、共享型和期望型价值观，认为不同价值观之间关系特征构成了组织价值观的动力学基础。研究者按照自上而下、自下而上和两者结合划分出三种主要的变革方式，并说明关键的组织实践和心理过程。这类研究不仅考察新组织文化或者旧组织文化的特征，而且强调企业现有文化（及各种亚文化）与新组织文化的交互影响对组织文化变革发展发挥的效应。

组织文化元素之间的竞合和适应在不同的分析水平、不同的情境下及不同的结果维度上都显示出重要的效应。在竞合适应的结果上，文化融合研究既关注了群体层面的文化接触所带来的社会结构、制度及文化实践的变化，也关注了个体水平的心理变化及对新情境的适应，尤其是行为清单的变化和对新文化中重要行为的掌握。在个体水平上，跨文化融合研究将个体的心理变化、行为改变和社会文化适应作为文化适应的重要结果。当组织中存在新旧文化竞合时，组织成员会体会到情感和认知的失调、学习焦虑和认知重构，并最终形成新的认知和价值取向。在这个过程中，员工可能会对新文化做出拒绝、重新创造、重新阐释和重新导向，产生表面的遵从和更深层次的价值观和信念修正。组织所采取的不同价值观改变途径造成各类员工形成组织价值观承诺的不同模式。组织成员丰富、修订或改变其信念以适应不同模式的组织文化。

除了直接的文化结果外，文化竞合适应也在组织变革实践中具有重要的效应。有关组织变革情境或并购重组的研究验证了组织文化竞合适应的效能机制。在组织变革情境下，个体的价值观影响了个体对于组织变革实践的阐释，从而对组织变革的推行造成了直接的影响。研究表明，组织变革实践、个体价值观和组织文化三者之间的匹配关系显著影响了个体对于组织变革的态度，包括遵从和接受度等；三者的综合作用也影响了个体对于组织的态度，包括情感承诺和认同。对组织变革和组织的态度积极与否决定了组织变革是否能够顺利实施；当变革实践与组织文化具有高度冲突时，变革实践也会被扭曲而变得与组织文化更加一致。

（二）本节研究希望回答的关键问题

本节研究关注并购变革情境下的多元文化竞合适应及其效能，期望提出新的文化适应理论框架，以便更好地回答以下研究问题。

1. 组织变革多元文化效应的动态视角

以往研究大多采用静态的视角，比较关注变革前或并购前的组织文化内容特征和结构特征。例如，采用组织文化的异同、匹配或并购双方的文化距离等为关键概念。新的研究则强调突出组织文化的动态性和构建性。从文化的结构特征上看，文化的动态建构主义视角和组织文化的资源观均认为，不同文化知识之间可能同时存在着相互矛盾的成分，而不完全是一个具有高度内部一致性的系统。采用组织文化的动态建构主义视角，强调组织变革情境特征和主观构建对于文化效应的重要性；而组织文化的资源观强调了决策者及其适应性目的所具有的效应。这种复杂性和动态性的影响可以进一步体现出多元文化的效应机制。

2. 组织变革与文化管理研究关注并购变革决策心理机制

以往的并购变革决策研究大多假设管理者能够理性地判断并购双方的特征和并购战略目标等因素，并有效地评估这些因素对于整合策略有效性的影响，进而选择最佳的整合模式。这类研究忽视了决策者的非理性和情绪性过程的作用，缺乏对决策过程本身的关注。这种输入—输出式的研究范式虽已获得了大量有意义的研究成果，但也限制了研究的解释力。新的研究需要注重用心理过程和心理表征来说明决策和判断的机理，进一步考察转型升级情境在组织变革决策过程中对于决策者的影响及决策者对于情境的主动加工和构建。

3. 组织变革决策模型与多元文化效应

相关研究特别重视决策者及组织变革决策的适应性。行为决策研究已经开始强调个体作为一个适应性的决策者对于复杂决策情境的良好处理能力，并进一步说明多元文化在变革决策中的适应及其效能机制。

（三）本节研究的三种思路与理论框架

总体来看，研究需要一个良好的理论框架来整合情境特征、决策者特征和多元文化的效应。本节基于新的研究进展，围绕组织文化竞合适应的行为决策的并行约束，构建新的理论框架。我们把中国企业组织变革的决策看作实现变革文化竞合适应的关键过程机制，强调使得并购重组之类的变革决策成为连接组织变革和文化融合要素的一种重要情境。从这种意义上说，可以综合运用以下三种思路。

1. 多元文化要素在并购变革决策中的效应

多元文化和并购变革情境特征构成了决策者的环境结构。个体作为一个适应性的决策者，能够根据不同的环境结构做出适应性的决策。

2. 并购变革决策过程与文化间的竞合及融合

组织文化研究认为文化在个体与环境的动态交互中被不断地创造和再创造，所以多元文化情境下的个体决策过程可以看作一个多元文化竞合及其达成适应的过程。

3. 多元文化情境下决策与文化竞合适应结果

新文化情境下的新行为掌握被认为是达成适应的一个重要步骤。在文化融合的研究中，行为技能清单的变化被认为是文化融合的重要结果，这包括行为的损失和与新文化相匹配的代替行为的获得。多元文化情境下个体并购变革决策的结果反映了个体在多元文化影响下的行为改变，说明了文化竞合适应的结果。

本节以风险应对、合作共享、多重框架和并行规则四种认知策略，构建组织文化适应和螺旋发展新型框架，聚焦组织变革中的文化价值元素、变革文化情境特征和文化竞合策略的交互机制，检验研究的理论命题。根据王重鸣等（2008）提出的组织文化与变革决策过程理论的认知策略进行分析，我们认为组织变革决策中所面临的关键问题涉及内源-外源和认知-情绪两个维度。这两个维度构成了组织变革决策中的四个关键过程，即内源认知的并行规则、外源认知的多重框架、外源情绪的风险应对和内源情绪的合作共享，进而形成新的组织变革决策的理论框架，见图2.1。

我们提出，中国企业组织变革的多元文化认知策略形成"风险应对-合作共享"和"多重框架-并行规则"的双重交互式文化竞合适应机制，进而显著提升组织变革效能。中国企业组织变革文化适应机制与社会责任模式是研究的重要内容。我们运用两栖策略新思路，着力解决变革转型的多元文化元素和多重创业社会责任之间互动融合的机制问题，取得了突破性的理论创新。我们发现，传统的文化适应局限于个体与组织、组织与社会、外部要求与组织利益等多组关系的被动适应，因此，其适应能力弱、周期短并存在"两张皮"现象。因此，文化融合不但层次低而浅，而且被动。我们在实证研究的基础上，特别是在跟踪式组织变革行为研究的框架下，独创性地提炼出中国企业管理实践所体现出的基于文化适应的创业社会责任理论，强调社会责任作为文化适应的核心内涵，是一种从内在向外在激发

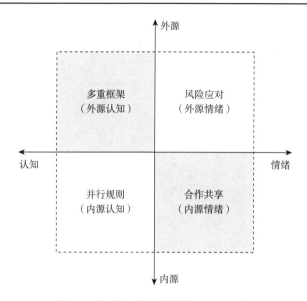

图 2.1　新的组织变革决策的理论框架

的变革文化动力，而不是外来的元素，中国企业的管理实践，尤其是成功企业的实践表明，基于文化适应的创业社会责任，是组织变革与文化融合的有效组合，可以作为中国企业管理实践的新型理论框架。

（四）组织变革的文化竞合适应机制

组织变革情境下文化要素之间的核心联系表现在对变革行为的指导作用上，这种关系影响了文化之间的动态关系。文化竞合适应机制与文化元素之间在行为效应上的联系密切相关。我们通过实验分析验证了两种主要类型的文化竞合适应机制，见图 2.2。

1. 组织变革文化竞合适应的前馈机制

第一种文化竞合适应机制称为前馈机制。在决策的并行约束满足模型中，一系列具有不同效度的节点与决策的选项或选项的可能结果之间存在着具有不同效度的联结；当决策网络被激活时，这些节点及其效度通过前馈的方式对决策产生影响。在并购变革决策中，并购变革决策的认知策略决定了文化元素被激活的程度，从而影响决策网络中的网络节点及效度。不同文化元素提供了用于备择选项评价的标准，而在决策情境下文化元素的激活程度则决定了评价标准的重要性。这种效应经过前馈式的网络激活而影响个体的决策行为，从而构成了组织变革文化竞合适应的前馈机制。

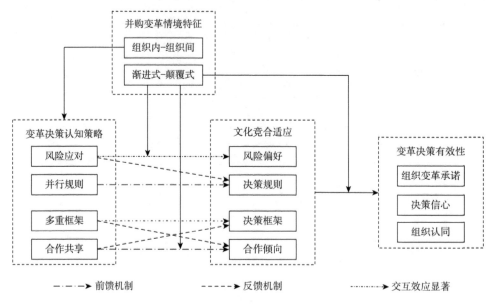

图 2.2　组织变革的文化竞合适应机制

2. 组织变革文化竞合适应的反馈机制

第二种文化竞合适应机制称为反馈机制。决策的并行约束满足模型中存在的双向联结，使这种模型具有了反馈作用。这种特征使得不同节点之间（也包括表征评价线索的节点之间）能够在网络激活过程中互相影响，从而构成反馈机制的行为基础。如上所述，变革决策的认知策略决定了并购变革决策中文化元素被激活的水平。由于这些文化元素均可能被用于评价特定的决策备择选项，所产生的不同节点通过与选项间的双向联系而间接地相互联结：一个节点的激活通过反馈过程而影响另一个节点的功效。文化元素可能促进或者抑制特定的行为；不同文化元素在行为效应上的异同决定了相互联结的性质，表现出抑制性或促进性。当代表文化元素的节点所构成的决策网络被激活时，这些节点的功效由于反馈关系而发生变化，进而改变激活扩散结束时不同节点的激活水平。这种机制反映在文化竞合适应上即个体对不同文化元素的秉持程度。

本节研究表明了四种决策认知策略产生决策网络中的节点，节点的功效增强了节点和结果之间的联结强度。文化竞合适应的前馈机制假设预测，通过激活扩散的前馈机制可以对文化竞合适应的结果产生直接的影响。这一假设在决策者的决策规则和合作倾向两个维度上得到了验证，两者分别受到并行规则策略和合作共享策略的影响。

（五）组织变革决策四种认知策略的关系模式

综合有关情境特征效应机制的发现和有关文化竞合适应机制的进展，本节提出了组织变革决策的四种认知策略的关系模式。

1. 组织变革决策四种认知策略的互补性

通过内源-外源和情绪-认知两个维度上的互补性关系，组织变革决策的四种认知策略在不同的变革决策情境中发挥互补作用。具体地说，内源-认知的并行规则策略和外源-情绪的风险应对策略在组织内情境下具有重要效应，而外源-认知的多重框架策略和内源-情绪的合作共享策略则在组织间情境下具有重要作用。组织决策者能够根据并购变革决策的具体情境灵活地选择合适的决策策略。

2. 组织变革决策四种认知策略的效应性

组织变革决策的四种策略能够直接对文化竞合适应的结果和并购变革决策的效能产生影响，即文化竞合适应的前馈机制。与组织决策者所使用策略更加一致的文化元素在后续的变革行动中得到了更加充分的体现，这种效应既表现在文化性的结果上，也反映在个体决策的结果上。

3. 组织变革决策四种认知策略的竞合性

在特定情境下，组织变革决策的两种认知策略之间还存在着竞合关系，即文化竞合适应的反馈机制。不同的变革决策认知策略通过与行为之间的共同联结而产生了间接的联结。这种双向联系通过并行分布式的网络激活过程而导致不同认知策略之间的相互影响及对文化或决策结果的交互作用。我们的研究发现，在组织变革决策中，情绪性策略调节了认知性策略的效应，使其对文化结果和决策结果的效应均表现出情境性。

文化竞合适应的反馈机制是指节点之间的双向联系给节点激活水平所带来的反馈调节过程，从而预测不同认知策略之间的交互效应。进一步的研究为这一推论提供了支持：多重框架策略和风险应对策略与其他策略的交互作用，分别影响了决策框架、合作倾向和决策规则，因此，多策略的交互作用解读了文化竞合适应的反馈机理。例如，风险应对策略调节了并行规则策略对于决策规则的效应：在风险追求策略条件下，并行规则策略与探索规则策略具有相似的效应；而在风险规避策略条件下，并行规则策略与开发规则策略具有相似的效应。在多重框架条件下，合作共享策略的效应最显著：高合作共享策略显著提高了多重框架策略的决策者在决策中采用绩效框架的倾向。

从本质上看，文化竞合适应的反馈机制反映出不同文化元素与相同行为倾向之间的关系。合作指的是多种文化元素对行为具有一致的效应；竞争则是多种文化元素对行为具有冲突的效应。在决策网络的激活过程中，具有高一致性的节点之间的激活水平会变得更加相似，而具有低一致性的节点之间的激活水平会变得更加不同。这种改变的发生源自上述不同类型策略在影响决策规则和框架方面形成的一致性或冲突性效应。

三、组织变革与创业社会责任

本节的一项重要成果是基于文化适应的创业社会责任理论，主要研究结果发表于国际著名学术出版机构 SAGE 出版社于 2018 年出版的 *SAGE Handbook of Small Business and Entrepreneurship*（《小企业与创业 SAGE 研究手册》）中（Wang and Zhao，2018）。

（一）企业社会责任的内涵与要素

企业社会责任也称公司社会责任（corporate social responsibility，CSR），其内涵最初是企业承担面向社会、社区和着眼外部的公益性责任，如社会捐赠。随着市场竞争逐步加剧，对客户的责任和对客户服务的责任成为企业责任的组成部分。企业对社会、对客户、对股东和对政府部门的依赖程度也显著提高，企业的社会回报、公众形象、服务层次、企业治理、社会参与等方面的实践，日益受到各方面的关注。企业社会责任的内涵也从社会责任（馈赠社会、社区服务、政府部门关系、扶持贫困、支持弱势等）、市场责任（产品质量、客户服务、股东利益等），深化到管理责任（企业治理、内部管理、经营效能等）与环境责任（工作条件、节能环保、治污减排等），其范围也在拓宽（从以外部责任为主，也变得开始关注内部责任和人员责任），成为创业经营行为的关键特征。可见，企业社会责任的建设可以帮助企业组织规范运营、嵌入社会、承担责任、优化实践。企业社会责任常用的评价指标主要包括：环保绩效、人资管理、安全实践、社区发展、企业治理、税收绩效、股东参与、绿色供应链、社会业务、规划与政策等。同时，在我们的研究中，Wang 等（2017b）的分析验证了组织认同对于公司社会责任与员工绩效之间关系的缓冲效应，而公司人力资源实践可以对此产生促进作用。

（二）创业社会责任的概念与要素

1. 企业社会责任与创业社会责任的区别

创业社会责任（entrepreneurial social responsibility，ESR）在概念上与企业社会责任的主要区别在于责任的焦点、基础、维度、重点、价值、核心和效能都不相同。表 2.1 表示出企业社会责任和创业社会责任的主要区别。

表 2.1　企业社会责任和创业社会责任的主要区别

内涵特征	企业社会责任	创业社会责任
焦点	聚焦企业的外在社会形象	聚焦企业的内外质量培育
基础	以企业的社会理念为基础	以企业的创业变革为基础
维度	基本上是单维度概念内涵	包含多维度全新概念内涵
重点	强调企业的社会关系优化	关注企业的团队问责要求
价值	体现出好企业的价值导向	表现出高绩效的价值导向
核心	以整体社会印象为核心	以创新变革行动为核心
效能	以企业社会形象为结果效能	以企业持续成长为结果效能

2. 创业社会责任的要素与机制

王重鸣（2015）在《专业技术人员创业能力建设读本》一书中，把企业社会责任界定为主要包括六个方面的社会责任，即人员、管理、组织、市场、社会、环境。以此为基础，我们以创业能力模型的五力要素作为责任框架，进一步丰富、发展和提出创业社会责任的五项关键要素。

（1）生态责任：节能环保、包容共享、人环成长、遵纪守法。

（2）文化责任：核心价值、伦理行为、客户关系、社区公益。

（3）团队责任：合伙团队、领导决策、企业治理、股东利益。

（4）创新责任：产品创新、技术创新、协同创新、商模创新。

（5）行动责任：高效经营、数字互联、内创变革、战略发展。

图 2.3 是创业社会责任的五项要素的结构图。图 2.4 是创业社会责任的三维机制图解。

我们在创业社会责任的五项要素——生态责任、文化责任、团队责任、创新责任、行动责任的基础上进一步认为，创业社会责任是一种变革创新行动，包含三项创业责任机制要素：责任价值、责任动力、责任参与。

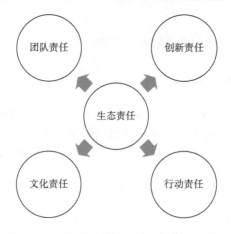

图 2.3　创业社会责任的五项要素结构图

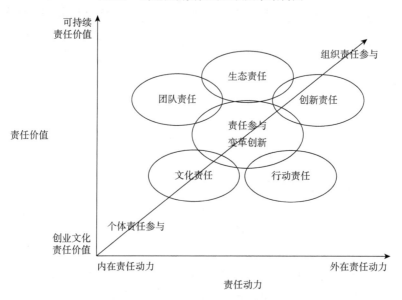

图 2.4　创业社会责任的三维机制图解

（1）责任价值。这是指从创业文化责任价值到可持续责任价值的责任价值机制。创业组织需要提炼和优化变革创新的责任价值框架。

（2）责任动力。这是指从内在责任动力到外在责任动力的责任动力机制。创业者需要识别和建构多层动态活力以推动责任管理，形成责任动力体系。

（3）责任参与。这是指从个人责任参与到组织责任参与的责任参与机制。创业团队需要设计与建立开放共享的责任参与制度。

我们提出基于变革与文化融合的创业社会责任的三维机制，如图 2.4 所示。可以看到，在责任价值、责任动力、责任参与的三维框架中，以责任参与和变革创新为核心，集聚了生态责任、文化责任、团队责任、创新责任和行动责任各项要素，从而形成创业社会责任的综合机制。

我们的研究提出创业社会责任的建设可以帮助创业企业日趋规范经营、嵌入社会、担责敬业、变革创新。家族企业、转型企业和中小企业的现场研究与案例实践表明，创业社会责任显著提升了竞争优势，增大了市场份额，提高了客户认同度，强化了利益相关者的价值，增强了企业声誉和品牌价值，降低了风险和运营成本，增强了队伍的敬业精神、干部员工的绩效和转换就业能力，提高了企业的整体财务绩效等。从应用实效来看，创业社会责任已经成为以变革创新为核心的创业文化力和创业行动力的催化剂。

我们提出的创业社会责任理论包含三项维度。

（1）责任价值维度：指以可持续责任价值作为核心内容，通过创业文化建设，提升社会责任的价值内涵。

（2）责任动力维度：指识别、策划、重组内外动力要素，主动激发高阶动力因素，形成以变革创新为主线的责任动力。

（3）责任参与维度：指增强个人和组织层面的负责任参与行动，表现在多层次参与各种责任管理与推进责任举措。

该理论提出，以创新、风险、行动为核心要素，显著激发内外社会责任动力，提升员工与整个组织的责任参与，强化创业变革与持续文化的责任价值。基于文化竞合适应的创业社会责任理论已经引起了各方的关注与认同，2017 年 10 月王重鸣在第 14 届创业与战略人力资源国际讨论会上做主旨演讲；2018 年 6 月 30 日，王重鸣在加拿大蒙特利尔召开的"第 28 届国际应用心理学大会"做特邀主旨报告：基于创业社会责任与创业能力的变革模型。创业社会责任理论（Wang and Zhao，2018）引起了学术界和企业界的高度重视，并引起了创业社会责任国际合作研究。

（三）创业社会责任的建设途径

研究与实践表明，创业社会责任的提升可以采取以下建设途径。

1. 创业社会责任的顶层设计

为了充分发挥创业社会责任的重要功能，根据创业的创新愿景与变革战略做一个顶层设计，把创业责任和创业价值一起作为创业文化力的双维关键能力元素。常用方法是根据本单位的愿景与战略制定创业社会责任的提升策略，策划创新变革与业务转型的责任举措，把创业社会责任嵌入人财物营销等经营策略中，进一步制订创业文化力建设的行动计划等。

2. 创业社会责任的实践报告

创业社会责任的实践报告是对社会责任实践及其效能的总结报告，需要把创业社会责任的价值体现在变革与创新活动之中。作为报告的基础，在企业使命价值、企业治理、法律风险、伦理规范和建规立制等方面，解说公平竞争、保护股东利益，特别是在有关转型升级和创新发展实践方面是否体现创业社会责任能力和进一步实施创业社会责任的报告。

3. 创业社会责任的教育考核

创业社会责任需要通过教育、培养而形成共享机制。可以通过举办专题培训、出台行为考核、设计专项奖励与责任激励办法等多种途径使教育活动和配套举措行之有效。采用身边案例、任务重构和行动学习等实践性学习方法，并结合本单位创新变革实践，积极推进创业价值与创业责任的建设，实现包含担责、问责和协责（协同责任）的责任共享体系。

4. 设立创业社会责任的岗位

由于创业社会责任力聚焦创业、创新和变革发展，可以围绕创业业务设置专职岗位或者设立创业社会责任委员会。此外，越来越多的企业专门为高管设计了新的创业社会责任职责，使其成为重要的创业社会责任的管理职责。

第二节　企业社会责任与组织认同模型

一、组织变革转型与企业社会责任

（一）绿色创业变革与企业社会责任

绿色可持续创业成为组织变革与创业领域的新主题。我们从组织中决策者的视角研究绿色创业变革情境下的组织变革策略的形成机制（即决策者的变革决策过程），并分别从个体层面、组织层面和组织外部情境层面提出了能够提升变革决策结果的社会责任程度的关键因素。组织通过决策层的变革决策，制定出不同社会责任偏好的组织变革策略，这一决策结果将在组织内部的变革实践中得到验证，即决策的实施效能。

　　融入企业社会责任视角的绿色创业变革给组织决策层带来认知和价值观的转变，决策形成的组织变革策略，传达给组织内部的所有成员，并通过成员对变革策略的认知和行为反应结果，体现决策层的变革决策结果的实施效能。基于整体认知视角，从决策层通过变革决策形成组织变革策略，到企业员工对此变革策略做出认知行为反应，是基于企业社会责任的"绿色创业思维"和价值观在组织内自上而下进行认知变革渗透的完整路径。变革决策在组织内成员个体水平的实施效能是组织变革效能的重要组成部分，但以往研究却较少对个体水平的效能机制进行研究与探讨。因此，在对变革决策过程进行研究的基础上，本节研究补充了对组织内成员个体在变革策略下的认知与行为反应研究，以探究变革决策的实施效能在个体水平的认知机制。

　　组织想要实现变革，无论是技术革新、业务模式改变，还是生产流程的改变，都要落实到人的行为变化。研究者一致认为，员工是推进组织变革的核心，了解员工在变革过程中的认知与行为机制对提升组织变革的效能具有重要的作用。以往对企业社会责任与员工关系的研究表明，当员工在实施企业社会责任相关策略的企业中工作时，企业社会责任对员工有着积极的影响。对于变革决策形成的基于企业社会责任的组织变革策略在员工个体水平的效能过程，本节研究将基于社会认同理论的视角，提出以组织认同作为中介机制因素连接组织的绿色变革策略与员工的效能产出。另外，绿色创业变革情境下的组织变革将对组织内成员个体的认知价值观转变产生较大的挑战，结合有关决策者认知框架的讨论，个体的道德认同与组织的变革策略的匹配性将成为组织认同的重要前提，并影响其对变革策略的后续认知和行为反应。因此，本节研究提出，组织成员的道德认同和其对组织变革策略的企业社会责任感知，将共同影响组织成员组织认同及后续的变革效能。

（二）企业社会责任感知与组织认同感

　　我们在实证研究中，以组织变革策略中不同程度的社会责任偏好来表征变革策略的商业导向或社会责任导向。我们认为，基于变革策略的企业社会责任程度是影响个体水平效能与组织绩效的关键因素。本节研究的假设将围绕变革策略的企业社会责任程度展开。

1. 组织变革策略与企业社会责任感

　　员工和组织之间的心理纽带是了解企业社会责任对员工效能作用机制的有效方式。根据社会认同理论和自我归类理论，组织认同描述了成员与组织的同一性感知及自我归类的认知过程。组织认同是个体与组织相联系的一种社会认同形式，能够影响个体的行为，如对员工自我价值的正向作用等。拥有高度组织认同的员工与组织具有较强的情感联系，愿意为组织目标的实现贡献自己的力量。由于组织认同在企业与员工关系维护中的重要性，研究者开始考虑企业社会责任策略对员工组织认同是否能够产生影响。当组织投身于基于企业社会责任的组织变革中时，员工更能相信组织在企业社会责任方面的特征能够反映员工个体的自我概念。因此，企业社会责任策略能够让员工感受到企业与自己共享着相同的道德价值观念，从而能够对员工-企业的认同产生影响。基于社会认同理论和现有的研究成果，本节研究提出以下假设。

假设2.1：员工对组织变革策略的企业社会责任感知能够提升其对组织的认同。

2. 组织变革中组织认同的中介作用

企业社会责任的相关策略对企业的财务绩效和可持续的盈利能力有显著的提升作用。本节研究认为，企业社会责任变革策略对员工效能的影响将有助于提高后续企业整体绩效。基于社会交换理论，我们认为企业社会责任策略如果能让员工个体感受到自身从变革策略中获益，那么，员工将会自主地表现出对组织更加积极的态度和行为表现；此外，对企业社会责任策略有获益感的员工，对组织及其成员表现出积极的态度和参与行为。我们选取了三个在逻辑上具有内部联系，而又反映不同层面特征的变量，作为企业社会责任变革策略实施效能的个体水平指标：离职倾向（反映员工对组织的态度）、角色内工作绩效（反映员工对组织的行为表现）和帮助行为（反映员工对组织中其他成员的行为表现）。

基于组织认同的组织策略对员工绩效具有中介效应。本节研究认为，组织认同也将在组织的绿色变革策略与员工绩效之间起到中介作用。组织与员工之间的社会交换关系建立在组织给予员工利益而员工回报组织的交换之上。组织认同反映出员工对组织的归属感，并对员工和组织间的交换关系产生影响：通过组织认同，员工与组织建立较为紧密而持久的关系，成为他们对组织积极的态度和行为回报的通道。为此，本节研究进一步验证组织认同在企业社会责任与员工效能之间的中介效应，我们选择了三项员工绩效指标（离职倾向、角色内工作绩效、帮助行为）。离职倾向是第一项员工效能指标。员工离职表明永久性退出该企业组织的工作，是每个组织都高度重视的问题。组织中，员工倾向按照自己的价值观和自我概念的要求进行表现，而员工选择离职则反映其自我概念与组织价值观之间可能出现了不匹配，对组织的价值观不再认同。以往研究也表明，组织认同能够对员工的离职倾向有显著的阻碍作用。为此，本节研究提出以下假设。

假设2.2a：员工对组织变革策略的企业社会责任感知将通过组织认同降低其离职倾向。

由于员工工作行为影响组织的绩效，了解企业社会责任变革如何影响员工的角色工作绩效，对于理解"组织通过做正确的事而提高绩效"的现象大有裨益。角色内工作绩效被定义为"员工做出的符合企业对岗位工作描述和要求的行动，且企业通过此类行动来评估和奖励员工"，这包含了与员工在组织中的正式角色要求相关的所有活动。研究表明，组织认同能够显著提升员工的角色内工作绩效。因此，本节研究提出如下假设。

假设2.2b：员工对组织变革策略的企业社会责任感知将通过组织认同提升其角色内工作绩效。

研究者将个体在组织中的行为划分为角色内行为与角色外行为，而企业社会责任策略与员工个体角色内行为相关，进一步探索员工的角色外行为及效能情况，能够反映员工在个体人际交互层面对企业社会责任变革策略的反应。显然，企业社会责任感知能够提升组织公民行为；而组织认同将促进组织内成员的合作行为。因此，本节研究提出以下假设。

假设2.2c：员工对组织变革策略的企业社会责任感知将通过组织认同促进其帮助行为。

3. 道德认同的调节效应

组织策略与员工行为之间的关系通常会受到个体差异的影响，如个体特质、认知模式等，由于组织的绿色变革策略反映了组织的伦理道德立场，员工对此类策略的感知和行为很有可能受到伦理道德相关的个体特征的影响。本节研究认为，员工的道德认同反映出个体的道德价值观，员工的道德认同将与组织决策层形成的基于企业社会责任的组织变革策略发生伦理层面的认知匹配，我们将其命名为"策略价值匹配"过程，其结果将影响员工后续对变革策略的态度和行为。我们把道德认同作为企业社会责任感知到组织认同关系的调节变量。

道德认同表征了个体自我概念中的道德特征信息，对于高道德认同的个体来说，他们更可能激活道德相关的信息来管理自己的行为；而对于低道德认同的个体来说，道德图式和道德价值观并不存在于自我意识中。因此，并不会对伦理道德信息有足够敏感的关注。对于拥有高道德认同的员工来说，他们在加工组织信息时会更多地利用自身的道德特征和价值观，对组织实施与伦理道德相关的变革策略会更加敏感。研究认为，员工的道德认同会引导他们对组织的企业社会责任策略中包含的道德信息进行加工。此时，高道德认同的员工更容易识别出企业社会责任策略的伦理道德属性，并对此做出反应。这时，企业社会责任策略中的伦理道德信息与高道德认同员工自身的规范道德观产生了匹配。

二、组织变革与组织认同中介效应

（一）组织变革决策的实施效应

高道德认同的员工在组织的企业社会责任策略中将感受到更高的道德匹配性，从而对组织产生高度的认同，表现出对待工作和组织成员更好的态度和行为。因此，道德认同影响了企业社会责任相关策略与员工组织认同的关系，从而影响员工后续的态度和行为效能。

本节研究对道德认同的调节效应做出以下假设。

假设 2.3：道德认同将调节员工的企业社会责任感知对组织认同的影响。当员工具有较高水平的道德认同时，企业社会责任感知对其组织认同的影响会增强，反之则减弱。

假设 2.4：道德认同将调节员工的企业社会责任感知通过组织认同对离职倾向（2.4a）、角色内工作绩效（2.4b）和帮助行为（2.4c）的影响。

具体而言，当员工具有较高水平的道德认同时，企业社会责任感知通过组织认同对以上三项员工效能指标的影响相对较强，而当员工具有较低水平的道德认同时，企业社会责任感知通过组织认同对以上三项员工效能指标的影响相对较弱，见图 2.5。

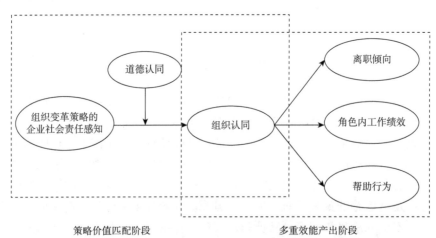

图 2.5　组织变革决策的策略价值匹配与多重效能模型

综合以上假设推论，本节研究基于社会认同理论及现有的研究证据，提出了组织变革策略在员工水平的多重效能模型（图 2.5），并将该理论模型按照认知和行为过程阶段划分为策略价值匹配阶段与多重效能产出阶段两个阶段。以组织认同作为个体的认知机制因素，以道德认同作为个体差异形成的情境条件，探讨变革决策形成的组织变革策略在员工水平的多重效能过程。

（二）研究方法与实施

1. 研究样本

本节研究的数据来自浙江省、山东省、河南省等多个地区的 11 家企业，所选取的企业涉及制造、建筑、服装、食品、信息技术等行业，企业的规模从 50 人到2000 余人不等，企业成立年限平均为 15 年。样本企业均在近年来提出和实施过企业社会责任相关的绿色变革策略。这 11 家企业共计 375 名员工及其直属团队的108 位经理收到问卷，共回收完整填写的 352 份（94%）员工问卷和 73 份（68%）经理问卷。删除无法配对的员工与经理问卷，最终有效样本为 340 名员工-经理配对。员工样本中 57.1% 为男性，平均年龄为 35.41 岁（标准差=9.39），在当前企业中的平均任职年限为 7.91 年（标准差=3.02）。

2. 研究测量

本节研究为员工与其团队直属经理设置了配套问卷，员工版问卷包含人口统计学信息，以及变革策略的企业社会责任感知、组织认同、离职倾向和道德认同的量表；经理版问卷包含对团队内相应员工的角色内工作绩效和帮助行为的评价量表（所有量表均采用利克特五分量表计分法，1 代表完全不符合，5 代表完全符合）。具体问卷包括以下量表：企业社会责任感知量表（包含 16 个题项，测量个体对组织变革策略的企业社会责任感知的四个维度——经济责任感知、法律责任感知、伦理责任感知和公益责任感知，每个维度各有 4 个题项，量表信度系数为0.86）；组织认同量表（包含 6 个题项，如"我非常在意别人如何评价我的公司"和"当别人批评我的公司的时候，就像是对我个人的批评"，信度系数为 0.86）；离职倾向量表（包含 5 个题项，如"我非常认真地考虑过换工作"和"一旦我找到更好的工作，我就会离开这里"，量表信度系数为 0.85）；角色内工作绩效量表（包含 5 个题项，如"这位员工能够满足这个岗位的正式要求"，量表信度系数为0.89）；帮助行为量表（包含 5 个题项，如"这位员工时刻准备着协助上司工作"和"这位员工能够帮助那些工作量大的同事"等，量表信度系数为 0.90）；道德认同量表采用 Aquino 和 Reed（2002）开发的量表（量表信度系数为 0.91）。本节研究的控制变量为性别和员工在当前企业的工作年限，以往研究认为这两个变量可能对员工的组织认同与态度行为产生影响。

3. 统计分析方法

本节研究采用 AMOS 22.0 软件分析所有变量的数据形成测量模型，以初步判别模型的效度并通过 SPSS 21.0 和 SPSS PROCESS 宏程序来完成有关基本统计、调节效应及中介效应模型的检验（有调节的中介效应模型等）。我们通过 Hayes（2015）提出的系数乘积法检验间接效应对调节变量的函数斜率，作为有调节的中介效应的判定指标以检验模型的显著性。

（三）关键变量的分析与检验思路

1. 验证性因素分析

在进行研究假设验证之前，首先对变量进行验证性因素分析（confirmatory factor analysis，CFA），以判断所有变量之间的效度情况。根据本节研究的假设，检验了测量模型包含的六因子：企业社会责任感知、组织认同、道德认同、离职倾向、角色内工作绩效和帮助行为。分析结果表明，测量模型表现出较好的数据拟合程度，表明这些潜变量均具有良好的聚合效度。本节研究尝试将评分数据来源相同的变量或理论类型相同的变量进行组合，构建因子数较少的简单模型，并将构建的简单模型（备择模型）与所假设的模型相比较。结果表明，所假设的模型在拟合指标上优于其他任何一种备择模型，且检验结果显示假设模型与各备择模型之间的差异显著。验证性因素分析表明所研究的潜变量之间具有良好的区分效度，六因子的假设模型较为理想。测量模型的比较见表 2.2。

表 2.2　测量模型的比较

模型	χ^2	df	χ^2/df	$\Delta\chi^2$	TLI	CFI	RMSEA	SRMR
假设模型：六因子	465.65	309	1.51		0.96	0.97	0.04	0.05
备择模型 1：五因子	1050.28	314	3.34	584.63[**]	0.82	0.84	0.08	0.07
备择模型 2：四因子	1395.30	318	4.39	929.65[**]	0.74	0.77	0.10	0.08
备择模型 3：两因子	2225.03	323	6.89	1759.38[**]	0.56	0.59	0.13	0.12

注：样本数= 340；TLI 为 Tucker-Lewis index，Tucker-Lewis 指数；CFI 为 comparative fit index，比较拟合指数；RMSEA 为 root mean square error of approximation，近似误差均方根；SRMR 为 standardized root mean square residual，标准化残差均方根

**表示 $p<0.01$

2. 描述性统计结果

本节研究计算了所有变量的均值、标准差和相关系数。表 2.3 显示了所有变量描述性统计和相关系数的分析结果。由表 2.3 可以看出，主要变量之间均存在显著

的相关关系（调节变量与因变量的关系除外），控制变量与主要变量之间无显著相关关系，符合研究的理论预期，进一步检验与分析组织认同的中介效应。表 2.4 和表 2.5 为对组织认同的中介效应进行回归分析的结果，表中值均为非标准化系数。在中介效应分析中，对员工的企业社会责任感知与其组织认同的关系进行检验，从表 2.4 的分析结果可以看出，企业社会责任感知与组织认同的直接效应为显著正向关系（$b=0.51$，$p<0.001$），因此研究的假设 2.1 得到完全支持。

表 2.3　主要变量的均值、标准差和相关系数

变量	均值	标准差	1	2	3	4	5	6	7	8	9
1 性别	0.57	0.50									
2 年龄	35.41	9.39	0.08								
3 工作年限	7.91	3.02	−0.06	0.62**							
4 企业社会责任感知	3.04	0.48	−0.07	0.03	0.01	0.86					
5 组织认同	3.07	0.60	0.03	−0.06	−0.07	0.41**	0.86				
6 道德认同	3.17	0.68	0.02	0.02	0.06	−0.12*	0.16**	0.91			
7 离职倾向	3.08	0.70	0.01	−0.00	0.03	−0.21**	−0.35**	−0.01	0.85		
8 角色内工作绩效	2.91	0.72	0.02	−0.04	−0.06	0.31**	0.43**	0.07	−0.50**	0.89	
9 帮助行为	2.97	0.54	0.01	0.10	0.01	0.34**	0.32**	−0.01	−0.49**	0.51**	0.90

注：样本数= 340。对角线上的数值为变量的克龙巴赫 α 系数。性别：男性计为 1，女性计为 0
*表示 $p<0.05$，**表示 $p<0.01$

表 2.4　组织认同中介效应的回归分析结果

效应	变量	估计值	标准误	t 值
自变量对中介变量的直接效应	组织认同	0.51***	0.06	8.31
中介变量对因变量的直接效应	离职倾向	−0.37***	0.06	−5.71
	角色内工作绩效	0.43***	0.06	6.72
	帮助行为	0.20***	0.05	4.00
自变量对因变量的总效应	离职倾向	−0.31***	0.08	−4.02
	角色内工作绩效	0.46***	0.08	5.98
	帮助行为	0.39***	0.06	6.74
自变量对因变量的直接效应	离职倾向	−0.12	0.08	−1.48
	角色内工作绩效	0.24**	0.08	3.03
	帮助行为	0.29***	0.06	4.63

注：样本数= 340
表示 $p<0.01$，*表示 $p<0.001$

表 2.5　组织认同中介效应回归分析模型拟合指标

因变量	R^2	均方误差	F 值	df1	df2
离职倾向	0.13***	0.44	25.16	2	337
角色内工作绩效	0.20***	0.42	42.84	2	337
帮助行为	0.16***	0.25	31.74	2	337

注：样本数= 340

***表示 $p<0.001$

　　表2.4 和表2.5 分别为对组织认同的中介效应进行回归分析的结果和模型拟合指标。可以看出，企业社会责任感知到组织认同的直接效应是显著的正向关系；企业社会责任感知通过组织认同对离职倾向、角色内工作绩效和帮助行为都具有显著的间接效应，验证了三种中介效应。由此，假设 2.2a、假设 2.2b 和假设 2.2c 都得到了支持，组织员工对组织变革策略的企业社会责任感知将通过组织认同降低其离职倾向，提升其角色内工作绩效，促进其帮助行为。

　　道德认同的调节效应分析表明，假设 2.4a、假设 2.4b 和假设 2.4c 得到支持，即道德认同调节了组织员工的创业社会责任感知通过组织认同对离职倾向、角色内工作绩效和帮助行为的影响。所构建的第一阶段有调节的中介模型，即自变量通过中介变量对因变量产生的间接效应，在数学上应该是调节变量的线性函数。参考近期研究的建议，采用 Johnson-Neyman 检验法和 SPSS 语法程序制作了条件间接效应在调节变量连续取值下的示意图，分别展示了离职倾向（图 2.6）、角色内工作绩效（图 2.7）和帮助行为（图 2.8）作为因变量时有调节的中介效应，均是调节变量的线性函数，虚线内代表 95% 置信带，箭头指示为有调节的中介效应的显著域。由图 2.6 可以看出，当员工个体的道德认同取值大于 1.75 时（5 分为满分），企业社会责任感知通过组织认同对离职倾向的间接效应均显著小于 0。由图 2.7 可以看出，当员工个体的道德认同取值大于 1.73 时，企业社会责任感知通过组织认同对角色内工作绩效的间接效应均显著大于 0。由图 2.8 可以看出，当员工个体的道德认同取值大于 1.83 时，企业社会责任感知通过组织认同对帮助行为的间接效应均显著大于 0。

　　由于三个判定指标的置信区间均不包含 0，证明这三个有调节的中介效应都是显著的。综上，假设 2.4a、假设 2.4b 和假设 2.4c 得到支持，即道德认同调节了员工的企业社会责任感知通过组织认同对离职倾向、角色内工作绩效和帮助行为的影响。

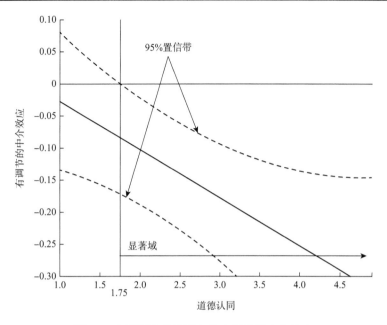

图 2.6 离职倾向为因变量的有调节的中介效应

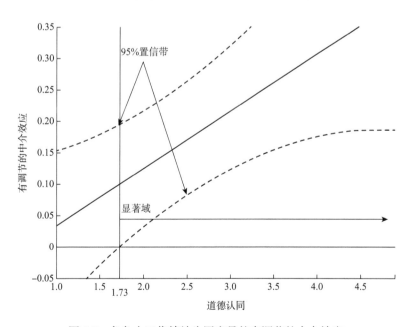

图 2.7 角色内工作绩效为因变量的有调节的中介效应

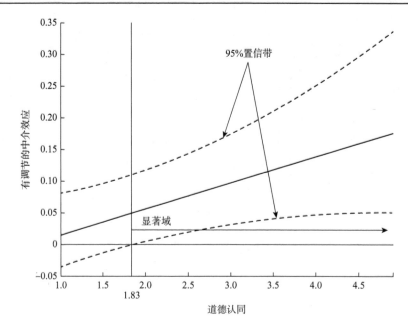

图 2.8　帮助行为为因变量的有调节的中介效应

（四）理论研究的进展

　　本节研究拓展了对组织变革策略在组织成员个体水平的效能认知，以及对策略-效能的心理机制的理解。本节研究为组织变革策略在员工水平的效能提供了实证证据，也获得了一定的理论研究进展，揭示了绿色创业情境下组织变革策略在个体层面的效能机制，丰富了企业社会责任和绿色变革效能的研究成果。本节研究还发现，员工的道德认同能够增强企业社会责任的效能作用。组织的企业社会责任相关策略是否与员工的道德认同相匹配（即策略价值匹配过程），决定了员工对组织的认同程度，这也为利用社会认同理论来阐释企业社会责任与绿色变革对个体效能的作用提供了有力的实证证据。研究选取的离职倾向、角色内工作绩效和帮助行为三项员工效能指标，彼此相对独立却又具有内部关联性，较为系统化地反映决策实施的行为效能。

　　本节研究的主要发现对企业社会责任和绿色变革相关的管理实践有重要的启示，能够为绿色变革策略的设计和执行提供建议，为组织提供一系列在企业社会责任实践和管理过程中值得关注的问题和行动方案。企业应采取适当的行动，保障绿色变革策略的持续执行，并对组织成员开展更多的企业社会责任相关培训。由于员工对绿色变革策略的企业社会责任感知直接影响其对组织伦理道德立场的评价及后续其对变革策略的反应，因此，组织应该保证绿色变革策略能够在员工个体中被广泛传播和充分了解。道德认同对企业社会责任感知与员工绩效关系的作用反映出组织的伦理道德立场与员工个体道德立场之间匹配性的重要地位。因此，组织在设计绿色变革策略的同时，应该注重加强对组织内员工的职业道德建设，将商业伦理培训融入日常管理系统，设置组织内部的监控机制，用以约束和激励组织成员的职业道德行为。同时，我们建议在组织变革中，对员工群体设置更多有助于社会利益交换的因素，如员工职业发展支持系统等，以提升员工在绿色变革过程中对组织的正向态度与行为回报。在组织变革情境下，在共同价值观和道德立场的基础上招聘、培养和开发企业员工，有利于在组织变革文化环境下构建融入企业社会责任元素的管理策略并制定更有效的员工培训与赋能方案。

三、组织变革下价值导向与捐赠行为

组织变革情境下的文化适应研究还包括另一个重要领域，即社会形象塑造和社会责任行为。我们在研究中，以企业捐赠为品牌识别和亲社会形象提升的行为，以获得更多的资源。在以往研究的基础上，对于变革转型中企业的捐赠行为及其价值导向和发展策略开展研究，就企业捐赠的行为机制，取得新的实证研究成果。

关于企业捐赠行为的研究主要涉及组织和管理的特征对于捐赠等社会责任行为的影响。例如，企业规模、管理理念、财务绩效等。变革转型中的企业在捐赠方面的表现往往与其制度特征和营商环境密切有关。我们主要关注变革转型环境的动态性和不确定性是如何影响企业捐赠行为的。这方面的研究中有两种不同的观点：一种观点认为，在变革转型环境相对稳定和可预测时，企业更有可能做出亲社会行为（如企业捐赠），而在变革转型环境相对不确定时，则可能会对企业产生负面影响，使他们倾向于保留额外的资源，以应对可能出现的负面结果；另一种观点认为，变革转型环境的不确定性或动态性可能增强企业的捐赠行为。企业捐赠有助于建立社会责任的声誉，更容易获得来自政府部门、客户、员工和社区等各种利益相关者的支持。特别是在中国文化下，消费者更倾向于支持有社会责任行为的公司。

1. 变革转型环境下的社会责任表现

我们建立了一个描述变革转型环境不确定性、政府部门关系和金融绩效之间相互作用的理论框架，以揭示组织变革环境下企业的价值导向和捐赠行为，并利用资源依赖理论，进一步论证企业捐赠活动与变革环境不确定性的关联性，特别是监管不确定性和市场不确定性的效应。监管不确定性直接源于政策规范的变化，而市场不确定性则由市场条件变化引起，包括原材料、能源和劳动力等关键要素的成本变化和可获取性的变化。我们把变革与创新导向的社会责任行为称为创业社会责任行为。研究认为，在变革转型过程中，监管不确定性和市场不确定性都会激发企业利用捐赠行为来获得利益相关方的支持和理解，并减弱可能出现的负面效应。通过实证研究，可以进一步理解创业社会责任行为如何提升企业绩效。

为了应对变革转型环境不确定性的压力，企业制定不同的策略，加强公共关系和提高财务业绩，来应对监管不确定性和市场不确定对于企业捐赠的影响。企业决策者在不确定环境下倾向于收集多种信息以减少不确定性，并增强沟通和建立紧密关系；企业管理者的公共关系和社会成员身份也会让企业更好地理解政策和社会责任行为。研究表明具有良好财务业绩的企业会组合多种资源来减弱变革转型情境不确定性所带来的压力，从而促进捐赠行为和市场支持。

2. 变革环境不确定性与捐赠行为

企业捐赠是指企业对教育、文化、社区、医疗保健或救灾、扶贫等社会和慈善事业方面的捐赠。企业捐赠与创业社会责任密切有关。战略性捐赠旨在增进企业履行变革创新方面的社会责任，同时追求财务上的新业绩。了解如何驱动企业的捐赠行为是非常有意义的。在变革转型情境中，企业会如何考虑通过调节捐赠活动来应对不确定环境呢？有关这一问题的研究，有助于理解组织变革情境下创业社会责任所起的关键作用。

为了适应和塑造变革情境，组织必须采取诸如组织设计、垂直整合、外部合作等举措，以实现行为的合理性及减少资源的不确定性。先前的许多研究认为，在中国组织变革和转型升级过程中，企业面临着两种主要的不确定性来源：政策和市场。政府部门政策的不确定性或监管不确定性是企业首先需要应对和适应的情境特征。由于政府部门、供应商和其他外部利益相关者更可能支持具有社会责任、良好形象和社会声誉的企业组织，企业捐赠可以帮助企业在市场树立形象，是提升组织声誉的有效方式。

第三节　变革转型特征与伦理领导力策略

一、伦理领导力与组织公民行为

（一）变革转型情境下的伦理领导力

在组织变革情境下，伦理领导力成为重要的领导特征和策略。安然公司等失败案例表明高层管理人员如果不能践行伦理型领导，可能会对员工的伦理行为意愿及工作表现产生非常负面的影响。如果他们感知到伦理型领导支持，就可能会加倍努力并在工作中显示出正面的态度与行动。因此，伦理领导者的角色常常成为追随者行事的伦理角色。伦理领导力可以增强关键变量——个人组织公民行为。Mo等（2012）对于产生组织公民行为的动力机制做出了实证分析，特别是对于团队式组织公民行为特征。该研究以伦理领导为基础，研究和分析新的团队式组织公民行为。

一系列的实证研究都已验证，伦理领导行为对于在团队中表现出来的组织公民行为实践具有显著效应。但是，在许多社会，既要看领导者的示范行为，还要看组织中文化、文化价值观和利益相关者等相关特征与伦理行为倾向。目前，我们正在经历日趋全球化合作、信息化互联和数字化互信的新环境。组织变革转型过程中的文化融合能力，成为跨国企业派往中国各地企业的员工、中国企业为海外经营选派的中国经理与员工必须提升的胜任能力。在全球化和组织变革的情境下，许多企业努力改善团队式组织公民行为，以便提升集体责任制和项目工作效能。

（二）伦理领导力与团队式组织公民行为

许多研究指出，伦理型领导可以增进个人、群体和组织水平的公民行为。但是在组织变革与转型升级条件下，伦理型领导的内涵和特征需要进一步深化，并融入文化价值元素，尤其是针对日益普遍的项目管理与团队化趋势，寻求团队层面的社会责任与组织公民行为建设条件及机制，成为中国管理实践与研究的重要任务。

本节围绕以下问题展开：探讨影响提升团队式组织公民行为的伦理领导力特征；关注中国企业组织变革情境和文化伦理特点；从测试团队层面提升组织公民行为的机制及相关伦理调节效应；探讨中国组织变革与文化融合场景下的理论和应用价值。

本节研究提出以下假设。

1. 伦理领导力与组织公民行为效应

根据以往研究的基础和本节研究的理论思路，本节所采用的伦理领导力定义为"通过个人行动和人际关系表现规范行为形成伦理角色模型并通过双向沟通、行为强化和决策判断等途径把伦理行为推广到下属当中的领导方式"。在本节中则试图在团队中设立伦理角色模型以便增强组织公民行为，进而提高团队绩效。也就是说，团队领导者的伦理角色行为模式和情绪性道德反应会显著促进下属在团队层次组织公民行为的绩效。我们提出的第一个假设如下。

假设2.5：明确推行道德型集体行为的伦理领导力与团队式组织公民行为呈正相关。

2. 伦理领导力与伦理情境效应

组织变革研究越来越关注组织文化和变革情境对于领导力效能的调节效应和条件性作用。从本节的总体研究思路来看，通过问题驱动方法论，我们试图揭示组织变革情境的演进特征并考察变革情境的重要效应。在中国文化与管理实践中，群体导向的中国文化、关系关联的社会网络、转型期的发展战略及变革环境中的各种伦理决策判断与行为规范，共同构成了基于道德价值的伦理情境。这里所说的组织伦理情境，通常定义为内部社会心理环境和组织伦理适应氛围。这种伦理情境塑造了行为的伦理准则。相关变量包括伦理文化、伦理气候和企业伦理价值等。在动态组织变革和快速文化变迁的背景下，个人伦理和组织伦理都显著影响伦理意图和后续行为，促进员工伦理行为和组织公民行为取向。我们的研究假设如下。

假设2.6：组织伦理情境（伦理文化和企业伦理价值观）会正面调节伦理领导力和团队式组织公民行为之间的关系。

这个假设包含以下两个子假设。

假设2.6a：伦理气氛与伦理文化正面调节伦理领导力和团队式组织公民行为的关系。当高伦理文化知觉时，伦理领导力将对团队式组织公民行为具有更强的效应。

假设2.6b：企业伦理价值观会正面调节伦理领导力与团队式组织公民行为之间的关系。对企业伦理价值观感知的强弱程度会显著影响伦理领导力的效能。当各个层次的员工都感受到高企业伦理价值观时，伦理领导力对团队式组织公民行为具有显著效应，而企业伦理价值观感知弱化或缺失时，这种效应则并不明显。

图2.9表示出研究的总体理论框架。

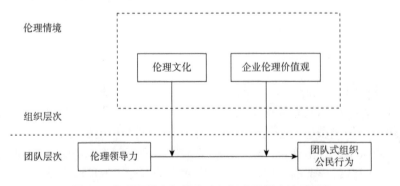

图 2.9　伦理领导力与团队式组织公民行为关系框架

（三）伦理领导力研究的主要结果

1. 研究方法与分析技术路线

我们对某省 63 家企业开展研究，从所有企业的人力资源管理部门选取了包括 57 个团队的样本。这些企业分布在房地产、银行、咨询和零售行业。我们采用成熟的量表进行测量。这些问卷包括伦理领导力量表、伦理文化量表、企业伦理价值观量表和团队式组织公民行为量表。我们在研究中，把团队规模、组织规模和所有制类型作为控制变量。

我们还运用评价者间一致性指数 r_{wg} 和组内相关系数（intraclass correlation coefficient，ICC）作为汇总个人评价得分和团队水平得分的信度标准。研究表明数据汇总在统计方法上达到研究数据的质量标准。

2. 主要研究结果与讨论

描述性统计分析表明，伦理领导力与团队式组织公民行为呈正相关（$r=0.44$），也与伦理文化有着正向关系（$r=0.48$），与企业伦理价值观显著正相关（$r=0.30$）。假设检验结果也表明，研究数据支持了假设 2.5、假设 2.6、假设 2.6a、假设 2.6b。

本节研究表明，各类研究越来越强调团队式组织公民行为的重要性。伦理领导力推进了道德型集体价值观与伦理行为对于团队管理的重要性。本节在此基础上，探索了中国文化与组织变革情境对伦理领导力效能的制约效应。我们通过实证研究表明，伦理氛围、伦理文化、企业伦理价值观等关键情境性变量，对于伦理领导力与团队式组织公民行为的关系具有显著的调节功能。为此，伦理型组织文化、组织氛围和核心价值观的建设对于发挥伦理领导力的多层次效应具有重要的战略意义。

二、伦理领导力与团队创造力

（一）研究的理论基础与假设

1. 研究的思路和逻辑

创造力对于提高组织应对瞬息万变的挑战性环境的能力至关重要，并已经得到广泛认可。大量研究分析了个体创造性的特征与相关行为，急需进一步考察组织变革情境下的团队创造力与领导风格。在组织变革情境中，员工在团队中相互合作，共同培育创新行为。Mo 等（2019）在研究中，把团队创造力定义为员工群体共同工作，产生关于产品、服务、流程和程序的新颖和有用想法的能力。这里，个体创造力是指个体的创意努力；团队成员具有创造性，必须共同产生创新的想法并批判性地看待各种解决方案，并实施创意想法。因此，团队创造力最终将通过创造性互动过程来实现，如交流观点和知识，承担风险及挑战上司和同事的想法或做法。这项研究提出，促成创造性互动过程的因素可能为实现团队的创造潜力发挥效能，而增强新的伦理领导力可以显著提升团队创造力。

2. 以往研究与理论进展

社会学习理论认为，员工通过观察和模拟领导行为和各类社交联系行为，学习如何与他人互动。在本节研究中，将伦理领导力作为提高团队创造力的有效工具。伦理领导力可以促进正面工作态度和主动创造性行为，并有益于创造性互动行为。但是，在团队层面研究伦理领导对创造力影响的研究并不多见。研究还表明，高管团队的伦理模式对于效益和成本的补偿可以具有长期的效应。就创造力而言，我们把创造力看成是对规则的违反或超越。因此，我们建议在伦理领导力的框架下关注创造性任务，考虑伦理领导力和团队创造力之间的曲线关系及伦理领导力的潜在收益和成本。

有关创造力的文献主要关注个体创造力，并表明某些类型的领导力如变革型领导力对于通过增强个体的创造性动机和能力来激发个体创造力具有重要作用。例如，当员工的主管施加适度的工作压力，员工会保持高出勤率，发展心理授权氛围和高质量的领导与成员交换（leader-member exchange，LMX）关系，并展现出更多的创造力。与个体创造力不同，团队创造力是一种集体现象，指由员工团队产生关于产品、服务、过程和程序的新颖和有用想法的能力。为了获得高度的团队创造力，团队成员必须不断交流观点和分享知识，努力抵制集体合规倾向、承担风险、挑战上司和同事，而不是单独产生新想法。正如社会学习理论所指出的那样，员工通过观察和模拟重要社交联系的行为（如团队主管），学习如何与他人互动。因此，团队主管积极倡导人际交流和心理行为安全及相互信任的工作环境，以此作为团队创造力的重要条件。强调规范适当行为的伦理领导力可能在激活和激发团队创造力方面具有巨大的潜力，以此有效地促进基本的工作态度和信任行为。

同时，伦理领导力也可能引发消极态度，如行为依从性，从而间接降低团队创造力。伦理领导力可以倒"U"形方式增强团队成员之间的人际信任。也就是说，当团队成员获得较低水平的人际关怀和来自主管的信任时，增强伦理领导力可能会显著促进团队成员对主管领导努力创造一种可信的人际气氛的看法。在这种情况下，团队成员很可能模仿主管的态度和行为。他们将积极发展与团队内同事之间的人际信任关系，从而参与知识交流和风险承担等创造性的互动过程。然而，对已经享有较高伦理领导力的员工，不断强调人际关怀和伦理行为需求的管理者可能被视为伦理上要求过高而使得员工可能会觉得自己的伦理行为与其主管相比差距较大，导致团队成员不愿意从事超越责任的行为。因此，伦理领导力在提升团队创造力方面的好处可能会遵循一种凹陷的模式，即伦理领导力的每个增量收益的边际回报会减少。

另外，伦理领导力可能导致较少的行为偏差和开放性。具体而言，当团队成员体验到较低的伦理领导力水平时，伦理领导力的提高更可能与伦理指导有关。在这种情况下，个别团队成员可能会感到有动力，而不是被迫以合乎伦理的方式与其他成员合作。相反，显示过多的伦理领导力可能会产生负向后果，如态度和行为方面的开放程度降低等。也就是说，与团队领导一起工作的团队成员已非常重视各种伦理规范和价值观，但仍然认为自己做得不够充分，觉得有义务遵守所要求的规范、标准和政策。在这种情况下，打破现有的工作和互动程序更可能被认为不规范，从而使员工不太可能偏离团队的常规解决问题的方法，并追求未经尝试的创意。

由于伦理领导与人际信任之间的关系是一种权衡，只有适度的伦理领导才能向员工传达正确的信息，即这些管理者努力培养心理安全和信任的氛围，让团队成员可以相互沟通和协作。此外，主管人员容忍偏差的程度往往有限，需要创造开放的文化，采用有助于产生创意的新规范和政策。

有关团队创造力与互动策略的研究表明，团队情境因素和伦理型领导可能会有助于团队创造力的发挥。在这种情况下，团队互动模式可能成为重要的促进因素。团队创造力与团队多样性研究不同，后者侧重于单一属性的影响。最近的研究显示，跨界团队由于多种属性而可能会导致团队运作模式"断裂"。如果能有积极的社交互动过程，可以在很大程度上弥补这方面的困境。在组织变革情境下，团队成员的多样性、价值观、文化融合程度、领导力模式、团队组成与任务分布等因素，都有可能形成断层线而使得团队分成显性或隐性的两个或更多的子团队，从而阻碍某些类型领导行为的有效性。因此，我们认为伦理领导力作为一种情境力量能否有效激发团队创造力，取决于团队断层是否存在。研究可以关注团队断层对伦理领导力与团队创造力之间关系的调节作用。

3. 理论依据和关键理论假设

本节的目的是通过案例与实证研究，考察伦理领导力、团队断层理论与团队创造力之间的关系，以便更深入地理解伦理领导力对团队创造力的影响。我们的研究试图做出一些理论和实践方面的贡献。

（1）本节基于社会学习理论和框架，通过提供伦理领导力与团队创造力之间非线性关系的经验证据，为伦理领导力和创造力管理理论做出贡献。

（2）本节是首次综合了伦理领导力和团队断层因素的尝试。通过使用交互式方法将团队断层线识别为伦理领导力在促进团队创造力方面的社会学习效应的潜在边界条件。

在本节中，我们提出伦理领导力与团队创造力之间的关系呈倒"U"形。伦理型领导在促进人际信任方面的积极影响可能会达到一个拐点，因为伦理整合会超过伦理提升的效应。为此，我们提出以下假设。

假设 2.7：伦理领导力与团队创造力之间存在曲线（倒"U"形）关系。具体而言，当伦理领导力处于中等水平时，团队展现出更多的创造力，而非极低或极高水平。

伦理型领导在什么时候有利于团队创造性呢？由于领导力是一种情境影响力，团队组成因素共同促进了团队创造力的表现。团队组成性质的差异可能会大大影响团队对伦理领导力的反应方式，因为团队成员可能对伦理行为及如何与他人进行伦理沟通和协调有不同的观点，甚至是相反的观点。与团队多样性研究不同，团队断层研究主要集中在单一属性的影响上，团队断层同时捕获多种属性的配置。断裂线理论预测，由团队成员沿着几个显著特征进行对准所产生的清晰而强大的断裂线可以将一个团队分成两个或更多的子团队。也就是说，两个具有相同个体属性、多样性水平的团队在这些属性将团队划分为假设的同质子团体的程度上可以有所不同。因此，团队断层可能会加速形成同质的子团体，从而抑制基本的社交互动过程，如沟通和协调。在创造团队创造力的情况下，性别、团队任职和教育专业化是三个关键特征，可能阻碍团队内态度和行为的整合。具体而言，男性和女性对领导者的决策和行为可能会有不同的甚至相反的意见。与青年团队成员相比，长期任职的年长员工对内部协调性有更积极的看法。工程专业的团队成员通常会更多注重任务沟通和协作，而那些具有管理背景的人往往并不注重这些。因此，这三个属性对于伦理领导力和团队创造力之间的曲线关系具有调节作用，原因有以下两个。

1）团队断层与人际信任关系

当团队断层存在时，个别团队成员对其他子团队的人变得谨小慎微。具体而言，当团队成员很少时，团队成员倾向于分享相似的伦理认同和人际关系理解。因此，他们更有可能发展人际信任关系。然而，团队断层的增加导致了联盟的形成和人际冲突，这可能会严重阻碍各个子组之间的沟通和协调，从而增加先前存在的不信任并减少外群成员的积极评价。在这种情况下，尽管伦理型领导者可以努力创造一个安全和信任的环境，但来自不同子群体的成员可以用他们自己的方式来解释领导行为和信任的含义。这些小组之间的紧张关系可能会严重阻碍开放沟通和团队内部创意思想的交流，从而影响团队的创造力。

2）团队断层与团队一致性

团队断层可能会激发团队间的偏袒或敌意，这可能导致团队内部态度和行为的解体。当一个团队被分成两个或两个以上的小组时，不同小组的成员可能对他们的主管所倡导的伦理价值和程序有不同甚至相反的意见。因此，不同小组成员之间的态度和行为不容易一致。因此，团队一致性效应也可能在团队断层水平较高的团队中变得不那么突出。

因此，只有在团队断层水平较低的情况下才会发生"过犹不及"效应，即倒"U"形关系，这可以从伦理领导力中等水平的团队具有最大创造力方面得到证明。团队的故事情节大大抑制了社交互动过程，如沟通和协调，这是形成人际信任和行为一致性的基本机制。因此，我们提出团队断层线代表了伦理领导力对团队创造力存在的"过犹不及"效应的边界条件。

假设 2.8：团队断层对伦理领导力和团队创造力之间的曲线关系具有显著的调节作用。具体而言，在团队断层弱的团队中倒"U"形关系较为显著，而在团队断层强的团队中倒"U"形关系较弱。

（二）样本测量

1. 样本对象

我们对 8 家高科技企业的研发团队采集了数据。所有企业位于华东地区先进的装备制造集群，均处于生产工程机械、输变电设备、机床等高科技产品和服务的行业。通过对这些企业的深度访谈发现，团队创造力是组织转型和企业成功的关键因素，以项目团队的创新绩效奖励员工将具有长远的积极效应。因此，在这些项目团队中，需要鼓励员工以创造性的方式共同设计和开发创新产品。集体创意活动的举措包括在每周团队例会中开展创新想法和提供解决方案的"头脑风暴"，在工作场所中融合员工的不同解题想法。初步调研为研究团队创造力提供了研究基础。

我们先获得企业人力资源经理的许可进行研究调查，向企业领导和成员说明了这项研究，并向每位团队成员发送了一封带有网络链接的电子邮件，解释了研究的目的，并提供了保密性保证。要求每位受访者在调查网页上填写一份特定代码和问卷。特定代码是用来匹配来自同一团队的领导者和成员的问卷。本着自愿参与的原则，只有当组长和至少一半的团队成员对问卷做出回答时，才认为该团队问卷有效。问卷包含了年龄、教育水平和团队任职情况等背景信息。我们的数据来自 8 家企业，共包含 50 个有效团队。团队平均规模为 7.32 人，团队规模为 4 人到 16 人。团队负责人的平均年龄为 37.60 岁，其中，男性占 90%，平均工龄为 60.52 个月（标准差=60.25）。团队领导的教育专业领域分布在理学、工学和社会科学。团队成员的平均年龄为 30.76 岁，其中 69% 为男性，平均工龄为 49.91 个月。

2. 测量与分析方法

本节中的所有测量工具使用成熟量表。为了减轻共同方法偏差，针对假设模型中的三个方面使用了不同的数据源。具体而言，伦理领导力由团队成员决定，团队创造力由团队领导评估，团队断裂强度根据团队成员的人口特征进行计算。

1）伦理领导力量表

使用 Brown 等开发和验证的 10 项单维量表衡量伦理领导力。样题是"他/她与工作组成员讨论商业伦理或价值观"和"他/她设定了一个在伦理方面以正确方式做事情的例子"。

2）团队断层强度测量

我们使用平均轮廓宽度法计算了可能将团队划分成子群的断层强度。在计算团队断层强度的许多方法中，平均轮廓宽度算法已被证实是最强大和最通用的方法。我们在研究中取最大值代表断层强度。

3）团队创造力测量

我们使用开发的四项量表来衡量团队创造力。团队领导用利克特五分量表来评估团队创造力，团队创造力在团队中被定义为团队创造新颖有用的想法。这些项目的例子包括"你的团队如何产生新的想法"及"这些想法有多大用处"。

4）控制变量

我们控制了团队规模，以免团队成员数量可能影响团队创造力。团队规模是指团队领导报告的团队成员总数。此外，我们还控制了性别、专业化和团队任期等因素，以显示团队断层强度的增量效应。根据以前的研究，我们使用指数来计算性别和专业化多样性，以变异系数计算团队多样性。

3. 本节所采用数据分析策略

为了系统检验研究的假设模型，分两步进行分析。

（1）因为伦理领导力是指团队成员对团队领导者的共同看法，我们汇总了关于伦理领导力的个体测量，以形成团队层面的伦理领导力度量。为了验证数据汇总质量，计算评价者间信度、组内相关系数及其可靠性。

（2）虽然伦理领导力和团队创造力有不同的受访者评价，但这两种数据来源都是通过调查方法获得，使用路径分析技术测试了假设，使我们得以同时研究假设模型中的整个变量系统，同时控制各种自变量之间可能存在的抑制效应。研究也使用类似的程序来检验具有曲线效应的假设模型，使用 Mplus 7.0 软件进行了这些分析。

4. 主要结果

1）数据质量检验

在数据聚合性检验合理的基础上，进行随后的假设检验。研究测量的一个常见问题是共同方法变异。我们先将每个伦理领导项目的成员得分汇总到团队层面，然后将得分与领导者对每个团队创意项目的反应进行合并。通过探索性因素分析表明所假设模型中的预测因子和标准在探索性因素分析中得到明确区分。为了解决组织研究中的小样本问题，以题目分包产生更稳定的参数估计。因此，我们运行了验证性因素分析题目分包，将所有十项伦理领导力题目都纳入单一因素中。在检查了所得到的因子载荷后，将最高载荷的题目与最低载荷的题目进行配对，以形成分包等，对单因素实验结果和使用验证性因素分析的测量模型进行比较，表明本节研究中不存在样本问题，使用的研究方法能够比较有效地测试和估计模型。

2）伦理领导力与团队创造性

团队层面的平均值、标准偏差和相关性显示了所有特定类型的团队多样性与团队创造力呈正相关但并不都显著相关，表明特定类型的团队多样性对创新绩效的影响是不稳定的。此外，伦理领导力与团队创造力之间的相关系数是正向的但不显著，这表明伦理领导力对团队创造力的影响可能不是直接的或线性的。所有这些证据都为研究的假设提供了初步支持。

3）控制变量

为了准确估计假设关系，我们将团队规模、性别、专业化和团队任期作为控制变量。分析结果表明，除专业化具有显著影响（$b=0.59$，$p<0.05$）外，其余控制变量的大部分影响并不显著。

4）假设检验

本节的假设 2.7 提出伦理领导力与团队创造力之间存在曲线（倒"U"形）关系。结果表明，当控制线性项的影响时，伦理领导力的二次项与团队创造力负相关（$b=-0.96$，$p<0.05$）。因此，假设 2.7 得到很好的支持。在假设 2.8 中，我们假设团队断层强度调节伦理领导力和团队创造力之间的曲线关系。结果表明，伦理领导力和团队断层强度之间的相互作用项与团队创造力正相关（$b=10.90$，$p<0.01$）。另外，还发现团队断层强度对团队创造力有负面影响（$b=-1.58$，$p<0.05$），这与以前的研究结果一致。总的来说，上述发现为假设 2.8 提供了支持。

（三）本节研究的理论贡献与实践意义

1. 本节研究的理论贡献

在本节研究中，我们根据伦理领导力与团队创造力之间的倒"U"形关系及团队断层线的缓冲作用，研究了团队层面模型。这项研究为有关伦理领导力、团队创造力和团队断层的原理做出了若干理论贡献。

1）伦理领导力的社会学习机制与团队创造力

我们通过研究证明伦理领导力与团队创造力呈曲线形相关。基于社会学习理论，以往文献主要表明了伦理领导力与个体创造力之间的正向线性关系。然而，与个体创造力不同，团队创造力只有在团队成员具有足够的人际信任并显示较低的行为一致性时才能被激发，因此，伦理领导力可以在团队中促进安全和信任的氛围。这项研究是首次通过同时考虑收益和成本而把伦理领导力与团队创造力联系起来。本节研究拓展了我们对伦理领导力在促进团队创造力方面作用的理解，表明适度的伦理领导力是激发新思想的最佳途径。

2）伦理领导力和团队断层研究的交互式整合

我们的研究结果表明，团队创造力可以通过在团队断层水平较低的团队（组成力量）中实施适度的伦理领导力（情境作用）得到加强，这显示出人际互动方法的贡献。我们还将团队断层线识别为可能影响团队成员态度和行为整合的边界条件。团队成员只有在适度的伦理领导力水平下才有创意。

2. 本节研究的实践启示

本节研究的结果也具有一系列实际意义。

1）组织变革情境下伦理领导力增强团队创造力

本节研究验证了组织变革情境下伦理领导力在增强团队创造力方面的价值。因此，企业应该帮助团队领导者培养伦理价值和相应的管理技能，促进其基本的社交互动过程（如沟通和协调），从而激发集体创造力。

2）团队领导者应关注伦理领导力的提升与运用

我们的研究表明，应适度强调伦理和行为规范，以免降低团队成员参与创造性思维和行动的意愿。因此，适度的伦理领导力是指鼓励各类团队激发创意，以期提高创造性绩效。对于中国企业而言，更需要重视伦理领导力和团队创造力的提升。

总体来看，本节基于社会学习理论建立并检验了伦理领导力与团队创造力之间的倒"U"形关系。具体而言，当伦理领导力水平处于中等水平时，这些团队表现出更多的创造力，而在伦理领导力过低或过高的情况下，团队创造力都不能得到充分的激发。此外，团队断层特征显著调节了伦理领导力和团队创造力之间的曲线关系；在团队断层弱的团队中，倒"U"形关系更为显著。

第三章　基于分布决策的组织前瞻警觉论

第一节　创业决策的警觉过程与调节焦点

一、创业变革与警觉理论基本框架

（一）中国企业组织变革决策策略

中国企业组织变革日趋展现出多任务、多目标和跨阶段特点，在创业创新的大背景下，更多采取快速资源策略和持续转型变革，强化组织间、业务群和产学研政联盟等综合优势。同时，由于变革转型的环境日趋动态模糊，表现出显著"外源依赖"和"边缘路径"倾向，变革决策选择性更为关键。本章研究以企业组织变革决策从"参照性判断"及"惯例式选择"向"分布式判断"和"交互式选配"的转移趋势，提出"多源启动""前瞻选配"的新概念。拟结合 March 的组织"开发（利用）"和"探索"策略，通过多策略决策判断和多资源警觉行动的实验任务，检验组织变革决策的前瞻警觉的特点与分布式机制，从而应对决策模糊与不确定性，提升决策效能。在此基础上，揭示企业变革转型的有效动态决策机理，进而显著提升组织变革决策判断能力。

本章以我国企业新能源绿色创业开发、互联网转型和其他转型升级等实践为问题，围绕组织变革决策的前瞻性和多源启动的神经机制这一前沿研究领域开展实证研究，通过深度案例研究、分布式决策神经实验和模拟实验等实证分析手段，着重解决中国企业转型变革的动态决策，构建"分布式多源启动判断"和"交互式前瞻警觉选择"的决策机理，并构建基于并行分布的组织前瞻警觉理论。我们完成了多轮神经决策实验，着重检验了目标模糊与多类线索的管理决策情境下的多源启动效应机制，从行为过程和神经机制的双重视角剖析了中国企业管理实践中常见的情境特征、决策选择偏好和多源启动的模式及其前瞻性决策特征及效应。研究结果表明，目标模糊情境特征与多源启动方式对于行动线索和思维线索具有交互影响。脑电测量数据表明，启动线索类型（未来线索与过去线索）存在相互激活与抑制的关系。多源启动效应的神经机制得到验证。变革情境特征、多源启动方式和选择偏好对于决策加工过程和行动的影响，特别是前瞻性信息搜寻和参照选择在资源分配上具有正面效应，促使决策者选择创新开发策略。这项研究为在中国企业管理实践中如何提高前瞻性判断力和增强警觉性风险决策能力提供了有效的决策行为机制理论。另外，我们在研究中也关注与验证了情景性调节焦点、即时情绪和认知需要对探索型技术决策的显著影响。

（二）创业警觉特征的理论进展

由奥地利经济学派代表学者提出的创业警觉（又称企业家警觉），即企业家能够警觉地发现非均衡市场上出现的盈利机会并迅速做出反应的能力，从根本上阐释了创业警觉这个以往被忽视的自由市场经济的重要协调因素。创业警觉既能促进企业组织的成长与发展，又能推动市场均衡化过程。这一观点激发了人们对创业者（团队）警觉和组织警觉问题的关注，并对创业警觉的内涵、其对创业的作用及其自身的影响因素等三个问题进行了持续、深入的探讨。

为了解决创业警觉理论存在的"警觉与机会"因果关系不清楚的问题，胡洪浩和王重鸣（2013）进一步研究了创业警觉的特征，特别是围绕企业家对内外部资源的组合创新与主动创造的行为过程，关注企业家如何凭借创业心智和创业环境能力，依靠自身的专长知识、特质经验，捕捉机会、整合资源、顿悟机遇和赋能行动等问题，系统理解创业警觉在市场均衡过程中的作用。

现有的创业警觉概念体现了企业家对市场机会的注意和感知能力及企业家在市场协调发展过程中发挥的巨大作用。通过回顾多年来的创业警觉研究发现这方面的研究取得了以下三大重要进展。

1）从单一视角到多个视角，概念内涵不断丰富，操作定义日趋成熟

在创业与组织研究领域，揭示了企业家在自由市场协调发展过程中发挥的作用。然而，创业警觉研究局限于解释他们在创业成功和失败的警觉结果，而不是警觉过程。因此，需要从注意力基础观、认知图式认知加工、行动等视角来研究创业警觉的心理机制、认知机制、行为机制甚至神经网络机制，从而推动一些重要创业理论的发展，包括管理者注意力的研究（刘景江和王文星，2014）及企业注意力基础观、创业认知理论和创业行动理论等。其中，基于创业认知理论的警觉研究进展最为显著，其较好地揭示了创业警觉概念的内涵和结构及创业警觉对

于识别创业机会的作用。

2）从关注创业机会识别与发现转向对创业行动过程的研究

新近的研究强调创业警觉的决策要素及创业警觉在机会、资源和团队三要素动态平衡过程中的作用。根据创业研究论断，创业研究是关于创业者如何发现、评价和开发创业机会，并创造新商品或者新服务的研究。许多创业警觉的实证研究都聚焦于创业机会识别与发现过程。随着创业行动理论的创立，研究者的目光转向创业行动过程。他们既尝试把创业警觉中的感知与解释要素拓展到行动要素，包括风险承担与决策判断，又努力拓展创业警觉对于创业行动的作用范围，从原先聚焦于机会发现到近期关注机会、资源和团队三要素间的动态交互作用及创业价值创造过程。

3）从重视企业家个人创业警觉特质转向关注团队创业警觉行为

近来的相关研究强调警觉的情境要素与群体特征。我们把企业分为简单型企业和有机型企业，在简单型企业中，创业者的警觉决定企业的创业活动；但在有机型企业中，企业创业活动是由组织（结构、流程等）在与环境互动的过程中进行的，通过持续不断的组织变革可以促进创业互动活动。许多以往研究提出，组织变革的关键在于有效识别外部环境变化，包括技术创新和社会发展环境，而变革的具体过程又受到组织领导者、形态与结构、绩效和战略愿景等多个要素的共同影响。因此，取得变革成功的一个关键因素是时刻对组织内部与外部要素保持警觉。于是，研究者开始从组织变革能力、组织注意力及组织学习等视角来探讨团队与组织层次的警觉行为机制，以揭示创业警觉的集体表征、分布特征及其在企业创业和组织变革过程中所发挥的作用。

总体来说，现有的创业警觉研究主要基于注意力基础观、社会认知理论、创业行动理论和组织变革理论的不同视角。

（1）基于注意力基础观与社会认知理论。在研究中关注创业者如何配置其注意力资源来警觉地识别创业机会和利用创业机会。同时，在研究中运用社会认知理论原理，聚焦创业机会发现与识别过程中的警觉问题，以及创业警觉与创业者特质、创业变革情境、创业者能力和动机等关键认知要素之间的交互关系。

（2）基于创业行动理论与组织变革理论。在研究中把行动要素引入创业警觉研究，拓展了创业警觉概念的外延，即由机会警觉拓展到了资源警觉。相关的思路是关注企业创业与变革情境下的团队和组织层次的警觉特征。

二、组织警觉与决策后评价调节

在现有四种不同理论视角的基础上，组织警觉研究也开始对以下五方面开展新的研究。

（一）多机会信息加工与警觉模式

以往基于注意力基础观的组织警觉研究，主要聚焦于警觉对注意力配置的触发与启动作用，但缺少对警觉来源、警觉的作用时效及不同警觉转换模式的研究。根据对注意力基础观理论的综述，目前有关注意力配置过程中的警觉研究，主要关注关键决策者由上而下的警觉过程，并没有对由下至上的警觉过程（来自基层及中层员工）进行研究，而往往警觉的发生是一个双向交互的作用结果。另外，在注意力配置的过程中，注意力资源的有限性会导致警觉作用时效的有限性，也就是会出现衰减。因此，这就需要考虑警觉在机会注意与发现中的边际效用，提出个体在对一个刺激物保持持续警觉的同时，如何对新的刺激物给予特别警觉，甚至灵活切换警觉模式。新的研究开始关注在面临多个机会信息与刺激时，机会警觉模式是否可以切换或共存等新问题。

（二）组织警觉的动力机制与决策效能

以往基于组织认知理论的警觉研究，主要关注的是机会警觉与个体特质（认知能力与动机）间的关系，新的研究重视对机会警觉与组织情境及组织动力要素的交互机制的分析。以往相关研究主要探讨机会警觉与其他认知要素间的交互关系。进一步研究加强了对组织情境与动力要素的探究，认为机会警觉也受企业战略、管理流程、技术与文化等组织因素的制约。本书课题组的 Wang 和 Liu（2016）在研究中考察了决策认知调节对于决策后评价的效应，并取得了新的理论进展。在特定环境及组织情境下，需要进一步探索多种组织要素间的调节适配（组织战略、组织社会资本、决策流程、组织文化等），从而更准确地揭示组织警觉的动力机制和决策效能。

（三）组织警觉与创业行动的关系

以往基于行动理论的组织警觉研究，主要探讨机会警觉在创业行动中的作用，进一步研究加强了对资源警觉的产生机制及其与机会警觉间交互影响的关注。创业行动理论提出，行动应为创业研究的核心，强调行动的过程是对机会、团队和资源这三个核心要素的动态调节与整合。尤其是在创业成长阶段，如何获取、利用、配置、开发和整合创业资源成为创业行动的关键。我们通过对一家玩具店的深度案例研究，揭示了创业者对其关系资源潜在价值的警觉模式。我们进一步考察资源警觉的发生过程、资源警觉与机会警觉的关系及其在创业行动中的作用等。

（四）组织变革与变革行动警觉

我们开展了基于组织变革理论的组织警觉研究。本章研究根据组织变革理论，把变革作为一项"有计划的"系统工程，包含三个关键要素：识别组织内部与外部环境的变化、借助变革管理方法、分阶段对多个组织功能（业务、文化、流程等）进行适应性调节。在组织变革的过程中，通过自身警觉已经无法有效识别新机会与新威胁，取而代之的是一种基于分布信息、群体意识和嵌入业务的变革行动警觉。基于组织变革的理论框架，对变革警觉的情境特征、产生机制进行更深入的探讨，并对变革警觉的效能机制进行实证检验。

（五）团队与组织层面的组织警觉

相关实证研究加强了对团队和组织层次的警觉概念与相应内涵特征及策略等的分析。实证研究表明，将警觉看作一种创业资源，在团队创业情境下，创业资源的分布式特征决定了决策过程的分布化与去中心化；从信息网络的视角探讨组织层次的创业警觉概念内涵，包括信息源的分布、信息处理单元的分布及信息系统使用者的分布。可见，探讨团队或者组织层次的警觉概念，需要考虑团队与组织中存在的分布性特征，包括任务分工、专长、信息来源、资源、地理区域等。

综上所述，注意力基础观、创业认知、创业行动与组织变革等理论为组织警觉研究开启了新的研究之窗。基于上述五个方面的展望，我们构建了一个创业警觉研究的展望图（图 3.1），用以指导更加深入、广泛的组织警觉研究，特别是创业警觉研究。

三、技术创业决策的警觉与调节焦点

（一）研究的关键问题与理论框架

1. 技术创业与调节焦点理论

技术创业是指通过技术创新实现创业机会的过程。根据探索-利用的理论框架，技术创业可分为探索型技术创业和利用型技术创业两种类型。探索型技术创业是指识别未来市场机会，运用资源和技术系统，通过探索型创新，即创造新的

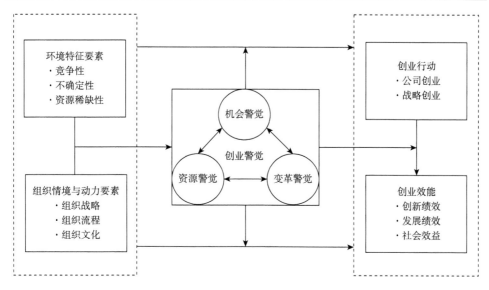

图 3.1　创业警觉研究展望图

知识和技能、提供新的设计、研发新的产品与服务，实现创业机会的过程；利用型技术创业是指识别现在市场机会，运用资源和技术系统，通过利用型创新，即拓展现有的知识和技能、改进现有的设计、延伸现有的产品与服务，实现创业机会的过程。刘景江和刘博（2014）系统研究了技术创业决策中情景性调节焦点、即时情绪和认知需要的作用。他们把技术创业决策分为探索型技术创业决策和利用型技术创业决策两种类型，并把判断和选择这两种技术创业类型作为整个创业行动的首要任务。在研究中，如何有效地做出这两种类型的技术创业决策对整个创业的成败具有重要意义。

　　创业者的认知、动机和情绪影响创业过程。调节焦点理论为理解创业者在追求目标过程中如何自我调节动机、信念和行为提供了一个有用的分析框架。在创业前瞻警觉过程中，调节焦点成为重要的机制，其分为特质性调节焦点和情景性调节焦点。前者是指一个人的习惯性倾向，受性格和早期生活经验的影响；后者是指一个人的心理状态，由情景线索诱发而产生。这两种类型的调节焦点都包含两种影响个体信息加工和自我调节行为的动机导向：促进焦点和防御焦点。与防御焦点的个体相比，促进焦点的个体更关注成长的需要，而不是安全的需求；更关注希望和抱负，而不是责任和义务；更关注正面结果的最大化，而不是负面结果的最小化。这两种类型的调节焦点都影响个体对多个行动方案的判断和选择。以往研究认为，防御焦点的创业者倾向于保守，尽可能回避创造和创新行为；而促进焦点的创业者倾向于冒险，尽可能寻求创造和创新行为。未来的研究使用调节焦点理论预测和解释创业行为。然而，现有研究尚未揭示这两种类型的调节焦点如何影响个体的探索型技术创业倾向和利用型技术创业倾向。

2. 即时情绪与创业决策

在前瞻警觉的视角下，即时情绪影响决策行为。即时情绪是指个体在决策时体验到的情绪。以下两类假说阐述了即时情绪对决策行为的不同影响机制：一类假说认为，即时情绪作为一种认知线索影响认知过程，从而间接影响决策行为。例如，"情感信息等价说"认为情感本身就是决策判断的信息。另一类假说认为，即时情绪无须经由认知过程而直接影响决策行为。例如，"风险即情感模型"认为，即时情感直接影响决策行为。"情绪维持说"则认为，处于积极情绪的个体为了维持积极情绪而避免冒险；处于消极情绪的个体为了改变消极情绪而倾向于冒险。也有研究提出，处于积极情绪的个体会引发更加乐观或者积极的评估和判断，从而更加愿意承担风险；而处于消极情绪的个体会引发更加悲观或者消极的评估和判断，从而更加保守谨慎。

最近的研究发现，即时情绪影响创业机会的评价。积极情绪驱动创业者的风险寻求行为，消极情绪驱动创业者的风险回避行为。因此，揭示即时情绪对个体的探索型技术创业决策和利用型技术创业决策的影响机制，无疑是决策行为研究领域中所必需的新内容。然而，现有研究尚未揭示两种类型的即时情绪（积极情绪和消极情绪）如何影响个体的探索型技术创业倾向和利用型技术创业倾向。

以往研究也提出，认知需要影响决策行为。认知需要是指个体在信息加工过程中是否愿意从事周密的思考及能否从深入的思考中获得享受。它体现个人参与和享受付出认知努力的内在动机。研究表明，认知需要影响个体在决策过程中的认知表现。认知需要高的个体喜欢复杂的认知任务，并会主动投入更多的认知努力，愿意去广泛搜集和深入加工信息，更可能做出高质量的决策；认知需要低的个体不愿主动付出更多的认知努力，不积极加工处理信息，回避深层次的信息加工，甚至容易扭曲或忽略信息，更可能做出低质量的决策。特别地，认知需要影响决策者对机会的判断和战略选择。实际上，创业机会的识别、评价和选择，需要创业者进行深层次的认知加工。然而，现有研究尚未揭示认知需要如何影响个体的探索型技术创业倾向和利用型技术创业倾向。

更重要的是，以往研究暗示情景性调节焦点、即时情绪和认知需要三者可能联合影响个体的探索型技术创业决策与利用型技术创业决策。例如，在一项消费者购买行为的研究中发现特质性调节焦点与即时情绪的交互作用影响消费者对零售市场的评价。消费者对市场信号的偏好将受到特质性调节焦点和认知需求的联合影响。认知需要可调节消费者的即时情绪对自己的选择行为的影响。然而，关于情景性调节焦点、即时情绪和认知需要三者如何联合影响个体的探索型技术创业倾向和利用型技术创业倾向的证据并不多。

综上可知，本节试图回答以下两个重要问题。

（1）情景性调节焦点、即时情绪和认知需要是否各自影响个体的探索型技术创业决策和利用型技术创业决策？

（2）情景性调节焦点、即时情绪和认知需要三者如何联合影响个体的探索型技术创业决策和利用型技术创业决策？

通过聚焦于这三类极其重要但尚未被揭示的心理动因，从独特的视角为个体的技术创业决策提供深入细致的理解。

（二）设计与结果

1. 研究的设计与测量方法

本节研究采用了 2（情景性调节焦点：促进/防御）×2（即时情绪：消极/积极）×2（认知需要：高/低）完全随机被试间实验设计，考察情景性调节焦点、即时情绪对于探索型技术创业倾向和利用型技术创业倾向的影响。遵循以往研究，通过描述理想自我和应该自我来诱发情景性调节焦点。同时，采用影视片段来诱发情绪，因为影视片段是诱发情绪最直接有效的方式。影视诱发的情绪效果随时间呈现倒"U"形，需合理控制时间，以 6～8 分钟为宜。因此，本节采用喜剧小品《就差钱》节选作为"积极情绪"的诱发材料，采用《玉树不哭》的地震感人片段作为"消极情绪"的诱发材料，时间均控制为 7 分钟。

本节研究采用情绪自评量表中文版来测量积极情绪和消极情绪的诱发效果。该量表由 20 个描述情绪的形容词组成，在 7 点评分量尺上评估体验到的积极情绪和消极情绪，"1"表示体验到的情绪非常轻微或完全没有，"7"表示体验到的情绪非常强烈，以此类推。

研究还采用认知需要中文量表。该量表具有较好的信度和效度，在 7 点评分量尺上评估自己的认知需要，"1"表示题项的陈述"完全不符合"自己的个人情况，"7"表示题项的陈述"完全符合"自己的个人情况，以此类推。量表总分是被试的认知需要得分。

根据技术创业的定义和类型，本节采用创业机会评价工具作为探索型技术创业决策情境材料和利用型技术创业决策情境材料。这两个决策情境材料均由两部分构成：第一部分描述一个探索型技术创业题目或一个利用型技术创业项目的创新程度、市场定位、潜在收益、个人资产投入、等待盈利时间和成功预期等特征；第二部分是技术创业倾向问卷。在 6 点评分量尺上衡量自己的创业倾向。平均分是探索型技术创业倾向或利用型技术创业倾向得分。

2. 研究的主要结果与问题

1）情景性调节焦点、即时情绪和认知需要对探索型技术创业决策影响

统计检验结果表明，以情景性调节焦点、即时情绪、认知需要为自变量，以探索型技术创业倾向为因变量进行方差分析。研究结果显示，情景性调节焦点的主效应显著；促进焦点的人员比防御焦点更倾向于选择探索型技术创业；即时情绪的主效应显著，积极情绪比消极情绪的人员更倾向于选择探索型技术创业；认知需要的主效应显著，高认知需要的人员比低认知需要的人员更倾向于选择探索型技术创业；情景性调节焦点和即时情绪的交互作用显著（图 3.2）；其他变量之间的交互作用不显著。结果也显示，当处于积极情绪时，情景性调节焦点的主效应显著，促进焦点的人员比防御焦点的人员更倾向于选择探索型技术创业。当处于消极情绪时，情景性调节焦点的主效应不显著，如图 3.2 所示。

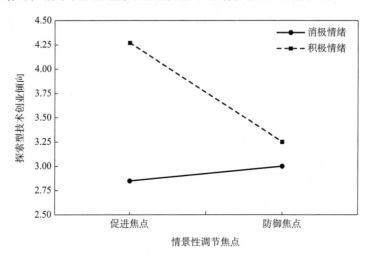

图 3.2　情景性调节焦点和即时情绪的交互作用

2）情景性调节焦点、即时情绪和认知需要对利用型技术创业决策的影响

统计检验结果也表明，以情景性调节焦点、即时情绪、认知需要为自变量，以利用型技术创业倾向为因变量进行方差分析，结果显示，情景性调节焦点的主效应显著，促进焦点的人员比防御焦点的人员更倾向于选择利用型技术创业。即时情绪的主效应不显著；认知需要的主效应显著，高认知需要的人员比低认知需要的人员更倾向于选择利用型技术创业；即时情绪和认知需要的交互作用显著（图 3.3）。其他变量之间的交互作用不显著。

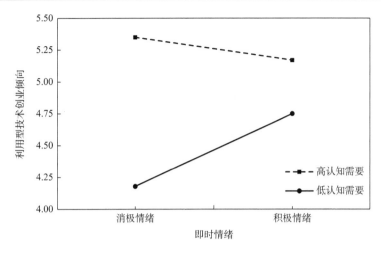

图 3.3　即时情绪和认知需要的交互作用

研究结果也显示，当高认知需要时，即时情绪的主效应不显著；当低认知需要时，即时情绪的主效应边缘显著，积极情绪的人员比消极情绪的人员更倾向于选择利用型技术创业。

（三）研究的理论创新与应用意义

通过诱发两种类型的情景性调节焦点（促进焦点和防御焦点）和两种类型的即时情绪（消极情绪和积极情绪），本节考察了个体的情景性调节焦点、即时情绪和认知需要三者共同影响两种具体类型（探索型和利用型）的技术创业决策行为的机制。在另一项相关研究中，Liu 等（2013）特别关注了外部知识搜索对于技术创业决策与管理行为的显著影响，可以帮助我们进一步解读本节研究的实际意义。

1. 本节研究的理论贡献体现为四个方面

1）情景性促进焦点和防御焦点影响技术创业决策

我们的研究验证了情景性促进焦点和防御焦点均是影响个体探索型技术创业决策和利用型技术创业决策的重要动因。我们预测和解释了情景性调节焦点对这两种技术创业决策行为的影响，并建议未来的研究可以使用调节焦点理论预测和解释创业行为。我们还发现两种类型的情景性调节焦点以不同方式影响两种类型的技术创业倾向。与防御焦点的个体相比，促进焦点的个体更愿意选择探索型技术创业和利用型技术创业。促进焦点的个体具有更多的风险承担倾向，着重关注创业项目的潜在市场收益，而防御焦点的个体具有更多的风险规避倾向，着重关注创业项目的安全性，避免最可能失败的创业项目。本节研究发现，情景性促进焦点和防御焦点均是创业者寻求探索型技术创业和利用型技术创业所必需的两个动机导向。

2）即时情绪对两种技术创业决策行为的效应

本节研究预测和解释了即时情绪对两种技术创业决策行为的影响，未来的研究将情绪纳入创业研究，揭示了即时情绪是影响个体探索型技术创业决策的重要前因，发现即时情绪影响探索型技术创业倾向。与消极情绪的个体相比，积极情绪的个体更愿意选择探索型技术创业。这个发现表明，积极情绪的个体比消极情绪的个体具有更强的风险偏好，从而引发风险寻求行为；而消极情绪的个体更倾向于做出消极的评估和判断，从而引发风险规避行为。然而，这个结果并不支持前述的情绪维持假说，相反，积极情绪的个体倾向于规避风险，而消极情绪的个体倾向于承担风险。

3）认知需要对探索型技术创业决策和利用型技术创业决策的重要作用

本节研究揭示了认知需要对个体做出探索型技术创业决策和利用型技术创业决策的重要作用。本节研究预测和解释了认知需要对这两种技术创业决策行为的影响。与低认知需要的个体相比，高认知需要的个体更愿意选择探索型技术创业和利用型技术创业。判断和选择这两种类型的技术创业是一个认知加工密集的、求解复杂问题的决策过程。与低认知需要的个体相比，高认知需要的个体在加工信息时采用更集中的方式，并更具深度和广度。这样，后者不仅增强了自身求解复杂问题的能力，而且增强了自身做出决策的信心。因而，后者能识别更多的创业机会，并能高质量地判断和选择这些创业机会。

4）情景性调节焦点、即时情绪和认知需要的联合效应

本节研究深入细致地考察了情景性调节焦点、即时情绪和认知需要对两种具体类型的技术创业决策的联合影响，为创业决策行为提供了重要的理论洞察。一方面，本节研究发现情景性调节焦点和即时情绪的交互作用影响个体的探索型技术创业倾向，但不影响个体的利用型技术创业倾向；另一方面，本节研究发现即时情绪和认知需要的交互作用影响个体的利用型技术创业倾向，但不影响个体的探索型技术创业倾向。具体而言，认知需要决定即时情绪对个体利用型技术创业倾向的影响幅度。与高认知需要的个体的即时情绪相比，低认知需要的个体的即时情绪更大幅度地影响利用型技术创业倾向。处于消极情绪的高认知需要的个体更愿意选择利用型技术创业，处于消极情绪的低认知需要的个体更不愿意选择利用型技术创业。

总之，本节研究更好地验证了情景性调节焦点、即时情绪和认知需要三因素对两种具体类型的技术创业决策的联合影响，从而为推动创业决策行为研究迈出了重要的一步。

2. 研究的实践意义与价值

本节研究对组织变革与创业实践具有重要意义与价值。

1）情景性促进焦点和情景性防御焦点的作用

我们提出，在管理决策或创业决策中，情景性促进焦点和情景性防御焦点各有优劣，都是持续成功所必需的认知导向。适时调节自己的促进焦点和防御焦点，可以识别真正的机会或做出有效的判断，并避免决策差误。处于积极情绪的个体通常倾向于承担更多的决策风险。因此，决策者需要学会调适自己的情绪，并以积极的情绪状态去识别商机，以便判断和选择适合的技术创业或变革类型。多种商机的成功识别、判断和选择，需要投入高强度的认知努力。决策者也需要积极主动地搜寻信息，并投入更多资源对信息进行综合、精细的加工与处理。我们还发现，促进型的调节聚焦会改善决策后评价和市场心态（Chen et al.，2017）。

2）情景性调节焦点、即时情绪和认知需要的交互效应

我们还提出，情景性调节焦点、即时情绪和认知需要通常是交互而不是孤立地影响技术创业决策判断的。因此，创业者很有必要调适这三者的匹配协同关系，以做出高质量的决策判断。在实践中，有必要帮助决策者拥有这些创业心智、变革心态和决策技能。

第二节　变革决策的组织警觉及演进案例

为了深度分析组织变革情境下变革决策中组织警觉的生成与研究机制及关键促成要素，我们设计和开展了深度研究案例分析。深度研究案例不同于一般的管理案例，更多注重纵向的演进过程及其机制分析和原理提炼。胡洪浩和王重鸣（2013）的研究采用组织学习过程理论，即 4I（intuiting、interpreting、integrating、institutionlizing，直觉、解释、整合、制度化）过程模型来探究组织警觉的生成机制；也运用组织注意力基础观理论来探讨和分析组织警觉的关键促成要素及其影响关系。在案例方法上，采用单案例与多案例分析的方法来研究组织警觉的生成机制。

（一）研究的主要目的与理论框架

1. 主要研究目的

面对日趋激烈的科技革命和转型变革带来的日趋突出的资源环境约束加剧、

要素成本不断上升、创新后劲不足等挑战，中国企业开始进入新一轮的转型升级。在现实中，往往看到许多企业能及时抓住瞬间的机遇线索，实施组织变革与二次创业，而有的企业则错失良机。我们主要关注的问题是"为什么有些企业能够警觉注意到内外环境中的机会与威胁线索，并及时采取行动？"

以往研究对上述问题也做过一些探讨。比如，管理与创业研究领域，许多研究探讨了创业者个体是如何发现创业机会并开展行动的，企业高管是如何注意外部环境中的变化并做出战略决策的。然而，这些研究主要围绕的是创业者个体或团队的态度与行为，并没有关注组织中不同层次成员的参与及相应作用，尤其忽视了个体、团队与组织间的互动过程。另外，在内容上，上述研究主要关注机会线索，部分涵括了机会、威胁及不连续等多项信息，却没有对机会与威胁信息进行分类。因此，本节研究的主要目的是揭示组织对内外环境中的机会与威胁线索进行加工的"黑箱"，并试图刻画组织警觉的生成与演化过程。本节研究也强调了对组织转型升级情境和问题驱动的关注。

2. 研究的理论框架

关于企业组织如何形成组织警觉并进行相关信息加工的问题，注意力基础观理论、信息加工理论、意义建构理论、创业行动理论及组织学习理论等诸多理论都有研究。

（1）注意力基础观理论强调了组织对内外线索的持续警觉与注意。

（2）信息加工理论认为组织与个体信息加工的最大差异是组织中会在信息搜索、编码与判断等环节达成共识。

（3）意义建构理论则强调组织与环境的动态互动及行动的过程。

（4）创业行动理论关注个体对风险的承担与行动的实施。

（5）组织学习理论则提供了组织成员认知与行为改变的过程。

本节围绕中国转型期的变革情境下，组织不同层次成员的互动、沟通、行动与决策过程，强调认知与行为方面的改变与调节，主要采用的是组织学习的过程模型理论。

在这方面，4I过程模型揭示了组织不同层次间的学习互动与演进过程，包括直觉、解释、整合和制度化等四个阶段。4I过程模型在诸多领域得到应用，如战略、运营、技术创新、市场营销、信息技术及医药管理等领域。4I过程模型也广泛用于创业领域，如企业竞争与成长过程、创业机会识别过程、机会开发与识别过程、企业家决策过程等。本节研究将基于4I过程模型，结合"组织与环境交互"的观点，以全面剖析组织变革中如何对内外环境中的机会与威胁线索形成警觉的问题。

另外，创业中的承诺升级也是研究中应注意的问题。Li 和 Wang（2015）研究了承诺升级的机制问题。相关领域的研究还运用战略决策制定过程、组织信息加工模式、组织经验等。组织信息加工理论认为高管的权力分布与异质性影响所有成员共识达成的过程。失败学习理论认为通过失败学习，组织可以习得启发式以促进组织的信息加工过程。这些理论都为探讨组织警觉形成的动力机制提供了理论基础。

（二）案例研究方法与分析样本

1. 案例研究方法

作为一种理论构建的方法，案例方法被越来越多地用来研究"怎么样"和"为什么"的问题，其特别适用于组织与管理实践中出现的新现象和新问题，如过程与机制问题的研究。近年来，研究者开始采用单案例深度研究方法来探讨中国情境下的关键管理问题。本节研究采用单案例方法，试图深度揭示组织警觉的内在发生机制与过程。案例研究的分析单元取决于研究问题所聚焦的变量或者关系，选择合适的分析单元可以显著提升案例分析的效率与可靠性。虽然变革情境中的组织警觉概念本身是组织层面的概念，但相应的警觉行为与特征可以表现在组织中的个体与团队等层面。因此，本节将从个体、群体（团队）和组织三个层面来捕捉组织在形成警觉过程中的表征。

2. 分析样本

本节研究选取的案例企业——湖州某时尚贸易有限企业（简称布韵企业）是一家经营时尚品牌布鞋的连锁企业。该企业已经有十多年的发展历史，目前正处在商业模式的转型变革时期。选择这家企业作为案例研究对象，主要有以下三个原因。

1）理论抽样与建构要求

作为一家拥有较多直营店与加盟商的连锁企业，其最大的特征就是分布性。地理位置的不同使得每个门店在市场环境、客户分布、竞争强度等方面会出现一定的差异，这也使得企业在日常经营中能收到多样的信息与资讯，包括门店管理过程中的新问题，以及所在市场及客户需求方面的变化等，而这些信息能否被有效传递给企业管理层及决策层，将影响企业的决策。因此，该案例企业的管理实践比较适合组织警觉理论的探索与发展。

2）具有典型性要求

案例企业作为一家传统的布鞋连锁企业，正随着行业的变革与发展，进入商业模式的转型与升级阶段，开始从销售转向品牌管理。这也反映了中小企业正在采取一种关键变革行动，即从产品制造向品牌创造转型。

　　3）案例企业的代表性

　　案例企业的创始人在 2012 年参加了由浙江大学全球创业研究中心举办的中国女性创业能力开发项目课程，我们在其课程学习期间及结束后为其提供了创业指导。我们对案例企业的整体发展与关键事件有比较全面而深入的了解，企业的代表性比较好。这也有助于提高研究的信度，以确保研究结论的可靠性。

　　本节研究通过咨询指导、实地考察、半结构访谈、电话访谈等方式获取一手资料。其中，咨询指导指的是给案例企业提供管理咨询建议，主要是一对一的辅导；实地考察是对门店的参观；半结构访谈是对企业的管理层及个别门店店长的访谈，每次访谈时间为一个小时左右，总共进行了三次访谈；电话访谈主要是补充面对面访谈中的细节问题及其他相关资料。另外，本节研究也用到了企业的部分档案资料，包括会议记录与正式文件（规章制度、合同条款等）。

（三）深度案例分析的主要结果

1. 企业的历史沿革

　　布韵企业成立于 2003 年，该企业从代理品牌布鞋起家，起初获得了多个中华老字号品牌布鞋的地区代理权，并陆续在湖州地区开设了多家直营店。2009 年，该企业开始与北京鞋业有限企业开展合作。起初，该企业获得了浙江地区的总代理权；随着合作的深入，该企业开始参与产品设计、产品开发、营销策划等重要环节，并在 2011 年获得了 35% 的品牌所有权。2011 年，该企业也开始在直营店尝试连带销售，新增旗袍和手包等产品。到 2012 年底，该企业正式启动了"自主品牌"转型计划，开始从代理与经销转向自主品牌经营，并大力开拓网上销售。截至 2013 年底，该企业已经拥有 8 家直营店和 11 家加盟店，正式员工为 47 人，加盟店员工为 38 人，年销售额达到了 2300 万元。接下来的 3～5 年，企业的目标是新增品牌直营店 10 家、加盟店 50 家，网店销售比例达 40%，努力成为一家"两端驱动"的品牌连锁店，即"店商+电商"的终端渠道驱动和持续产品开发能力驱动，见图 3.4。

2. 行业分析

　　布鞋连锁属于时尚行业。随着人们生活水平的提高，复古怀旧文化的流行，以"穿着舒适、保健透气"著称的布鞋开始被消费者所青睐，并直接促进了布鞋市场的繁荣。在这一过程中，时尚的设计与材料的创新使得布鞋突破了传统"怕水忌湿"的缺点，凭借在布料、颜色、款式等方面的多种变化，成功吸引了各个

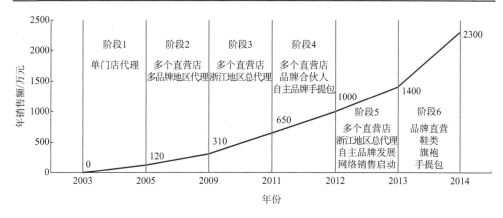

图 3.4　布韵企业发展历程与历史沿革

年龄阶段的客户。据统计，国内时尚布鞋销售量以每年 68%的速度增长。这种变化对于传统布鞋经销与连锁企业而言，既是机会，又是挑战。一方面企业所面对的市场容量与潜在客户范围扩大了；另一方面企业需要重新调节思路与理念，以便及时发现客户新需求，在合理的渠道销售相应的新产品。

从目前来看，市场上的布鞋品牌大致有三类，即国际品牌、国产品牌和延伸品牌，竞争十分激烈。国际品牌一般以商场专柜形式销售，国产品牌主要是以专卖、加盟等形式进行销售，而延伸品牌则兼容并蓄。由于品牌认知及市场定位的差异，国产品牌在中低端市场的竞争比较激烈，"高性价比"策略是相对有效的取胜之道。

3. 商业模式转型的决策过程

布韵企业转型是由四个相互关联的关键变革事件所最终促成的，并且每个事件都经历了关键线索诱发、内外互动、选择判断与后续行动四个阶段。

1）2011 年，推出自主品牌手提包，尝试连带销售

布韵企业早在 2009 年就开始尝试连带销售的模式，主要是布鞋组合销售，类似于"家庭套餐"，效果较好。与此同时，企业为了给直营店增添复古与传统元素，选择了三个业绩较好的门店，摆放了旗袍与手提包。在 2010 年企业年会上，大家围绕"产品与服务创新"主题进行了讨论，提出企业可以考虑增加旗袍和手提包的款式，并增加一定量的库存，因为不少客户在购买布鞋时，对旗袍产生浓厚的兴趣，使得总经理肯定了连带销售的模式，并表示企业也在从长期发展方向考虑这个问题，想把先前同类产品连带销售的经验复制到异类产品的连带销售上去。企业正在与"仟福斋"总企业商谈深度合作事宜，以彻底解决法律上可能存在的隐患。

2011 年初，企业管理层开始筹备旗袍与手提包的连带销售工作。在旗袍的品

牌选择上，企业决定继续与原先的代理品牌合作，而在手提包的品牌选择上，管理层产生了较大分歧。为了增加产品的时尚性，以吸引更多客户，企业对经营方案做出了调节。这也让高管团队看到了门店市场信息的重要性，采纳门店店长的意见，可以使布韵企业少走弯路。

2012 年 3 月底，布韵企业改进了以往企业与店长的"月会"模式，增加了电子邮件的实时网络沟通模式。店长可以通过邮件向人事经理及财务经理汇报门店中的新问题、新现象或新想法，这些经理在收到信息后的三日内必须做出审核，然后在当周的管理层会议上进行商讨，如果被企业采纳，则当月执行并给予门店集体奖励。同时，布韵企业也升级了企业的内部管理软件，加强了销售、库存等运营指标的实时性。

2）2012 年，重回品牌代理

企业于 2011 年开始正式从品牌代理转为品牌合伙人。2012 年，企业的销售突破了 1000 万元，比 2011 年有近 40% 的增长。然而，成为品牌合伙人就意味着库存压力的加大。由于需要直接支付产品货款，企业在库存上投入了一大笔流动资金。

企业进完秋冬款产品时，发现库存所沉淀的资金达 500 万元。企业转成品牌合伙人之后，可以根据浙江地区市场客户定制个性化产品（成本与大批量保持相同），也可以共享北京、上海等市场销售的利润。然而，资金沉淀还是直接影响了直营店的扩张速度。

由该市女企业家协会推荐总经理参加了中国女性创业能力开发项目。期间，总经理第一次接触到了电子商务。起初，对网络销售布鞋的模式并不看好，因为涉及线上与线下产品结构与价格体系设计、库存管理等问题。她与两位品牌合伙人做了商谈，尝试组建专业的运营团队，并深入学习电子商务。布韵企业重新做起了浙江地区总代理。

3）2012 年，自主品牌网络销售启动

网络销售自主品牌的时尚布鞋成为企业成长的契机。除此之外，还有两个关键诱发因素，促成了线上销售。一是有关政府部门正在制订企业转型升级的扶持计划，其中很大一块是支持企业尝试电子商务，而且在筹建电子商务科技园。二是案例企业的创始人作为产品总设计师，对布鞋行业的流行趋势有着独特的敏感，也经常逛各类大型商场的鞋类专柜。

2012 年 9 月，企业把新款方案定位在"青春时尚"这一主题上，并详细阐述了设计的理念与风格。企业决定"以传统风格为主，但适当增加融入时尚元素的过渡款式"。期间，律师事务所也提供了品牌合伙人的风险评估报告，认为品牌代理商的风险可控。综合考虑，决定先在网店上推广自主品牌的时尚布鞋，网站也正式上线。

随着企业重回代理商，以及线上自主品牌销售的启动，企业也开始积极筹划线下自主品牌布鞋的开发工作。在线下时尚布鞋的定位上，电商经理提出，企业在保持原有客户定位的同时，可以适当开发十几款适合 90 后的款式。企业决定第一期的线下产品在保持原有目标市场定位的同时，适当增加时尚款式来吸引年轻客户。

4）2013 年，大力发展自主品牌加盟店

参加中国女性创业能力开发项目课程的学员在结业时提交了其后三年的企业成长计划。案例企业的创始人所提交的计划题目是"布之韵品牌发展计划"，主要思路是"线下加盟+线上拓展"。其中，加盟模式的设想主要来自同一分组的经营化妆品专卖店的学员，其建议案例企业的创始人走加盟店模式，并且为其引荐了几位圈内做加盟的朋友。在此期间，商业计划书大赛展示了布韵企业的加盟计划。同时，由于无锡、江苏、杭州等地的市场潜力相对较大，企业决定采取加盟模式，并设计了相应的方案。2013 年 9 月底，第一个加盟店正式开业。

2013 年可谓是企业的"加盟元年"，企业先后在杭州、无锡、台州、扬州、湖州等地开了 8 家加盟店。然而，在加盟店的管理过程中，企业也遇到了一些问题。随着加盟店的快速发展，"新品滞销、老品断货"现象造成的损失效应一下子放大了。需要专门商定季节变换时的产品过渡管理方案，以增加全年新产品开发工作的有效性。管理层多次召开专题会议，集中商讨加盟店的管理细则，以尽可能细化管理条款，让加盟店的运作与总企业保持一致。比如，每周上报管理日志，重点反馈销售与库存情况，以及其他问题。企业也考虑升级信息管理系统，并覆盖到加盟商的管理。

期间，企业在营销方面尝试了创新策略。在节假日，企业的部分线上、线下产品统一促销；市区的所有门店提供线下配送服务，去实体店消费的客户只需扫二维码，门店就提供送货上门服务。

2013 年秋季是布之韵自主品牌在直营店与加盟店的首秀。在销售启动前，企业特意召集每个门店店长及所有员工参加"誓师大会"，希望每位一线员工重新发扬二次创业精神，以全新面貌投入布之韵第一季时尚新品销售，并按照惯例进行了新品销售培训。由于秋冬季销售周期较短，因此需要门店加倍提高销售积极性。

上述关键事件共同促成了布韵企业从一家传统品牌代理商转向自主品牌经营商的重大转型与变革。我们发现，这些关键事件间存在一定的关联性，而每个关键事件基本上都起源于企业内部或外部的一个细小线索或者信号，包括机会、威胁等，如图 3.5 所示。

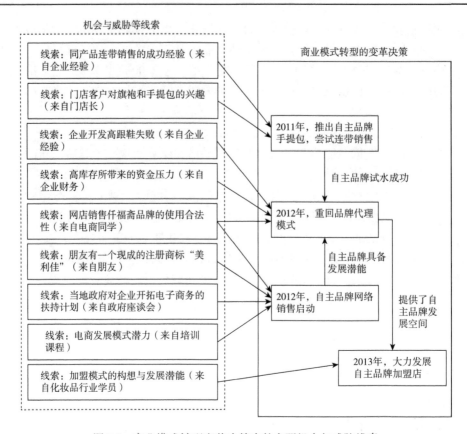

图 3.5　商业模式转型变革决策中的主要机会与威胁线索

4. 组织警觉的三个阶段

那么，布韵企业究竟是如何注意到机会或威胁线索并最终促成企业进行变革决策的？从线索到变革行动间究竟经历了哪些关键过程？我们按照组织学习4I过程模型的框架，对组织警觉三个阶段的具体内容及演进条件与机制进行探讨。

1）注意阶段

企业所做出的商业模式转型决策，都起源于企业注意到的一些线索。这与4I过程模型的第一阶段个体直觉有异曲同工之妙，直觉强调了个体对环境中的信号产生一种潜意识的反应，这也意味着组织不同个体对内外环境中与任务相关的多个信号与线索产生注意。案例的关键事件的发生都可以相应地追溯到组织成员（员工和管理者）所注意到的机会线索与威胁线索。其中，组织内部的机会线索主要来自门店店长、中层管理者和高管；组织外部的机会线索主要是创始人，也就是高管通过利用组织外部网络关系注意到的；组织内部的威胁线索主要是由门店员工、中层管理者和高管提出的；而组织外部的威胁线索主要也是通过高管利用组织外部网络关系注意到的。见表 3.1。

表 3.1　注意类型

线索	来自组织内部	来自组织外部
机会线索	A1：创始人注意到同产品连带销售成功经验 A2：门店长注意到客户对旗袍和手提包的兴趣 A3：电商经理和营销经理注意到 90 后潜在客户群的培育价值	B1：创始人注意到当地政府部门对企业开展电子商务的政策支持（通过参加政府部门会议） B2：创始人注意到电子商务发展模式（通过外部学习、第三方咨询机构） B3：创始人注意到加盟模式的发展潜能（通过非同行学习以及国外考察） B4：创始人注意到网上销售"时尚布鞋"的市场潜力（通过朋友圈子）
威胁线索	C1：财务经理注意到库存中手提包比例较高 C2：财务经理注意到高库存所带来的资金压力 C3：营销经理注意到自主品牌使用的合法性问题 C4：创始人注意到自身视野与能力局限 C5：人事经理注意到部分老员工绩效不达标现象 C6：营销经理注意到个别加盟店不服从企业管理规范	D1：创始人注意到网上销售使用合伙品牌的潜在风险（通过朋友圈子、第三方咨询机构） D2：创始人注意到时尚布鞋的流行将给传统布鞋带来巨大挑战（通过市场考察） D3：创始人注意到时尚布鞋供应商的苛刻的供货条件（通过供应商考察）

我们将这些注意线索与关键事件对应，可以发现，每个关键事件的最终发生都始于组织不同层次成员所注意到的多个线索，而且是不同组合的线索。以重回品牌代理决策为例，企业所注意到的是两种线索，分别是外部机会线索和内部威胁线索。其中，外部机会线索具体指创始人所注意到的行业发展新趋势及可利用的外部资源（新商标），内部威胁线索具体指组织以往的失败经验、资金压力、品牌使用合法性问题及创始人自身的能力局限，它们分别来自创始人、财务经理和营销经理。

当然，这些被组织不同层次员工所注意到的机会线索与威胁线索并非同步产生，往往随着企业的行动与发展过程而被发现。这些线索足以对组织后续的行动产生影响。

2）互动加工阶段

互动加工是指组织开始对线索进行沟通、解释，以达成共识。根据 4I 过程模型，该过程需要每个个体与利益相关方进行互动，以展示不同的观点，并最终达成共识，它是个体间认知改变并达成一致的过程。案例的四个关键事件，反映了组织加工内外线索存在两种模式：一种是组织与外部网络关系的互动加工；另外一种是组织内部成员的互动加工。其中，外部网络关系主要有两类，一类是利益相关方，包括供应商、品牌总企业、相关政府部门、行业协会组织、管理咨询机构（律师事务所、咨询机构），另外一类是创业者通过学习、社交等平台所结识的其他行业的企业家。我们发现这些外部网络主要有以下三个方面的作用。

一是从行业发展的角度帮助企业更加认同所注意到的机会。比如，通过电子商务转型升级座谈会向企业传达当地政府部门对电子商务的最新支持政策，这使得企业创始人更加坚信启动网络销售的可行性。

二是从专业的角度帮助企业核实潜在风险。比如，律师事务所给企业提供了专业意见，让创始人认识到合伙品牌的风险。

三是从跨行业合作的角度帮助企业拓宽视野，发现新方向。在这方面，创始人的跨行同学与朋友提供了很多新思路，如淘宝存在"时尚布鞋"的市场空白点、加盟方式的可行性等。

企业内部成员的互动加工，包括四种方式。第一种是高管与中层（中层管理者与企业高管）（主要指创始人）的互动，在案例中主要是指高管与中层的每周工作例会、临时或专题会、季度新品开发与销售会及年度工作规划会等；第二种是中层与基层（中层管理者与基层管理者）的互动，主要体现了三种方式，店长与人事经理和营销经理的邮件沟通、营销经理月度走访所有门店、季度新品销售培训；第三种是基层内部互动，案例中主要是指店长与店员关于客户、产品及绩效制度等方面的沟通；第四种是全体互动，案例中主要是三种方式，春秋季的员工拓展、优秀门店经验分享会及每年举办的企业年会。另外，值得一提的是，企业所使用的管理信息系统实现了门店关键经营数据的实时上传。比如，门店的进货与库存数据每日汇入系统，相应的管理者可以根据权限来读取。总的来说，上述内外互动过程，能够让企业有效识别机会线索与威胁线索的价值，以帮助企业更好地决策，见图3.6。

3）判断阶段

选择与判断阶段是组织将解释转换成行动的关键环节。根据4I过程模型，整合与解释比较相似，但解释注重组织成员与其他相关者通过互动对创业机会达成共识，而整合则注重组织上下连贯一致、共同开展新的行动。这个过程不仅鼓励成员提出多元观点，也需要不同成员有效识别差异与共识，以做出行动变化与调节的判断。案例中，企业所做出的四个关键判断，体现了三个决策特征。

一是判断的标准，主要包括经验判断和面向未来的判断。案例中，企业做出手提包连带销售的判断，根据的是以往单一布鞋连带销售的成功经验；而企业退出品牌合伙，是从当前所遭遇的资金链紧张及企业长远发展两个方面来考虑的。

二是判断的过程，主要是指风险决策和不确定性决策。企业启动网络销售自主品牌布鞋的例子，体现了风险决策的特征，也就是企业充分分析了线上发展模式的可行性，也对其结果进行了预测，不确定性的因素相对较少。而在退出品牌合伙的决策中，企业所面临的不确定性就比较多，一方面企业并不明确在退出品牌合伙，重回品牌代理后，战略发展方向是什么；另一方面，企业虽然开始尝试

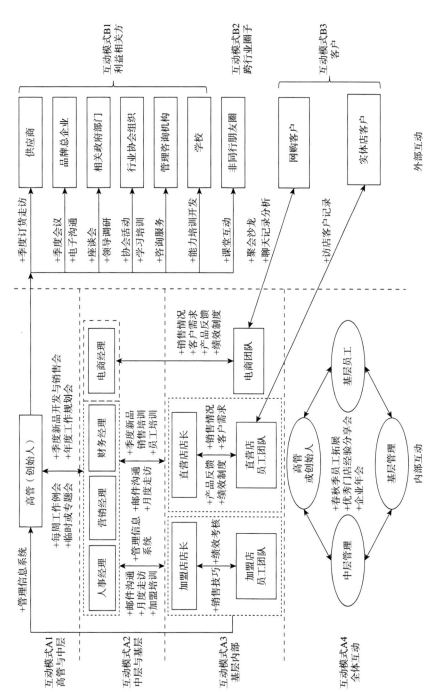

图3.6 组织内部与外部互动模式与过程

自主品牌布鞋的网络销售，但也不确定线上渠道是否真正能够代表未来趋势，而且退出品牌合伙意味着辜负了合伙人的信任。因此，企业在做出最终决策之前，也纠结了很久。面对千头万绪，企业还是迅速做出了判断，并且只抓住了一条关键"企业必须掌控品牌的自主权"。因此该事件表明了企业不确定性决策的特点，即采用决策者的直觉及快速启发式。

三是判断中决策者对风险的承担，即风险偏好。案例中的四个判断都体现了决策者对风险具有较高的偏好，敢于承担感知到的各种风险。

另外，在决策参与者组成人员上，可以看到除了第一个决策是由企业自己进行的，其他三个决策借助了企业外部网络关系的智力支持，包括第三方咨询机构、非同行朋友及专家学者等，见表3.2。

表3.2　前瞻判断过程关键特征

关键事件	关键判断	决策特征	决策参与者
尝试自主品牌手提包的连带销售	同产品的连带销售模式在不同产品组合中的开发	基于以往经验 风险决策 体现决策者对风险有较高的偏好	企业高管和部分中层管理者
重回品牌代理	合伙品牌"仟福斋"的所有权隐患不可控，影响长远发展	基于当前遇到的发展困境及未来发展考虑 不确定性决策 体现决策者对风险有较高的偏好	企业高管与部分中层管理者 第三方咨询机构，包括律师事务所和专家学者 跨行企业朋友
启动自主品牌布鞋网络销售	时尚布鞋是行业新增长点，电子商务为自主品牌布鞋的发展提供了捷径	基于未来发展 风险决策 体现决策者对风险有较高的偏好	企业高管 跨行企业朋友
大力发展自主品牌加盟店	根据企业现有资源与能力（资金、直营店、人才储备等），加盟模式资金投入较少，更接目标市场的地气，与此同时增加了企业盈利的多样性，能与直营店形成良性匹配	基于未来发展 风险决策 体现决策者对风险有较高的偏好	企业高管 专家学者 非同行企业朋友及成功企业家

进一步挖掘上述三个阶段的内在联系，可以发现：最初的一个机会或威胁信号到最终决策间的多米诺骨牌效应，是组织警觉内涵的完整体现。转型起源于2010年年会上新华店店长提出的"不少顾客对旗袍和手提包感兴趣"的一个线索，激发了企业高管复制以往"同产品连带销售"成功经验的想法，并达成组织共识，决定尝试自主品牌手提包的销售。然而，作为品牌代理商销售其他品牌商品，需要获取品牌总企业的许可。当时企业正在与品牌总企业商讨品牌合伙事宜，发展自主品牌包也成了谈判内容。最终谈判非常顺利，企业正式成为品牌合伙人，为发展自主品牌手提包提供了合法性。品牌合伙经营的负面效应开始显现，库存所

造成的资金压力显著提升，这一新线索让企业高管感觉到自身视野与能力的局限。被当地妇女联合会推荐进了中国女性创业能力开发项目课程并进行学习期间，创始人跟一位电商同学产生了"网络销售时尚布鞋"的创业火花，并发现了原有品牌进行网络销售的潜在风险，同时品牌合伙人对时尚布鞋的想法并不乐观，也促成了企业决定退出品牌合伙，经营自主品牌布鞋。

如果再进一步对案例进行分析，可以发现，一个微弱线索就能够成功产生多米诺骨牌效应，需要确保注意、加工和判断等环节间的有效衔接，这就涉及具体的组织情境、结构、流程等多个条件因素的探讨了。因为，我们对三个阶段间的具体演进与传递，进行了更加深入的分析。

（1）个体注意诱发。组织成员能够注意到内外环境中的威胁与机会线索，主要有两个方面的促进要素。第一个要素是组织的制度与文化设计。企业推出的"员工参与企业制度制定"的激励计划、采取电子邮件等即时通信工具替代"月会"沟通模式等方式，可以体现出企业正在倡导一种"开放、学习、灵活"的文化。不仅确保企业能够及时收到员工日常所注意到的线索，而且促进每位组织成员，尤其是基层员工积极主动地关注日常工作中出现的新问题与新现象。企业形成了比较系统的制度体系，包括员工工作制度、助理制度、店长制度、高管制度、配送中心制度、绩效管理制度和财务制度等。企业经营报表与管理信息系统也能帮助管理层定期发现经营中的异常。第二个要素是组织的外部关系网络拓展与维护。案例中，企业高管积极构建的外部关系网络为企业提供了很多有价值的信息，企业创始人参加女企业家协会使其获得了一个注册商标的免费使用权及后期学习的机会，出席有关政府部门的座谈会了解了转型升级方面的最新政策，在课程培训结识不同行业的企业朋友并学习了电子商务及加盟模式等方面的新知识，欧洲地区的出访与考察帮助创始人了解国外品牌的发展模式等。

（2）从个体注意到集体加工。这一过程中个体把自己注意到的线索成功传递给组织管理和决策层进行群体加工，以形成集体共识。这需要组织具有良好的信息传递渠道。信息传递与沟通的渠道主要有两种，正式的工作沟通及非正式的领导成员互动。正式的工作沟通主要包括组织设置的日常工作沟通渠道。基层员工的信息可以通过门店经理、电子邮件、工作会议及管理信息系统等传递给管理层。非正式的领导成员互动主要指管理层与员工进行面对面交流，包括每年的素质拓展、管理者定期对门店的走访、每个季度的新品销售培训等。我们发现，除了组织中的信息沟通渠道以外，个体成员在注意到线索后往往先自己进行解读，然后才会传递给其他成员。因此，个体成员固有的认知框架也是个体注意能够传递给组织的重要条件。新华店店长将"客户对旗袍和手提包的潜在需求"传递给营销经理，认为"客户的潜在需求可以帮助企业发现新的商机以促进企业成长"，而这种观点也被营销经理认可，进而营销经理也将这一信息传递给了总经理，并产生了共鸣。可以认为"及时发现客户新需求"的观点已经被组织不同层次成员所接受，这影响了组织成员个体对新信息的注意与解释，并让成员及时传递给其他成员。组织在接受外部关系网络中产生的信息时，第一个接收者往往会进行一定的过滤。总经理在很大程度上扮演了这个角色。在尝试网络销售的事件中，网络销售完全是一件新事物。总经理并没有拒绝新事物，怀着好奇心认真听课，并与电子商务行业的同学积极互动，接受了电商创业者提出的合作方案。改变了管理者制定规章制度的传统模式，让全体成员参与企业管理。这些例子体现了对新思想、新事物的好奇心、开放性与包容性。因此，企业高管对新事物的开放性与包容性是实现从个体注意到集体加工的重要促进要素之一。

（3）从集体加工到组织判断。这一过程主要体现的是组织把内外沟通与讨论的结果转化成组织新行动。四个关键事件都代表了组织做出了新的行动选择，也就是承担了风险与不确定性。然而，这些关键的判断与选择，并非就能轻易达成共识，往往需要经历一些决策陷阱。在连带销售模式的决策中，面对门店长对客户群定位不准的质疑，创始人表现出了过度自信，坚信她的定位是符合客户潜在需求的。但是实际效果并不好，企业一年后还是接受了门店长的最初建议而退出合伙品牌模式。另外，企业对研发的投入与失败，可以看作是承诺升级的表现，同时是高管对产品创新的过度自信。总的来说，决策者的过度自信、好坏信号的混合、承诺升级是案例所表现出主要决策陷阱。当然，企业较好地克服了上述第二个决策陷阱，主要方式是通过引入第三方咨询机构来提供专业意见，以辅助决策。企业聘请了当地的律师事务所对"仟福斋"合伙品牌的合法性进行了分析，也听取了专家教授的意见，并最终做出了退出品牌合伙的决策。因此，决策支持是组织进行决策判断的一个有效促进要素。

（4）决策后的行动调节。我们发现组织在决策后的行动实施过程中，都会推出相应的举措来确保行动的一致性，人力资源调节、组织文化重塑、管理制度细化等。在启动自主品牌线下销售时，企业对人员进行了调节，以保证所有员工能够对"二次创业"文化的高度认同，以确保自主品牌销售的成功。在管理加盟店的过程中，企业细化了加盟店管理的条款与细则，以确保加盟商按照企业标准来开展经营活动。这些管理调节，显示了企业努力构建一种新文化的决心，以让组织成员紧跟企业新战略与新愿景，以保证变革实施的成功。我们也可以把这种调节看作是组织对注意焦点与方向的调节，也就是让组织成员的注意力放到企业发展新愿景上来。从原先关注布鞋到注重多个产品，从关注线下到同时考虑线上与线下，从关注直营店到同时重视直营店与加盟店。因此，这个过程是对组织成员注意力的重新配置，以更加紧密地围绕组织变革的方向。

根据上述组织警觉的三个阶段的演进过程，我们提出了组织警觉的生成机制模型。如图 3.7 所示，组织警觉的过程主要经历了个体注意、群体解释与组织判断三个关键过程，而判断后的行动也会对个体注意产生影响。组织内外环境中的机会与威胁线索能否被组织成员个体所注意到，主要受组织制度、文化及外部关系网络的影响，而注意到的线索能否被传递到团队/群体层面并进行解释与加工则受到四个方面因素的制约，分别是正式工作沟通、领导成员互动、集体认知框架及领导开放包容。集体加工的结果能否产生决策判断，取决于组织能否克服集体决策陷阱（如决策者过度自信、好坏信息混淆等）。外部决策支持是克服某些决策陷阱的有效途径之一。组织在完成决策后，组织成员能否保持行动的一致性与连贯性，主要取决于三个因素，包括人力资源调节、组织文化重塑及管理制度细化。组织实现行动的调节也促使组织成员按照组织发展的新愿景与行动要求来做出自我注意力调节。

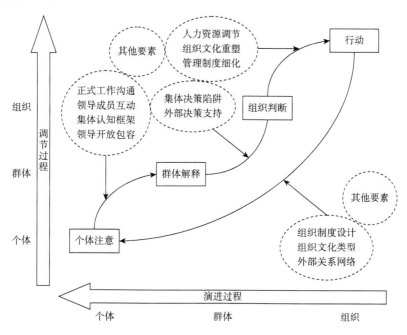

图 3.7 变革决策中组织警觉的生成与演进过程

布韵企业的转型变革案例刻画了一个品牌连锁企业如何将机会与威胁线索转化成变革决策的成功实践，这为中小企业在转型升级过程中如何做出有效准确的变革决策提供了理论借鉴与实践指导。

第三节　决策时间距离与验证性信息加工

一、组织变革决策与信息加工

（一）时间距离知觉与验证偏差

在组织变革与动态变化的背景下，人们的心态和认知特征会显著影响其预测能力。Yan 等（2014）的研究表明了这种效应。在组织变革决策的过程中，决策者则需要通过搜寻外部动态决策信息来确保和支持做出好的决策。凌斌和王重鸣（2014）通过情境决策实验，开展了深入的实验研究。考虑到在多种决策动机和目的下，决策者在搜寻和评价外部决策信息时会忽略不同信息的认知倾向。当他们搜索新的决策信息时，个体经常会偏好选择和高估那些与先前决策、态度和观点相一致的信息，而忽略或贬低不一致信息。这种倾向称为验证性信息加工（confirmatory information processing，CIP），其会降低决策质量，减少个体或群体决策情境中对于初始判断的校正，给决策的结果带来一定的风险和负面影响。验证性信息加工在很大程度上会影响人们的态度、行为和认知过程的形成。

1. 时间距离知觉对验证性信息加工的影响

本节研究的目的是探讨时间距离知觉对验证性信息加工的影响，认为决策者在不同时间距离条件下做决策会出现验证性信息加工上的差异。时间距离在行为决策的认知加工中发挥重要的作用，不同距离的时间感知会影响决策过程中的信息表征、结果效价、特征评价、自我表征和信息搜寻等认知活动。本节从时间距离的视角来考察另外一种决策认知活动的机制，即验证性信息加工效应。人们对于态度和行为一致性关系的认识取决于他们对于决策情境信息的心理表征。当前决策的验证偏差与未来决策的验证偏差存在一个时间折扣效应，即随着时间距离的增加，个体对于验证性信息加工的倾向会不断降低。为了进一步解释时间距离如何影响验证性信息加工，本节探索时间距离与验证偏差之间的中介效应，以及基于解释水平理论来分析验证偏差时间折扣效应的边界机制。同时，本节研究也将检验决策时间临近性如何影响信息加工偏差。

2. 验证性信息加工研究

验证性信息加工主要包含两种行为：验证性信息搜寻与验证性信息评估。前者指的是决策者从决策情境中优先选择和挑选支持原有态度、决策和信念的信息，同时刻意忽略其他不支持性信息的倾向；后者指的是决策者对于一致性信息质量的评价高于非一致性信息评价的倾向。这两种行为具有显著的正相关关系，本节也将它们作为验证性信息加工的指标。

大多数验证性信息加工研究主要是基于两种不同的理论假设：防卫性动机假设与准确性动机假设。防卫性动机假设是验证性信息加工研究中最为经典的理论，其来自认知失调理论，即个体为了避免产生认知冲突和消极感受会更加偏好与态度一致的信息。基于个体防卫性动机需要，个体在搜寻和评价决策信息时为了不让自身产生违背初始态度和观念的负面感受而去系统性地偏好一致性的信息，忽略非一致性信息，并最终产生验证偏差。准确性动机假设是另一种非常重要的理论，它更加侧重从信息与认知视角来解释验证性信息加工效应的产生，关注决策者做出客观、无偏决策的驱动力。准确性动机的目的是在实际决策中选择最好的选项，并在随后处理决策关联信息时表现出无偏的信息加工与搜寻。因此，有些研究表明准确性动机会降低验证性信息加工效应。但也有研究提出相反结论，准确性动机会适得其反地提高验证性信息加工效应。产生这一分歧的原因是准确性线索情境的差异。分布在决策情境与信息搜索情境中的准确性线索分别会导致验证性信息加工效应的降低和增加。

3. 时间距离与验证性信息加工

根据解释水平理论，时间距离指的是个体对事件在时间临近程度上的感知，通过改变事件的心理表征来影响人们对未来事件的反应。研究指出，当目标事件发生在较远的时间距离上时，人们会以更加抽象和上位范畴来表征该目标。同时，对于远期目标的正面体验和负面体验表现出更加原型性的特征及更少的变异。时间距离会导致个体在决策信息搜寻和评价上具有不同水平的验证偏差，即时间折扣效应。在论述决策信息加工偏差的研究趋势时指出信息加工偏差会随着决策时间临近点的临近而增加，当决策者更加靠近决策时间点时会产生更多的偏差性信息加工。本节从决策时间表征的视角来研究信息加工偏差，当个体与决策的时间距离更近时会增加验证性信息的选择，而当个体离决策的时间距离更远时会降低验证性信息的选择。

（二）时间距离与验证性信息加工的关系

1. 基于解释水平理论提出时间距离影响认知加工

按照解释水平理论，时间距离会系统地改变个体对目标对象的加工方式。有关解释水平与评估反应的研究表明时间距离的变化会导致评估反应的变化，个体对于近期事件的评价会更多地依赖当前情境，并产生情境特定性的反应，他们从情境中获取局部性信息来对目标进行评价；而个体对于远期事件的评价可以超越对情境的依赖，产生整体性的反应，不需要与特定的情境保持一致，他们获取超越情境的整体性信息来对目标进行评价。随着时间距离的增加，决策者会降低个体性信息的加工权重，同时会提高对整合性信息的加工权重。验证性信息加工表现了个体在信息加工中对于初始态度和决策情境的依赖，而时间距离可以降低个体在信息加工中的这种依赖。

2. 时间距离与情绪反应的关系会降低验证偏差

解释水平理论认为，人们对于近期事件的情绪反应强度要高于对远期事件的反应强度。因此，近距离的心理表征会强化决策事件中的情绪意识在决策加工中的权重。而远距离的心理表征则会弱化决策事件中的情绪意识在决策加工中的权重。认知失调理论认为，较高的负面情绪和厌恶感会增强验证性信息加工，而这种效应在近期决策中会更强。已有研究认为高解释水平可能会降低个体对于认知失调感的检测，在远期决策中由于决策背后的情绪意识减弱，因此它在个体决策中的权重也会降低，因而在随后的信息加工中个体会减弱情绪意识对于验证偏差的影响。

3. 不同时间距离的心理表征

不同时间距离的心理表征使得个体预测未来事件的确定性水平要低于对近期事件的预测，他们对未来事件缺乏了解。验证性信息加工的认知经济模型指出决策确定性与验证性信息加工存在正相关，决策者从决策事件中所感知到的确定性越高则信息加工中的验证偏差越高。由于不同时间距离对决策事件的确定性感知不同，从而会产生不同水平的验证性信息加工效应。

（三）解释水平理论与时间距离

解释水平理论认为人们对于客观事物的认知表征存在不同的抽象水平，而抽象水平又是由个体与客观事物的心理距离来决定的。解释水平本身和形成解释水平的心理距离是解释水平理论的两个重要部分，具有相互作用的关系。一方面人们与目标事物的心理距离会导致不同程度的抽象表征。已有研究探讨了时间距离、社会距离、空间距离及概率对于解释水平的影响。另一方面，解释水平也会影响个体与目标事件的心理距离。个体对目标事件的抽象加工或思维会增加个体与该目标在时间、社会、空间和概率维度上的心理距离。在解释水平与时间距离的研究中，当事件以抽象方式进行表征时会导致个体延长执行该事件的时间间隔，而当采用形象表征时会缩短执行该事件的时间间隔。解释水平与时间距离具有双向的关系。此外，心理距离的四个维度之间也存在着认知关联性。个体对于远期事件的认知表征与高社会距离、高空间距离及期许性具有高关联性。它们在对个体行为和心理过程的作用上具有对应特征。

本节假设如下。

假设3.1：时间距离与验证性信息加工效应存在负相关关系，即近期决策会增强验证性信息加工效应，而远期决策会降低验证性信息加工效应。

假设3.2：决策确定性在感知时间距离与验证性信息加工效应之间起到中介作用。

本节研究认为，时间距离与其他心理距离之间存在交互作用机制。考虑到决策事件中不确定成分对验证性信息加工的重要影响及期许性和可行性特征作为决策特征对于创业决策与经济决策的重要作用，本节将概率特征作为调节因素来探讨时间距离与验证偏差的关系。一方面将高期许性-低可行性与高可行性-低期许性作为另一种心理距离来考察它们对验证偏差的影响及它们与时间距离的交互作用；另一方面还将它们作为决策情境特征层面上的解释水平来研究其实验效应，并认为这种特征维度具有与解释水平相似的实验效应。

本节研究进一步假设如下。

假设3.3a：解释水平与验证性信息加工效应存在负相关关系，即低解释水平会增强验证性信息加工效应，高解释水平会降低验证性信息加工效应。

假设3.3b：解释水平会调节时间距离与验证性信息加工效应之间的关系，即低解释水平会强化时间距离与验证性信息加工效应之间的负相关关系，而高解释水平会弱化时间距离与验证性信息加工效应之间的负相关关系。

假设3.4a：期许性/可行性表征与验证性信息加工效应存在负相关关系，即高可行性-低期许性会增强验证性信息加工效应，高期许性-低可行性会降低验证性信息加工效应。

假设3.4b：期许性/可行性表征会调节时间距离与验证性信息加工效应之间的关系，即高可行性-低期许性会强化时间距离与验证性信息加工效应之间的负相关关系，而高期许性-低可行性会弱化时间距离与验证性信息加工效应之间的负相关关系。

二、本节研究的设计与结果讨论

（一）本节研究的设计与程序

本节研究开展了两项实验。第一项实验聚焦于时间距离对验证性信息加工的影响研究，第二项实验做出进一步检验。

1. 第一项实验采用单因素被试间实验设计

在第一项实验中，我们采用了单因素被试间的实验设计。其中，自变量包含两个水平：近期决策与远期决策。检验如何做出不同时间距离（远期或近期）的决策，是否会产生不同水平的验证性信息加工，而且决策确定性是否起到中介作用。

根据事前的调研，提炼出情境决策事件。在实验中，要求做出产品转型的决策。材料编制在结构和形式上参照以往研究。为了操作决策事件的时间距离，告知决策发生的不同时间点（现在或一年后实施转型）。要求在初始决策后评估决策事件发生的时间间隔，并作为时间距离的操作检验，"你从这个决策中感知到的时间间隔有多长"，采用 11 点量表（其中，0=非常短，10=非常长）加以评价。

2. 实验程序的设计与编排

在实验设计上，采用角色扮演，通过有关产品转型决策的实验手册，由参加者在情境中充当企业总经理（决策者）的角色，并选择合适的转型产品（铅酸电池和锂离子电池）。两种产品具有等量的信息描述。在整个实验中有两次决策机会：初始决策和最终决策。阅读决策材料并做出初始的产品选择，然后查阅一组额外的产品信息。这些信息由于初始的产品选择而分为决策一致性信息和非一致性信息，每种产品的支持信息和反对信息各占一半。要求对每条信息的预期质量进行评价，具体包含两个维度：信息价值（你认为这条信息对于你的价值是多少；其中，0=完全没价值，10=完全有价值）和信息重要性（你认为这条信息对于做出好决策的重要性是多少；其中，0=非常不重要，10=非常重要）。实验要求做出最终的决策。基于以往处理方法，本节研究将感知到的信息价值、信息重要性和信息搜寻的差异值［差异值为一致性信息的评价（挑选数量）减去非一致性信息的评价（挑选数量）］聚合起来作为 CIP 的总体指标。为了简便起见，将这三个指标的差异值分别称为信息价值偏差、信息重要性偏差和信息搜寻偏差，其偏差均表现为信息加工中的验证倾向。差异值用验证偏差来表示。正数表示验证性信息加工的验证倾向，负数表示失验倾向。

（二）主要研究程序与结果

1. 验证性信息加工效应

我们将信息价值、信息重要性和信息搜寻的差异值作为验证性信息加工效应的三种具体指标。以验证性信息加工的指标（信息价值偏差、信息重要性偏差、信息搜寻偏差和总体验证偏差）作为因变量，时间距离作为自变量。结果表明，时间距离在信息价值偏差、信息重要性偏差、信息搜寻偏差及总体验证偏差方面都显示显著的主效应，这说明时间距离在近期决策事件中要比在远期决策事件中表现出更高水平的验证性信息加工效应，假设 3.1 得到验证。

通过用感知的时间间隔分别预测验证性信息加工效应的各个指标，结果表明，时间间隔可以显著预测信息价值偏差、信息重要性偏差、总体验证偏差，说明验证性信息加工效应会随着时间距离的增加而显著降低。

2. 干扰效应的检验

本节进行 2（时间距离）×2（产品偏好）×2（性别）的协方差分析，其中以年龄为协变量，总体验证偏差为因变量，产品偏好与性别属于类型变量并与时间距离作为因子一起进入模型。结果表明，在控制了产品偏好、性别和年龄之后，时间距离与总体验证偏差仍然存在显著主效应，产品偏好、性别和年龄对因变量均不存在显著的主效应，同时产品偏好、性别和时间距离也都不存在显著的交互作用。进一步验证了假设 3.1，即个体在近期决策中会增强验证性信息加工效应，而在远期决策中会降低该效应。

3. 进一步实验检验与结果

采用新的操作方法和实验材料进一步验证假设 3.1。同时重点探讨所感知的决策确定性在时间距离与验证性信息加工之间所产生的中介机制。为了操纵时间距离，告知在假定的时间点上来做决策："假设请你明天来做出延聘决策"（近期距离）和"假设请你三个月后来做出延聘决策"（远期距离），我们采用相同的方法（实验手册等）来对时间距离进行操纵检验。任务描述职业经理人工作的内容和特点，职业经理人在一年前被聘用来管理这家时装店，一年的合同期限快到了，是否续签合同依赖于他过去的表现。他在过去的一段时间里既有好的表现也有不好的表现。正面和负面绩效的信息分布是均衡的。要求根据资料信息做出初始选择（续签或不续签合同），然后对该选择的确定性进行评价（两道题项，"你对该选择有多大的把握"和"你对该选择的确定程度",以 0~10 计分)。接着做出是否续聘的最终选择。并对一组决策信息的价值和重要性进行评价。

实验结果表明,决策者在远期决策中要比在近期决策中感知更高的时间间隔。时间距离在信息价值偏差、信息重要性偏差、信息搜寻偏差及总体验证偏差上的主效应显著。在近期决策中会增强信息加工中的验证偏差,而在远期决策中则会降低验证偏差,在信息价值评价和信息搜寻中出现失验偏差。总体验证偏差随着时间间隔的增加而降低,假设 3.1 得到验证。

依据 Baron 和 Kenny(1986)的中介效应检验方法来验证决策确定性的中介作用。研究表明,决策确定性在时间距离对总体验证偏差的影响中起到部分中介作用,假设 3.2 得到部分支持,也排除了干扰效应。

实验采用两因素被试间设计:时间距离(近期或远期)×解释水平思维定式(高解释水平或低解释水平),被试随机分组到各因素水平中参加实验。实验操纵主要有三个方面:解释水平的思维诱导、时间距离的启动及验证偏差的决策任务。我们采用思维诱导的方式来启动解释水平。

在启动思维诱导之后,随机分配决策任务,并改变时间间隔,要求在不同的时间间隔做出近期或远期决策。作为操纵检验,通过独立样本 t 检验分析在时间间隔感知上的差异。结果表明,在远期决策中要比在近期决策中感知更高的时间间隔,两组存在显著差异。这说明时间距离的操纵方式有效。实验还检验了解释水平的操纵有效性。在此基础上,我们分别以总体验证偏差、信息价值偏差、信息重要性偏差和信息搜寻偏差(均采用标准分数)作为因变量,进行了时间距离×解释水平的因子式方差分析,分别验证了低解释水平会增强验证性信息加工效应,高解释水平会降低验证性信息加工效应(假设 3.3a)。同时,也验证了高低解释水平调节了时间距离与验证性信息加工效应之间的关系(假设 3.3b)。

第三项实验采用了与第二项实验相同的实验处理,且改变了决策者认知表征方式,对经济决策事件的期许性与可行性进行了实验操纵。我们选择收入/工作自主性与风险水平/工作努力来表现期许性表征,而采用个体管理经验和社会资源作为可行性表征。实验运用了两因素被试间设计:时间距离(近期或远期)×决策特征(高期许性-低可行性或高可行性-低期许性)。实验分别以总体验证偏差、信息评估偏差和搜寻偏差作为因变量进行了因子式方差分析,验证了期许性/可行性表征与验证性信息加工效应存在负相关关系(假设 3.4a)对于时间距离与验证性信息加工效应之间关系的调节作用(假设 3.4b)。

(三)组织决策与时间距离知觉

本节研究提出时间距离在个体评估和验证决策选择时起到重要的作用。通过系统的实证研究，验证了假设个体在近期决策中会提高验证性信息加工，而在远期决策中会降低验证性信息加工，决策确定性可以起到中介作用，解释水平（思维定式和决策特征表征）则可以对二者的关系起到调节作用。我们采用了系列实验来对研究假设进行检验。结果表明，时间距离与验证性信息加工效应具有显著的负相关关系，而知觉到的决策确定性则在其中起到部分中介作用。在采用了思维诱导任务来启动解释水平时，低解释水平强化了时间距离与验证性信息加工效应的负相关关系，而高解释水平则弱化了二者的关系。有关不同决策特征表征调节时间距离对于验证性信息加工效应的关系分析表明，高可行性-低期许性特征会强化时间距离与验证性信息加工效应的负相关关系；同时，高期许性-低可行性特征会弱化这一关系。通过研究，我们发现了决策中验证性信息加工的时间折扣效应，本节研究的理论贡献如下。

1. 时间距离对于验证性信息加工的影响

从时间距离的视角来分析验证性信息加工的特征，发现其中包含时间折扣效应。本节研究的理论意义，表现为以下两个方面。

（1）决策事件的认知表征会影响验证性信息加工，以往研究指出不同的认知表征方式如框架效应和具身（embodied）认知会产生不同水平的验证偏差，本节研究发现个体对于决策事件的心理距离和不同抽象水平的认知表征会导致决策信息加工中验证偏差的系统差异。

（2）决策事件的时间临近性会影响验证性信息加工，解释水平理论认为决策事件的时间解释性表征对之后的验证性信息加工具有重要的影响，随后的验证性信息加工会依赖于先前的决策时间点。因此，清晰界定决策事件的时间距离对于分析验证性信息加工中的验证偏差具有重要的作用。

本节研究表明，验证性信息加工是一种偏好形成和维护的过程，初始决策选择为这种偏好的管理提供了参照情境。决策者为了验证初始选择而偏好一致性信息被看作是一种高情境依赖性的信息加工行为，对那些与初始选择具有一致性匹配关系的信息给予更高的加工权重。本节研究采用时间距离和解释水平理论来研究验证性信息加工是在解释一种新的效应机制。初始选择中的时间距离会改变这种信息偏好管理中的认知模式，近期决策会强化验证性信息加工中对于初始决策选择的依赖，更加偏好那些与选择相关的特定性信息，而远期决策会超出对于初始决策选择的依赖和限制，对于决策一致性信息和非一致性信息会采取整合性的加工方式。在近期决策中对确定感的维护更强，从而产生验证偏差；相反，在远期决策中对确定感的维护较弱，进而降低验证偏差，做出平衡性的加工。

2. 决策确定性的中介作用

本节研究指出决策确定性作为时间距离与验证性信息加工关系的潜在中介变量。根据认知经济模型，知觉到的决策确定性可以解释验证性信息加工效应的潜在心理过程，决策问题特征会通过决策确定性的影响而产生不同水平的验证性信息加工。在本节研究中，决策问题的时间距离表征影响了决策确定性而导致不同程度的验证偏差。另外，决策确定性与验证性信息加工存在正相关关系，决策者对远期决策的确定性感知更低，从而搜寻和加工了多源信息；但是，决策者对近期决策的确定性感知更高，因此更多搜寻和加工一致性信息。决策确定性只起到部分中介作用。

3. 解释水平的边界作用

本节研究验证了解释水平作为心理距离与验证性信息加工关系的作用。决策者思维定式中的抽象表征和决策问题中的抽象表征程度会增强或者减弱验证偏差的时间折扣效应，这为阐释解释水平与心理距离的理论关系提供了进一步的证据支持。解释水平理论认为，心理距离与解释水平及心理距离各维度之间都存在认知关联性，本节研究进一步认为，解释水平与时间距离对行为的影响会依据不同的交互模式，相同表征配对（具体表征——低距离-低解释相对于抽象表征——高距离-高解释）的时间距离和解释水平在对心理与行为过程的影响上存在协同效应，这强化了效应关系的一致性；而不同表征配对（低距离-高解释相对于高距离-低解释）的时间距离和解释水平在对心理与行为过程的影响上形成干扰效应和反转对应的效应关系。本节研究对于解释水平的实验操纵采取了两种方式：一种采用思维诱导的方式启动决策者思维定式的表征水平，关注个体思维上的解释水平；另外一种是通过操纵决策特征来启动不同的表征水平，关注情境特征上的解释水平。后一种方式虽然不是直接启动解释水平，但是考虑到解释水平与心理距离及心理距离各维度之间的认知关联性，通过操纵不同的特征表征来分别对应抽象表征和具体表征，并最终发现这两种操纵方式在交互作用机制上的相似性。

4. 研究的实践意义

本节研究结果对于组织变革决策具有重要的实际意义。本节研究揭示出可以通过时间距离和解释水平理论来管理组织变革决策信息加工中的验证偏差，提高变革决策质量。通过清晰界定组织变革决策事件的时间点，可以更好地认知和预防信息验证偏差，并通过调节决策者解释水平思维和决策特征来降低近期决策中的验证偏差，形成"去验证化"的策略和手段。

1）决策者的思维与整体认知加工

在做出近期组织变革决策时要突出决策者的抽象思维，增强信息评价和搜寻中的整体性加工，表现决策过程的典型特征和意义，降低边缘情境因素的影响。

2）决策表征的期许性特征

在组织变革决策中，通过增强决策表征的期许性可降低验证偏差（特别是在近期决策中降低可行性特征），突出期许性特征，降低和预防验证偏差。

后续的研究与能力开发活动表明，通过运用本节研究结果可以更有效地提升组织变革决策的前瞻警觉决策能力。

第四章　基于组织学习的能力适配成长论

第一节　创业五力模型与适配式赋能机制

一、组织变革与创业能力开发

（一）基于变革的创业五力模型

本节在一系列实证研究、案例分析、准实验检验与跟踪研究的基础上，构建了基于变革成长的创业五力模型。这个模型的定制版本在《创业能力建设读本》（王重鸣，2015）中被当作专业技术人员知识更新工程的指导框架。根据创业五力模型，在企业变革创新与转型升级的情境下，中国企业管理实践的能力建设聚焦五种创业能力：创业生态力、创业文化力、创业团队力、创业创新力、创业行动力。这里所说的创业能力并非狭义上理解的启动商业计划做"生意"创业的能力，而是广义上的具备敢为人先、团队协作、负责实干和开拓创新的创业精神与创新能力。我们在本节中将进一步深化创业五力的内涵。

创业生态力：注重创业心智模式与创业环境平台之间的竞合能力。

创业文化力：强调创业价值理念与创业社会责任之间的融合能力。

创业团队力：关注创业合作动力与创业领导协调之间的协合能力。

创业创新力：重视创业跨界学习与创业科技创新之间的智合能力。

创业行动力：强化创业经营管理与创业转型变革之间的整合能力。

图 4.1 表示了基于变革成长的创业五力模型，作为本节研究中国企业变革成长的核心能力框架及据此提出的竞合、融合、协合、智合、整合五项适配式赋能机制。

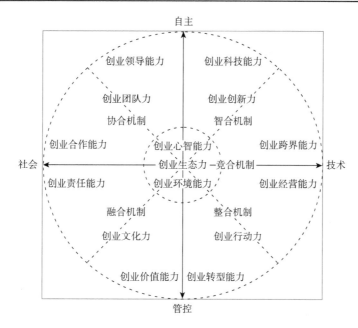

图 4.1　创业五力模型与适配式赋能机制

创业五力模型有着丰富的内涵。在此，我们结合组织变革与文化融合场景和研究结果，对创业五力的维度与要素做进一步定制与论述。

1. 创业生态力的维度特征

创业五力的第一力是创业生态力，其核心内容是创业心智特征与创业政策环境之间的适配关系，也称为人环模块，包括创业心智能力和创业环境能力两项维度。

1）创业心智能力及其要素

在转型升级中，基本的变革心智与营商环境认知及能力之间不断适应、交互优化、逐步适配。创业心智能力是指相关的理念、思维、价值、激情、创意、才能与智慧的组合体，其形成更多依赖心智素养和神经调节的综合胜任力。在组织变革场景下，我们把创业心智能力定义为包含主动适应、创意创造、持续创新、激情行动、组织更新等特征要素，通过对环境变化的释义、加工和行动而形成灵活、自律和参与的适应能力，拥有基本素质、业务专长和主动精神等元素，展示理念伦理态度，表现变革意志，秉承发展导向等的行为素质。

2）创业环境能力及其要素

创业环境能力是指对营商环境的理解、采用、重塑和开发能力，主要包含对于政策法规的熟识与运用能力，以及创业资源平台、生态圈乃至生态系统的利用与优化能力。这里所说的政策法规主要包括创业创新政策、转型升级的政策方略、创投财税政策、可持续发展政策、创新人才政策、科技创新政策和产业发展政策及转型变革相关的法律法规等要素。我们的研究表明，在组织变革与组织发展中，熟悉和善于运用各类相关政策法规与营商环境要素，已经成为转型升级与可持续发展取得持续成功的关键能力和必要条件。特别是对变革文化的认同能力和包容支持态度及对各类组织变革活动的参与度也成为创业环境能力的新要素，这一能力可以显著促使业务创新与变革转型。

2. 创业文化力的维度特征

创业五力的第二力是创业文化力，主要包含创业价值能力和创业责任能力两项维度。

1) 创业价值能力及其要素

创业价值能力包含创业价值取向要素和创业行为规范要素。

(1) 创业价值取向要素。创业价值取向要素是指创业变革行为的价值导向。例如，组织变革是为了生存，还是为了发展；组织变革中强调任务绩效，还是注重发展成效；转型升级过程中是只重视经济效益，还是同时关注社会效益等。

(2) 创业行为规范要素。创业行为规范要素表现为对商务行为规则、程序与模式要求的把握及在创业社会关系、技术创新模式、创新团队管理和组织变革行动等多方面的行事规范和纪律要求的掌控。同时，创业行为规范还表现为项目工作的高度投入、行动与职业的操守准则等。创业价值能力的提升主要通过强化创新理念、变革文化与新行为规范，并在建设高绩效文化的过程中得以培育、融合和实现。在组织变革中，特别需要注重提升核心价值观和行为规范，从而创建高绩效、创新驱动的文化。

2) 创业责任能力及其要素

创业文化力建设的另一项要素是创业责任能力。在创新驱动和组织变革中，责任管理日显重要。特别是承担社会责任，担当变革创新，开展节能环保、发展绿色业务、追求社会价值和可持续发展等方面的能力。在关于组织变革与文化融合机制的重点项目研究中，我们进一步细化和检验了创业社会责任的新概念，用以表现从内向外的变革责任与创新责任及队伍建设等新责任内涵。创业社会责任也体现在社会创业和绿色商务方面，如展现运用创业原理与商务方法，启动社会创业企业，构筑和投资社会网络等责任，以及秉承可持续发展理念，通过清洁技术和节能环保方法大力推进环保节能绿色业务方面的能力。

3. 创业团队力的维度特征

创业五力的第三力是创业团队力，包括创业合作能力与创业领导能力两项维度。

1）创业合作能力及其要素

创业合作能力是指善于规划、组建、管理和发展创业团队与项目管理的能力，包含创业团队目标与群体角色的项目管理能力和创业团队协作与问责的项目发展能力等要素。进入新世纪以来，创业项目任务日益团队化，如多项目团队间的协同和跨界业务的整合，创业合作能力开发成为创业成功的最重要条件之一和数字化产业创业变革的最基本要素能力。

2）创业领导能力及其要素

创业团队力的另一个要素是创业领导能力。创业领导能力是指善于协调、激励、引领、指导团队和做决策、定战略以实现创业目标的能力。随着所从事项目规模的扩大和复杂性的提高及数字化转型的迅速发展，创业领导能力对于实现创新驱动与变革发展更为重要。创业领导能力既与个人素养、能力与魅力有关，又与关键任务上的决断力、行为风格与领导模式相关，还与团队成员的成熟度和凝聚力等紧密相连。其中，对变革文化的适应力、内外资源的整合力、创新变革的执行力等日益成为创业领导能力的关键要素。

4. 创业创新力的维度特征

创业五力的第四力是创业创新力，包括创业科技能力和创业跨界能力两项维度。

1）创业科技能力及其要素

创业创新力的关键维度是创业科技能力，是指运用自身领域的创意、新技术、新工艺和新思路实现创新创造的过程及取得创造成效的能力，特别是开发与应用各类知识产权并开展科技创新的能力，也包括开展内部创业和变革创新的能力。内部创业是指企业成长到一定阶段，主动捕捉新的商机和发展机遇，组合内部资源、利用外部条件，启动公司层面的创新项目并实现转型升级，也称公司创业。在加快推进新一代人工智能发展和积极推动互联网、大数据、人工智能与实体经济深度融合的新进程下，智能化创业成为创业科技能力的新要素。

2）创业跨界能力及其要素

创业跨界能力主要包含跨界、跨境开展创业尝试和创新学习的能力，也包括面对多样文化价值观的跨文化适应和全球业务发展的联盟能力。进入21世纪以来的创业项目和创新业务往往包含着跨境实训、跨文化学习、跨界行动学习等。新兴产业和全球商务需要在组织变革中推进文化融合，不断提升创业跨界能力。在进入数字经济和转型升级的新阶段，全球范围的数字化、智能化拓展能力开发成为可持续变革创新发展的战略任务。

5. 创业行动力的维度特征

创业五力的第五力是创业行动力，包括创业经营能力和创业转型能力两项维度。

1）创业经营能力及其要素

创业经营能力是指善于根据创业的愿景、目标与战略，开展人、财、物、市场资源开发和运营服务的能力，是推进科技项目、应用知识产权和参与产业化活动的重要实务能力。我们在重点项目研究中，特别关注变革行动能力，与 20 世纪 90 年代以前的研究较注重创业的"精神面"相比，现今的研究与实践日益强调创业的"行动面"和"知行合一"的新路径。创业经营也更加注重持续的机会捕捉与利用，内外人财物资源协调与开发，动态配置人才队伍，并在经营中创造新机会和新的业务增长点，围绕项目任务流程和业务开展精益管理等。

2）创业转型能力及其要素

创业行动力的另一个维度是创业转型能力。伴随营商环境动态变化、行业竞争激烈复杂、技术创新突破颠覆，组织变革与组织发展成为至关重要的创业行动力维度。创业转型能力包含变革管理和行动策略两项元素，其中，变革管理元素包含变革策划、变革实施、变革规范等策略；行动策略元素则包含前瞻警觉、行动调节、行动升级等要素。因此，在很大意义上，创业转型能力是把创业组织变革和事业拓展方案付诸行动并获取行动成效的能力。

上述 10 项创业能力要素相互交织，构成层次结构，相互促进整合，共同达成创业绩效，构成了新一代创业能力体系。基于变革成长的创业五力模型具有多方面的理论内涵和实践基础，在本节中，基于多年来有关创业能力的研究与应用，我们对组织变革下的组织学习与能力适配知觉、女性创业型领导力等开展了深度研究，并对 150 多家中小企业开展了组织变革与文化融合的跟踪研究，运用扎根理论方法，开发多维能力模型、多层次创业组织能力建模，应用于创业领导力的开发实践和中国职业经理人赋能行动计划。

（二）组织学习对能力适配的调节作用

1. 能力过任与能力缺位现象

组织变革情境下，社会支持和职业适应力具有密切的关系，Wang 和 Fu（2015）的研究论证了职业自我效能感对于社会支持与职业适应力之间关系的缓冲作用。同时，组织变革与转型升级下的重要挑战是能力过任或能力缺位，前者指员工个体资历超过他们的工作要求的情况，这是一种在工业化国家中普遍存在的情况。后者则指员工个体资历跟不上变革转型的新要求，在新技术、大数据、智能技术迅猛发展的今天，大多数人面临新职业能力的短缺，出现"能力缺位"的挑战。

能力过任或能力缺位通常被看作职业发展面临的挑战。既可能导致低工作满意、高离职率、低情感承诺、低心理健康，也可能出现高工作压力、高心理焦虑和低工作绩效。然而，研究还发现，能力过任的个体可能比能力缺位的员工有更好的表现。例如，能力过任与自我报告的及主管评价的工作绩效正相关，而认知能力过任又与训练成绩正相关。

Zheng 和 Wang（2017）对识别那些可能调节能力过任或能力缺位结果关系的因素开展了研究，特别分析了组织学习对于能力适配的作用。研究发现，授权赋能可以减轻其负面影响，职位胜任力与工作价值观可以调节能力过任与情感承诺及主动工作搜索行为的关系，同时，能力过任能够调节个体能力过任知觉及任务的意义、人与团队匹配和绩效之间的关系。与国际化、创新一样，组织学习是知识经济在全球化时代的重要因素。面对全球化和数字化情境，企业需要开发新的多样能力去适应或超越变革创新与转型升级带来的职业胜任力挑战。管理者还必须建立、获取和转移知识以建立学习型组织。

能力过任的个体在这一过程中可以发挥特殊的作用。一方面，他们可能比其他员工有更强的学习能力；另一方面，他们相比他们的同事动力更弱。当促进组织学习的战略被实施时，能力过任的个体所具有的被剥夺感会得到改善，从而获得更好的结果。反过来考虑，他们可能已经拥有更强的学习能力，相比他们的同事，这种改善是有限的。因此，在本节中，我们引入组织学习作为调节因素，并研究它会如何影响能力过任知觉及其结果之间的关系。

2. 本节的理论构建与研究框架

1）能力过任与能力缺位的知觉

能力过任和能力缺位都具有多种操作化定义和测量方式。这一概念也可以成为过度教育或低就业能力。不论是能力过任还是能力缺位，都可以分为客观的能力过任或缺位和感知的能力过任或缺位。在企业实践中，能力过任和能力缺位常常同时出现或交错在一起，形成了职业能力和岗位胜任力的复杂转型模式。我们在研究与实践中把人和职位要求之间的过任与缺位调节模式称为"职位适配度"。在最近开展的中国职业经理人资质评价的研究中，我们把"职位适配度"作为经理人资质能力的评价指标。我们发现，组织学习和赋能开发是中国经济转型期和数字经济机遇期解决胜任力问题的关键策略。

在工作实践中，能力过任知觉和能力缺位知觉对个体工作态度和绩效的影响多比"客观能力"更为敏感。因此，本节聚焦于能力过任与能力缺位的知觉及其对工作满意度和绩效的影响。这里主要报告能力过任知觉的新研究与结果。

在职业发展初期或转型期，个体会根据自己的教育建立有关自身的技能、知识和能力的心理模型，能力过任的个体比其他人有着更高的收益期望，如工资、薪金或待遇、社会地位和职业发展机会等。当能力过任的个体发现回报不能满足他们的期望时，他们会感觉到失落或失望。由此，我们提出以下假设。

假设 4.1a：能力过任知觉与工作满意负向相关。

类似的思路可以用在预测能力过任知觉与情感承诺的关系上。情感承诺指个体对于组织目标的认同和情感依托。具备较好的人-组织匹配的个体可以更好地认同和执行组织的目标。而能力过任的个体通常形成了人与组织的不匹配度，他们会降低对组织产生的承诺。因此，我们提出以下假设。

假设 4.1b：能力过任知觉与情感承诺负向相关。

人力资本理论也指出，能力过任可以被视作一种职业投资。能力过任的个体往往之前获得过更好的教育，可能具备更好的学习能力，是否就会有更好的工作绩效？尽管知觉到能力过任的个体可能动机较低，所具备的更好教育水平或学习能力对于绩效的积极促进作用可能大于低动机的消极作用，低绩效产生的反馈可能和能力过任个体的自我映像不同，而且高绩效往往与高薪酬有关，因而可能构成一种新的激励因素，因此，能力过任知觉应该与绩效的关系是正相关的。

在本节中，我们聚焦于工作绩效的多维测量，其中包括工作技能、工作热情、任务绩效、理解职责和创新准备等周边绩效的因素。知觉到能力过任的个体可能在工作热情上更少，但是他们可能拥有更多的技能，更好理解其职责，从而产生总体上的更高绩效。因此，我们提出以下假设。

假设 4.1c：能力过任知觉与工作绩效正向相关。

2）组织学习的调节作用

组织学习是指为组织成员进行知识获取（或创造）、分享和优化的赋能过程。组织学习能够产生诸如更高的工作满意、情感承诺和工作绩效等良性结果。在本节中，我们聚焦于建立学习型组织需要的一系列努力、具体措施和执行活动。这些具体步骤和活动包括对新点子及新方法进行实验，从环境和其他组织中搜集信息，分析信息和观点，转换信息，以及形成一个教育训练系统。从这个意义上说，组织学习能够激励员工，并创造积极的工作态度。组织学习能力的所有维度都和工作满意相关。我们认为，当组织学习的实践被执行时，个体能够分享知识和技能，解释困惑，而能力过任知觉对于工作满意的作用将被调节。因此，我们提出以下假设。

假设 4.2a：组织学习能够调节能力过任知觉和工作满意之间的关系。当组织学习水平高时，这一关系将会变弱。

我们进一步提出，组织学习和情感承诺具有密切关系，即组织学习可以促进情感承诺的产生。我们在以往研究中报告了组织学习文化与情感承诺存在正向关联。学习赋能可以使得个体更好地理解他们在组织中的任务和角色，会对组织产生更多联结。为此，我们提出以下假设。

假设 4.2b：组织学习能够调节能力过任知觉和情感承诺之间的关系。当组织学习水平高时，这一关系将会变弱。

组织学习还可以帮助个体更好地获取新知识和新技能，从而做出更好的工作表现。对那些拥有较高教育资历的能力过任个体来说，绩效会好于那些正好匹配或者能力不足的个体。员工的技能也可以从工作培训和通常的工作经验中获得。受教育程度不够的员工可以从培训或工作中获取经验。当培训和工作经验不足时，能力过任的个体往往会拥有优势。

在实践中，组织学习活动有利于帮助员工获得技能和知识，因此在工作绩效方面，正好匹配或能力不足的个体可能在组织学习中收益更多。因为能力过任知觉和客观能力过任紧密相关，我们认为在低组织学习水平时，那些有着能力过任知觉的个体相比那些正好匹配或者能力不足的个体在绩效上会有优势，而当组织学习水平比较高时，这种优势会减小。因此，我们提出以下假设。

假设 4.2c：组织学习能够调节能力过任知觉和工作绩效之间的关系。当组织学习水平高时，这一关系将会变弱。

当然，组织学习与能力适配是一个战略性人力资源管理的重要新内容。Chen 和 Wang（2014）围绕组织变革下的战略性人力资源管理策略开展了系统研究，并且验证了组织支持的显著辅助效应。

（三）实证研究的设计与方法

1. 取样

本节研究同时从线上和线下的调查中获取数据。在线下调查中，我们联系了浙江和广东的 5 家企业，将调研作为其企业的内部培训或者常规调研的一个环节。从 23 支团队回收了 199 份问卷。在线上调查中，我们使用了滚雪球法。联系了一些主管，请求他们的团队完成线上版调查，这样我们从 27 支团队中回收了 137 份问卷，这些企业位于北京、广东、上海、山西和浙江。最后确定了来自 49 支团队的 301 份问卷是有效的，有效回收率为 89.6%。回答者的平均工作年限是 5.5 年，21.6% 是基层或者中层管理者，其他都是普通员工。

2. 测量

本节研究所有的测量均采取了反向翻译的策略加以验证。将原版英文问卷翻译为中文，然后让两位英语专业的研究生翻译回英文问卷，发现中文翻译版本没有偏离本意。所有的测量使用利克特五分量表，其中，1代表非常不同意，7代表非常同意。

我们采用了开发的能力过任知觉量表中"不匹配"维度的5道题项，代表性题项如"我的才能没有在我的工作中得到发挥"。我们还采用了Garvin等（2008）开发的"具体学习过程和实践"量表，这一量表包含29道题项，归属于实验、信息搜集、分析、教育培训和信息传递5个维度。代表性题项如"我的单位经常实验新的工作方法"。本节研究还采取了工作满意度的3道题项的测量量表，其中代表性题项为"总而言之，我对我的工作是满意的"。

我们采用了情感承诺量表共8道题项，代表性题项如"我十分乐意在这个单位中度过剩下的职业生涯"。我们还采用了开发的15道题项的工作绩效量表，其中包括工作技能、工作热情、任务绩效、职责理解和创新准备5个因素，一个示例项为"我能按时完成有质量的工作"。

我们在研究中设置了控制变量，控制了性别、年龄、工作年限、教育水平和工作职务。对于教育水平，我们设置了2个哑变量（本科生和研究生）；对于工作职务，我们将其转化为二分变量（0=主管，1=员工）。此外，研究也控制了数据搜集方式（0=线下，1=线上）。

3. 分析方法

在假设检验前，我们进行了验证性因素分析，从而检验测量模型的效度。根据建议，采用内部一致法，将组织学习和工作绩效分别打包为5个项目包。我们采用4个指标来检验模型拟合度：拟合的卡方值与自由度的比例（χ^2/df）、RMSEA、CFI和拟合优度指数（goodness of fit index，GFI）。采取了多层设计，因此我们需要聚合组织学习，并且计算组内评价一致性指数（r_{wg}）及ICC。我们采用了SPSS软件和HLM（hierarchical linear model，多层线性模型）软件进行假设检验。如果交互作用存在，那么我们根据方法进行简单斜坡检验。

二、统计分析与主要结果

（一）变量的统计分析与结果

我们开展的统计分析得到了描述性统计和回归分析结果，见表4.1和表4.2。验证性因素分析的结果显示，当前研究的测量模型与数据之间拟合较好，且这些模型好于其他混合两个因素的模型。

表 4.1 描述性统计与相关系数

变量	M	标准差	1	2	3	4	5	6	7
1 职务	28.6	4.94							
2 本科生	5.53	5.47	0.91**						
3 研究生	0.78	0.41	−0.41**	−0.37**					
4 能力过任	0.51	0.50	−0.11	−0.05	0.07				
5 工作满意	0.20	0.40	0.02	−0.20**	−0.06	−0.52**			
6 情感承诺	4.17	0.91	−0.07	0.00	0.05	0.09	−0.21**		
7 工作绩效	4.68	1.27	0.10	0.07	−0.14*	−0.05	−0.00	−0.29**	
8 组织学习	4.26	0.86	0.20**	0.14*	−0.10	−0.03	0.01	−0.37**	0.63**

注：样本数=301

*表示 $p<0.05$，**表示 $p<0.01$

表 4.2 跨层线性建模的回归分析结果

变量		模型 1：工作满意		模型 2：情感承诺		模型 3：工作绩效	
		B	标准误	B	标准误	B	标准误
第一层	截距	0.01	0.05	0.00	0.06	−0.01	0.05
	取样方式	−0.35**	0.13	−0.65**	0.13	−0.23	0.12
	性别	0.03	0.03	0.05	0.03	0.02	0.04
	年龄	−0.21	0.11	−0.02	0.11	−0.02	0.13
	工作年限	−0.04	0.03	−0.04	0.03	−0.01	0.04
	工作职务	−0.33*	0.14	−0.27	0.14	−0.06	0.16
	本科生	−0.11	0.15	0.10	0.16	0.12	0.18
	研究生	−0.16	0.24	0.13	0.23	0.13	0.24
	能力过任知觉	−0.10	0.06	−0.15**	0.05	0.25**	0.05
第二层	组织学习	0.24**	0.05	0.18**	0.05	0.19**	0.06
交互项	能力过任知觉×组织学习	0.05	0.06	−0.11*	0.05	−0.13*	0.06
$\Delta R^2_{第一层}$		0.06		0.02		0.12	
$\Delta R^2_{第二层}$		0.58		0.40		0.60	
$\Delta R^2_{交互项}$		−0.05		0.12		0.19	

注：N=301。取样方式、性别、工作职务、本科生、研究生等变量为二分变量。工作年限的单位是年。$\Delta R^2_{第一层}$、$\Delta R^2_{第二层}$ 和 $\Delta R^2_{交互项}$ 分别为能力过任知觉、组织学习和交互项进入模型时 R^2 的改变，计算方法见 Hofmann（1997）

*表示 $p< 0.05$，**表示 $p< 0.01$

本节计算了组织学习的组内一致性（$r_{wg}=0.84$，$ICC_1=0.24$，$ICC_2=0.66$）。其中，ICC_1 和 r_{wg} 超出了前人建议的标准（LeBreton et al.，2008）。ICC_2 的值相对较低，为此，我们进行变量聚合，得到了比较好的测量模型。

表 4.1 显示了所有研究变量的描述性统计。

在假设检验前，首先检验零模型，即因变量由个体层面和团队层面加以检验。结果发现，所有的组间变异都是显著的。这说明，本节研究适合进行跨层分析（即分析组织学习的作用）。

HLM 的统计结果见表 4.2。

模型 1 用于检验假设 4.1a 和假设 4.2a。结果发现，能力过任知觉与工作满意无关。能力过任知觉与组织学习的交互作用并不显著，在组织学习的所有水平上，能力过任知觉与工作满意无关。因此假设 4.1a 和假设 4.2a 均未得证。

模型 2 用于检验假设 4.1b 和假设 4.2b。结果发现，能力过任知觉与情感承诺负向相关。能力过任知觉与组织学习的交互作用显著。简单斜坡检验的结果显示，当组织学习的水平较低时，能力过任知觉与情感承诺无关，然而，当组织学习水平较高时，能力过任知觉与情感承诺负向相关。调节作用依旧得到检验，但是与我们预测的方向相反。因此假设 4.1b 得到支持，而假设 4.2b 没有得到支持。

模型 3 用于检验假设 4.1c 和假设 4.2c。结果发现，能力过任知觉与工作绩效有显著的正向相关。能力过任知觉与组织学习的交互作用显著，简单斜坡检验的结果显示，当组织学习的水平较低时，能力过任知觉与工作绩效正相关，然而，当组织学习水平较高时，能力过任知觉与工作绩效无关。因此，假设 4.1c 和假设 4.2c 均得到了验证。

由于假设 4.1a 并未得到验证，我们做了一个额外检验。在这一步骤中，不是用跨层分析，而是用普通的线性回归分析，结果发现，能力过任知觉与工作绩效呈正向相关，而能力过任知觉与情感承诺呈负向相关。这一差异性结果说明了团队之间存在一定因素影响变量之间的关系，见图 4.2。组织学习分别调节能力过任知觉对于情感承诺和工作绩效的作用。能力过任知觉的高低分别指高于或低于一个标准差。

（二）理论与实践意义

本节检验了能力过任知觉与其结果之间的关系，发现能力过任知觉与情感承诺负向相关，而与工作绩效正向相关。然而，我们在研究样本中发现，能力过任知觉却与工作满意无关。有两个原因可能可以解释这一结果。第一，额外分析发现在个体层面上，这一结果与之前的研究一致，说明差异可能来自团队动力的复杂本质，团队因素影响了这一关系。第二，和工作满意相比，情感承诺更加稳定。工作满意可能会被其他因素所影响，而情感承诺却不会。

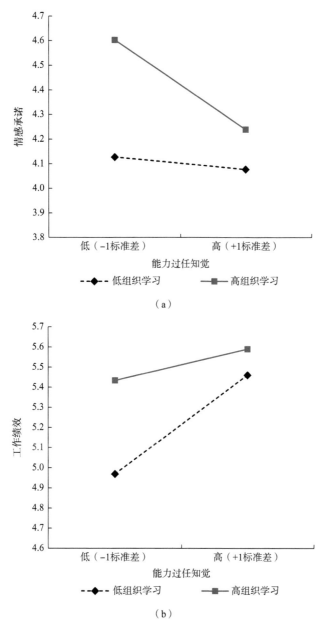

图 4.2　简单斜坡检验结果

　　本节的主要目的是检验组织学习对于能力过任知觉与其结果变量之间的调节作用。我们发现，当组织学习水平较高时，能力过任知觉对于情感承诺的负向作用更强，而对于工作绩效的正向作用更弱。这些结果表明，尽管组织学习是一种良好的组织实践，那些正好匹配和能力不足的员工个体可以从组织学习中获益更多。我们认为，能力过任很多时候是其他工作必需的生产性技能的补偿。我们发现，尽管能力过任可能带来更高的晋升机会，但其对于当时的工资增长并无帮助。尽管能力过任的个体可能比其他员工拥有更多技能及更高的能力，但是组织学习对于他们的技能成长作用有限。然而，对于那些正好匹配或者能力不足的个体而言，组织学习就能很好地促进他们的技能成长，从而产生更好的绩效；同时，由于他们在组织学习中受益，会建立起更强的与组织的联结，从而有着更高的情感承诺。此外，我们在研究中并没有发现，组织学习对能力过任知觉与工作满意之间的关系有改善作用。

本节研究做出了若干贡献：为能力过任研究提供了重要的补充证据，指出了能力过任及其结果之间的许多调节变量效应，特别是许多组织层面上的实践影响，研究检验了其中对于中国企业最为重要的组织实践。

同时，研究结果也对于两个经典理论有所贡献。一是解释了能力过任知觉的影响机制，特别是许多团队层面上的因素对影响机制存在潜在影响。二是以人力资本理论解释了能力过任可以作为一种职业投资，我们的研究结果证明，在组织学习缺失的条件下，能力过任的个体确实存在这一优势。

我们的研究认为中国情境具备独有特征，如长期追求高学历，而教育上的资历超出了市场的需求。此外，"择优录取"依然是中国企业招聘员工的主要准则，说明了中国情境下需要加强对于人职匹配的理解。

本节围绕能力过任开展的进一步研究，为组织变革和转型升级情境下有效开展组织学习活动、技能与岗位适配诊断及相应的赋能开发提供了新的理论依据和实践指导。

第二节　新生代高管的继任与创业价值观

一、组织变革下高管继任的问题驱动

（一）高管团队成员继任与业绩动力

高管团队（top management team，TMT）成员的继任是组织管理中的一个重要课题，也是在企业转型和业务创新中发挥着重要作用的组织变革策略，既可以帮助企业保持其文化传承，又能够不断强化企业转型成长的后劲。进入 21 世纪以来，由于变革转型剧增，创新发展加速，高管团队成员继任问题成为新的研究与赋能开发的重点问题，尤其是高管团队成员更替对于企业持续绩效的重要影响，也成为本节研究的重要选题。

在中国组织变革和转型升级的实践中，互联网创业企业的数量激增意味着许多中国传统企业必须不断优化高管团队成员结构，将新生代管理者带入高管团队。我们认为，检验这些结构差异并优化新生代高管的继任策略可以进一步解释创业价值取向和行为如何影响业务管理和业绩的动力机制。

新生代高管与他们的上一代前辈相比，更可能对团队绩效产生积极的影响。当然，这种影响发生的机制仍有待进一步探索。我们从代沟的角度对新一代高管继任、团队绩效和创业价值的发展进行实证研究，目的是提供洞察中国企业组织变革中文化传承、转型能力提升方面新生代高管团队成员赋能成长的内部机制。

根据代际差异理论和高管团队研究，本节的第一个目标是探索新生代继任和创业文化价值维度，并开发评估测量工具；第二个目标是提出一个中介效应模型和调节效应模型来检验新生代继任与团队绩效之间的关系。

（二）理论框架与基本假设

1. 新生代高管继任与团队绩效

高管继任是一个比较复杂的过程，由前高管离任和后高管继任两个过程组成且存在着不同的继任模式。由于高管继任可以在很大程度上创新企业发展战略并提升企业的经营绩效，相应的组织目标设置和团队责任更新就成为十分关键的一步。

面对变革创新带来的挑战，特别是董事会希望能够在原有基础上做出转变，要开设更加前沿的业务来适配组织发展的需求。本节提出，单纯的高管更换并不能帮助原有企业走出困境，关于高管继任模式的研究，需要验证不同首席执行官继任类型对战略变革程度与企业绩效关系的调节效应。研究发现，战略变革程度对组织绩效存在倒"U"形的关系。外部继任相比于内部继任存在较强的调节效应；如果离任首席执行官可以保留董事职位，可以一定程度限制新任首席执行官的自主权，而有效避免新任首席执行官主动发起剧烈变革而造成的绩效跌宕。研究提出，外部继任能够带来规模较大的组织变革进而增强组织绩效，但这种效应会受到家族企业性质的反向调节，以及来自成熟市场环境的正向调节。

首席执行官在高管团队中发挥着举足轻重的作用，然而高管团队的其他成员对企业的发展也起到至关重要的作用，尤其是当他们各自负责一个相对独立业务部门的时候。针对高管团队的非首席执行官的研究主要集中于高管团队性别特征、权利分布、报酬差异等领域。在本节中，我们从代际差异理论视角，提出了新生代接班人的概念，以分析继任后高管团队组成的变化，并测试影响团队绩效的机制。

在本节中，我们把团队绩效作为新生代高管继任后组织绩效的变化。关于团队绩效的研究大多基于投入过程产出模型，研究涉及三个方面：团队实现组织目标的能力，团队成员对组织的满意度及团队协作。在本节中，将新生代高管定义为 20 世纪 80 年代或之后出生的年轻经理人。他们在转型情境下对企业发展和企业家知识持有新的或独创的观点。近年来，许多企业开始由新生代高管领导。

基于上述内容，我们提出了以下假设。

假设 4.3：新生代高管继任与团队绩效呈正相关。

2. 代际差异方面的研究

有关新生代高管，代际差异是普遍关注的要素，这是不同世代之间的价值观，偏好和态度之间的特征差异。由于历史事件，这种差异是代沟研究的基础。在本节研究中，专注于工作场所的代沟，特别是关于高管继任情境下的创业价值观和人际关系。

3. 创业价值观的研究

有关中国人的价值观研究主要集中在工作价值观、文化价值观和社会主义核心价值观。作为表达创业能力的一种方式，与企业家和企业管理者相关的创业价值是反映代沟的重要维度，其定义需要建立企业和创业价值观的具体维度。

在本节中，创业价值观涉及企业目标、创业能力和代沟的发展。具体来说，创业能力要素包括实现自己的创业目标，判断创业机会，以及展示某些行为风格，即高风险容忍度、持久性和强烈的信念。企业成长过程中的重要事件影响企业家的文化认知和高管商业决策。

在研究中国文化背景下高管继任与团队绩效关系时，我们提出了以下假设。

假设 4.4：创业价值观将在中介新生代高管继任与团队绩效之间的关系中起中介作用。

4. 人际关系与关系网络的特点

越来越多的管理人员利用关系网络获得第一手商业信息和资源，从而提高企业的竞争力和直接业绩。关系网络可以帮助企业家发现机会。在发展过程中，每个企业都形成一个相应的关系网络。我们使用关系这个术语来说明中国企业中高管团队成员继任的复杂性，成员与高层经理的管理关系及企业和政府的关系有关。

基于领导行为的视角，关系影响领导者的行为和有效性。不同时代的领导者将在社交网络中对不同的人使用不同的领导方式，新生代领导者往往使用更高效的方法，如柔性制造、人工智能和 3D 打印等。从领导效能的角度，领导者与下属之间的关系影响领导者的决策，也影响整个组织绩效。我们提出以下假设。

假设 4.5：人际关系在新生代高管继任与团队绩效中起正向调节作用，高人际关系的领导能够帮助团队实现更高的绩效。

本节主要研究在不同代际差异的情况下，企业的新生代高管继任对团队绩效的影响，这里主要的代际差异是指创业价值观差异和人际关系差异两个维度，具体的框架模型如图 4.3 所示。

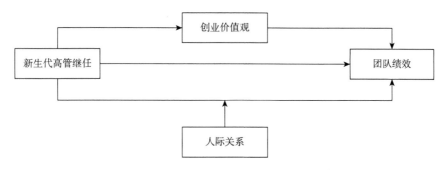

图 4.3　新生代高管继任与团队绩效关系模型

二、设计与测量方法

（一）研究的对象与取样方法

为了评估新生代高管继任和创业价值观，我们进行了深入访谈和开放问卷调查。然后我们使用面试材料创建了量表的项目，对青年的态度、更换程序和时机是新生代高管继任的三个关键因素，动机、方法和处理失败是创业价值观的三个关键因素。由专家组修订了新生代高管继任规模量表和创业价值观量表。

我们通过互联网招聘平台和企业进行联系，询问他们是否更换了高管团队成员，如果是，是否愿意参加调查。然后，我们选出了 25 位企业新晋领导者，他们是通过企业内部选拔的，其所属团队成员 270 位。几乎所有入选的企业都属于常规行业，包括制造业、工程和生物医药等。这些企业的组织结构稳定，管理体系成熟。所有企业已成立 5 年以上，每个团队有 4~20 名成员，平均工作年限为6 个月。

我们采用现场问卷填写的方式进行调查，参与者被要求评估他们与每个题项的意见一致程度。为了减少常见的方法偏差，我们向高管团队领导和团队成员发布问卷，并在分析团队绩效时采用了二次数据。我们收到了来自所属团队成员的196 份有效问卷答复和来自新领导者的 25 份有效问卷答复（有效答复率=74.92%）。

新领导者平均年龄为 33.5 岁，女性占 16%。在所有制结构方面，84%的企业是民营企业，8%的企业是国有企业，8%的企业是外资企业。在团队类型方面，28%的企业是营销团队，48%的企业是研发团队，24%的企业是管理团队。

为了验证新生代高管继任和创业价值观的关系，我们向来自石化、金融和服装行业的 7 家企业的 14 个团队发放了 300 份问卷，其中有 202 份返回并有效（有效回复率=67.3%）。样本中包括 144 名男性（71.3%）和 58 名女性（28.7%），平均年龄为 31.2 岁。在教育背景方面，76 人（37.6%）没有完成高中学业，72 人（35.6%）有学士学历，54 人（26.7%）拥有硕士以上学历。他们平均工作年限为 3.29 年。所有参与者在被告知他们的数据将进行数据匿名化以保护参与者的隐私。

（二）研究的变量与测量方法

1. 新生代高管继任适配

根据从动态匹配角度对高管团队的研究，从青年认可、适应匹配和长期计划三个维度来对新生代高管继任进行测量。作为本节研究的自变量，青年认可主要指企业在进行团队人才选拔的时候是否能够认可年轻人的工作，能够优先选拔年轻人；适应匹配主要指新领导的选拔是否遵循一定的流程，是否秉承公正公开的原则；长期计划主要指企业在进行管理人员更替的时候，是否有一个长期的时间表，先前领导任期满了之后是否有成熟的管理人员岗位流动机制。

2. 人际关系与关系网络

本节使用成熟量表来测量高管团队内部的人际关系以检验假设 4.5，选取了人际关系中常常用到的生活包含、主管顺从及情感依附三个维度，研究采用利克特五分量表，其中，5 分表示完全符合，1 分表示完全不符合。

3. 创业价值观取向

在工作价值观研究基础上，引入创业情景来进行创业价值观的测量，本章提出创业价值观的概念，并根据前文所述开发了创业价值观量表，主要包括创业原因、创业手段及创业失败三个维度，采用利克特五分量表进行测量，其中，5 分代表完全符合，1 分代表完全不符合。

4. 数据分析方法

本节研究使用 SPSS 和 AMOS 对数据进行探索性因素分析和验证性因素分析。按照程序，我们使用 SPSS 进行多元回归分析来测试模型。

三、研究的理论价值与应用意义

（一）新生代高管继任与创业价值观测量结构

我们运用 SPSS 对数据进行统计分析，对于新生代高管继任问题，以及分析题项进行球形检验，表明可以进行因素分析，采用正交方差最大化、主成分分析的方法进行探索性因素分析。从表 4.3 的分析结果发现，因素分析中所抽取的包含有 3 个因素的题项能够解释总方差的 66.74%。从探索性因素分析的结果来看，所汇聚的 3 个因素维度与本节研究对新生代继任的探索结果相一致。具体为因素一的内容涉及企业在高管团队成员更替过程中是否首先考虑年轻人，是否能够容忍年轻人在工作中出现差错的情况，把这一因素命名为青年认可；因素二的主要内容包括高管团队成员在更替的过程是否有一定的规范化的流程，是否能够按照一定流程来进行企业高管团队成员的更替，我们将该因素命名为适应匹配；因素三主要针对企业是否将高管团队成员的更替和企业人才储备发展作为企业的核心战略，我们将该因素命名为长期规划。

表 4.3　新生代高管继任探索性因素分析结果

题项	因素		
	青年认可	适应匹配	长期规划
团队在选拔管理岗位的时候首先考虑年轻人	0.87	−0.06	0.00
团队在招聘的时候首先考虑年轻人	0.84	−0.00	−0.01
高管团队中年轻人占大多数	0.84	−0.02	−0.01
团队非常愿意给年轻人展现自我的机会	0.83	−0.00	−0.06
团队完全能够容忍年轻人在工作中出现失误	0.78	−0.06	0.10
继任者往往能够顺利通过企业的相关岗位考核	−0.07	0.87	0.04
继任者往往在上任之后能够迅速进入角色	0.02	0.82	0.00
选拔出来的继任者在上任之前需要进行系统的培训	−0.01	0.78	0.09
继任者上任前会与前任领导就工作上事宜进行交接	0.02	0.77	0.13
前任领导常常会回来并参与企业团队内部的决策	−0.01	0.73	0.06
团队严格按相应规章制度进行高管人员的选拔	−0.07	0.46	−0.02
高管选拔有详细周密的战略部署	0.02	0.04	0.95
高管团队成员的交继任有明确的时间表	−0.01	0.15	0.93

在完成对新生代高管继任测量结构的探索之后，按照同样的思路对创业价值观进行结构性的分析，运用 SPSS 进行分析，见表 4.4。结果发现，因素分析所抽取的包含 3 个因素的题项能够解释总方差的 58.8%，从探索性因素分析的结果来看，所汇聚的 3 个因素与本节对创业价值观的探索结果一致。具体为因素一主要用于了解新上任的领导者是否具有创业动机，是否希望发挥创业精神并在完成本职工作的同时来进行创新，把这一因素命名为创业原因；因素二的主要内容是对新上任的领导者如何在有限条件下进行创业，我们把这一因素命名为创业手段；因素三的主要内容涉及新上任领导者是否认同现在或未来可能面临的创业失败，我们将这一因素命名为失败认同。

表 4.4　创业价值观探索性因素分析结果

题项	因素		
	创业原因	创业手段	失败认同
新领导愿意与他人合作来进行创业	0.78	−0.01	0.00
如果第一次创业失败了，新领导可能会继续创业	0.76	−0.02	0.06
新领导希望能够带领自己的团队开发全新的业务	0.70	0.08	0.31
领导希望我们在工作中主动培养创业能力	0.70	−0.06	0.09
创业对于社会的积极发展有显著作用	0.65	−0.04	−0.00
如果有启动资金，新上任的领导很有可能会离职创业	−0.04	0.85	0.14
假如新上任领导创业失败，对他来说会有严重后果	0.10	0.73	−0.26
新上任的领导认为创业是一件很辛苦的事情	−0.02	0.01	0.76

（二）新生代高管继任与创业价值观的测量

在新生代高管继任与创业价值观的验证过程中，通过探索性因素分析所得到新生代高管继任与创业价值观问卷来进行数据的收集工作。

1. 研究样本数据

为验证新生代高管继任与创业价值观的合理性，选取了石化行业、金融行业和服装行业等三类企业总计 7 家共 14 个团队，问卷总数为 300 份，回收得到有效问卷 202 份，有效回收率为 67.3%，数据来源的基本情况为男性 144 人（71.3%）、女性 58 人（28.7%）；平均年龄为 31.2 岁；大专以下学历者 76 人（37.6%）、本科学历为 72 人（35.6%）、硕士及以上学历 54 人（26.7%）；服务本单位的平均年限为 3.29 年。

2. 统计分析的结果

我们采用验证性因素分析法，运用 Amos 软件对 202 份有效问卷进行了新生代高管继任与创业价值观的统计分析，在确定最佳结构模型的过程中，我们将三因素模型与其他可能的结构进行了比较。具体而言，新生代高管继任两因素模型将本节研究发现的适应匹配与长期计划合并，新生代高管继任单因素模型将左右的项目合并在一个因素上面，对上述各结构模型的拟合指数进行比较，可以发现，三因素模型对数据的拟合是最好的。因此，我们可以认为数据验证了新生代高管继任的三因素模型，表明该量表工具具有较高的结构效度（表 4.5）。按照同样的逻辑，我们将创业价值观的三因素模型与其他可能的结构进行比较，合并失败认同与创业手段形成两因素模型，再将所有的项目进行合并，来对其进行指数拟合，同样发现三因素模型对数据的拟合是最佳的，表明创业价值观的问卷具有一定的结构效度，见表 4.6。

表 4.5　新生代高管继任验证性因素分析结果

模型	χ^2	df	χ^2/df	RMSEA	RMR	IFI	CFI	GFI
零模型	1369.44	78	17.56					
单因素模型	864.22	65	13.30	0.24	0.26	0.39	0.38	0.58
双因素模型	316.60	64	4.95	0.14	0.14	0.81	0.80	0.85
三因素模型	118.20	62	1.91	0.07	0.05	0.96	0.96	0.92

注：IFI（incremental fit index，增量拟合指数）

表 4.6　创业价值观验证性因素分析结果

模型	χ^2	df	χ^2/df	RMSEA	RMR	IFI	CFI	GFI
零模型	454.19	45	10.10					
单因素模型	175.52	35	5.02	0.14	0.15	0.67	0.66	0.86
双因素模型	64.65	34	1.90	0.07	0.08	0.93	0.93	0.96
三因素模型	30.28	32	0.95	0.00	0.04	1.00	1.00	0.97

表 4.7 总结了变量的平均值、标准差及相关系数，可以看到，新生代高管继任与团队绩效 $r=0.31^{**}$、创业价值观与人际关系 $r=0.64^{**}$、人际关系与团队绩效 $r=0.69^{**}$、团队绩效与创业价值观 $r=0.52^{**}$呈显著正相关。我们采用了层级回归模型的方法进行假设检验，分析结果见表 4.8。

表 4.7　各变量的描述统计结果及相关矩阵

变量	平均值	标准差	新生代高管继任	人际关系	创业价值观	团队绩效
新生代高管继任	3.52	0.54	1.00	0.26*	0.18*	0.31**
人际关系	3.60	0.78	0.26**	1.00	0.64**	0.69**
创业价值观	3.63	0.42	0.18**	0.64**	1.00	0.52**
团队绩效	3.99	0.65	0.31**	0.69**	0.52**	1.00

注：$N=202$

*表示 $p<0.05$，**表示 $p<0.01$

表 4.8　创业价值观多层次分析结果

变量			创业价值观	团队绩效		
			模型 1	模型 2	模型 3	模型 4
控制变量	性别	男	0.05	−0.01	−0.05	−0.05
	年龄	新生代	0.22	0.28	0.06	0.12
	资历	新员工	−0.46	−0.35	0.07	−0.03
		骨干员工	−0.27	−0.04	0.21	−0.15
	学历	大专及以下	0.05	−0.16	−0.22	−0.19
		本科	0.05	0.07	0.04	0.03
自变量	新生代高管继任		0.16	0.38		0.27
中介变量	创业价值观				0.78	0.70
R^2			0.12	0.17	0.31	0.36
调整后 R^2			0.09	0.14	0.29	0.33
ΔR^2			0.12	0.17	0.31	0.36
ΔF			3.82	5.85	12.93	13.99

1）主效应

假设 4.3 提出，新生代高管继任与团队绩效正相关。为了检验这一假设，我们将团队绩效作为因变量，先加入控制变量（年龄、性别、资历、学历），而后加入自变量（新生代高管继任），从表 4.8 呈现的结果可知，新生代高管继任对团队绩效及创业价值观均有显著的正向影响。因此，假设 4.3 得到数据支持。

2）中介效应

对于中介效应的检验，根据方法建议分四个步骤来进行。

步骤 1：自变量对结果变量的影响（假设 4.3 获得支持）。

步骤 2：自变量对中介变量的影响，在引入控制变量的基础上，分析新生代高管继任对于创业价值观的影响。

步骤 3：中介变量对因变量的影响，在引入控制变量的基础上，分析新生代高管继任对于团队绩效的影响。

步骤 4：同时引入新生代高管继任与创业价值观，分析新生代高管继任对团队绩效的影响是否因创业价值观的引入而消失或削弱。

从表 4.8 的结果可知，新生代高管继任对创业价值观有显著正向影响，同时创业价值观对于团队绩效有显著正向影响，新生代高管继任对团队绩效的影响随着创业价值观的引入而削弱，结合以上证据，我们认为创业价值观在新生代高管继任与团队绩效的关系中起到部分中介作用，采用中介效应分析方法，也得到了一致的结论。

3）调节效应

假设 4.5 提出人际关系会强化新生代高管继任与团队绩效之间的正向关系。为了验证这一假设，我们首先将团队绩效设为因变量，其次引入控制变量、自变量（新生代高管继任）和调节变量（人际关系），最后加入自变量和调节变量的乘积项。从表 4.9 呈现的分析结果可见，新生代高管继任与人际关系的交互对团队绩效具有负向影响。高人际关系的领导者在新生代高管继任与团队绩效的关系中并不能帮助团队取得更高的绩效，反而是降低了团队绩效。因此，假设 4.5 未得到支持。不同人际关系的领导者在新生代高管继任过程中展现出不同的团队任务绩效。

表 4.9　人际关系多层次分析结果

步骤	变量		模型 1	模型 2	模型 3
步骤 1	性别	男	0.00	−0.08	−0.05
	年龄	新生代	0.22	0.13	0.11
	资历	新员工	−0.26	0.05	0.01
		骨干员工	0.02	0.13	0.09
	学历	大专及以下	−0.20	0.09	0.13
		本科	0.09	0.16	0.13
步骤 2	新生代高管继任			0.55	−0.35
	人际关系			0.17	−1.00
步骤 3	新生代高管继任 × 人际关系				−0.31
R^2			0.07	0.52	0.63
调整后 R^2			0.04	0.51	0.61
ΔR^2			0.07	0.46	0.10
ΔF			2.46	96.80	55.88

（三）研究结果的理论与应用价值

1. 总体研究结果

在我们对中国文化背景下的新生代高管继任和创业价值的初步探索中，建立了两个高度一致性的独立三因素模型。全民教育结果表明，新生代高管继任包括青年认可、适应性匹配和长期规划因素。所有新生代高管继任和创业价值项目的相关系数均大于 0.50。采用验证性因素分析来验证新生代高管继任和创业价值模型的结构有效性，结果表明，整个模型拟合指数是可以接受的，三因素模型具有最佳拟合度，所有项目的标准化荷载和误差荷载是合理的。

作为前高管离任过程的一部分，许多企业已经认可并选择了新生代高管来帮助他们实现业绩突破，特别是家族企业。但是，我们要强调的是，企业需要建立可靠的继任和选择过程机制，并认真确保继任者能够顺应企业发展，从而不会产生负面影响。

从研究来看，继任者最重要的技能是适应变革情境的能力。如果继任者没有这种能力，他迟早会被解雇或降职。我们通过实证检验了新生代继任者，关系和企业价值对企业团队绩效的影响，并对所涉及的驱动机制进行了测试和分析。与之前的研究结果相一致，我们发现新生代高管继任对团队绩效有积极影响，这意味着承认和选择新生代高管的企业可以提高团队绩效。我们发现，创业价值观起着中介作用，并且在这种关系中负有调节作用。

根据研究，探究中介效应可以帮助我们理解形成过程与干预机制之间的关系，并探讨调节变量的含义，以澄清这一过程中情况的发生。虽然以前很少有研究人员将企业家精神和领导者价值观结合起来考察，但没有创业精神企业就没有发展。

对于管理者来说，年轻可能是团队的一个优势，与开拓思维相关联，且更愿意学习。不同层次的关系会影响新生代继任与团队绩效之间的关系；然而，由于高人际关系与团队绩效没有正相关关系，我们的假设没有得到支持。

从代际差异角度来看，企业选择新生代高管继任者是因为他们的创业精神和能力比较强，而不是他们的人际关系基础。在组织变革情境下，以人际关系为导向的领导者效率低于任务型领导者，所以基于人际关系导向的前任领导者更难提高团队绩效。此外，新生代高管接班人缺乏积累，因此，没有人际关系的优势。

2. 管理实践意义

新生代高管的合理选择可以帮助企业实现增长，并且新生代高管可以提高团队绩效。他们倾向于成为同行中的精英，大多数具有良好的教育背景，具有理论知识基础和学习能力。在实践中，需要关注新生代高管的持续赋能需求，更大程度地认可新生代高管，并制订聘用他们作为高管团队领导者或职业经理人的计划。在此基础上，建议开展有针对性的赋能培训，以便新生代高管能够加快发展和适配继任。

通过代际差异观点，本节研究发现新生代高管的培养需要关注创业价值观提升和人际关系拓展，而创业价值观的核心是管理者的创业文化力。换句话说，企业应该培养新生代高管的高度工作主动性，并关注他们完成任务的方式和对失败的态度。除了提供创业价值观指导，企业还需要了解新生代高管在人际关系拓展方面面临的问题，促进同事之间的沟通，帮助团队取得更好的业绩。

未来研究可以在关注内部继承的同时，推广到聘用职业经理人等外部继承。从战略角度及新生代团队建设的角度，分析组织变革与转型升级过程中新生代高管继任与团队绩效的动态关系和事业发展空间。

第五章　基于变革创新的女性创业领导论

第一节　变革创新转型的女性创业型领导

一、女性创业型领导的多维度结构

（一）研究的理论基础与新构思

随着女性创业在全球范围内蓬勃兴起，女性创业者和企业家已经成为推动经济与社会发展的重要力量。女性企业家所表现出的关怀导向的领导风格及她们突出的风险控制能力，在应对经济危机过程中显示出了无可比拟的优势。全球范围内的经济结构调节与转型升级正在为女性企业家领导组织变革与创新提出了新的挑战与机遇。面对高度复杂动态的创业环境，女性继任家族企业受到了许多研究的关注（傅颖和王重鸣，2014）。女性企业家发挥性别优势，表现出显著的创业型领导行为，激发员工的变革承诺与主动性，这对于组织获取竞争优势、实现稳定持续发展具有重要的现实意义。杨静和王重鸣（2013）围绕女性创业型领导的维度结构及其影响，开展了一系列富有理论意义和应用价值的实证研究。

1. 研究的理论进展

有关创业型领导的理论研究主要聚焦于创业型领导的内涵与结构特征。有学者认为，创业型领导就是通过影响他人来进行战略性资源管理，这种能力可以强化机会识别与优势搜寻，从而提升组织的长期财务绩效。部分学者概括了创业型领导的六个主要特征是培育创业能力、保护针对现行商业模式的破坏性创新、鼓励下属积极识别甚至创造创业机会、挑战主流商业逻辑、反思看似简单的问题、把创业与战略管理联系在一起。后续学者在前人理论观点的基础上,进一步明确界定创业型领导是一个多维概念,其内涵融合了领导与"创业"、"创业导向"与"创业管理"的核心特征,强调创业型领导与其他类型领导行为(魅力型领导、变革型领导、团队导向领导及基于价值的领导)所不同的是更加强调应对高度不确定的经营环境、不断识别新的机会、领导持续创新与变革。有学者将创业型领导定义为"通过主动创造愿景来激励下属、动员和赢得下属的支持,致力于发现和创造组织的战略价值",并开发了创业型领导的结构模型。该模型由两个互依性的维度"情境构建"与"任务构建"构成。其中,"情境构建"包括掌控挑战、吸收不确定性、指明路径三个角色特征;"任务构建"包括构建承诺和阐明约束两个角色特征。尽管实证结果表明创业型领导的双维度五角色结构模型具有良好的内部和外部效度,但是创业型领导构思开发过程依然饱受质疑,如采用的研究工具与数据原本并不是为研究创业型领导而设计的,也没有考虑到性别的差异。

创业型领导究竟是否存在性别差异呢?关于领导风格的性别差异至今依然存有争议。尽管一些研究证据显示,男性与女性的性别差异对领导风格的影响并不明显,然而,元分析的结果却有力地支持了领导风格存在性别差异的总体论断。对关于领导风格的研究文献进行元分析后发现,女性领导表现出人际导向的民主型领导风格,而男性领导表现出任务导向的专制型领导风格。对变革型领导、交易型领导、放任型领导的 45 项研究进行元分析后证实,女性领导者表现出更加显著的变革型领导风格,而男性领导者表现出显著的交易型领导风格和放任型领导风格。其中,部分研究提出女性领导的性别优势论,如女性更加具有包容心、分享权力、善于培养下属、乐于帮助人、善于合作、具有同理心,这些特征会使得领导更加有效。但是以往关于女性领导风格的研究忽略了情境嵌入,并不能充分地揭示在高度动态复杂的变革环境中,女性创业者和企业家所表现出的领导行为特征。

2. 女性创业型领导的构思

基于以上论述,本节主张将女性创业型领导作为一个新的理论构思进行研究,而女性创业型领导的构思开发与测量成为该研究确立合法地位的首要步骤。从理论构建方法的选择上,主张采用定性研究范式才能更加充分地描述并解释领导的社会影响过程;而扎根理论分析能够用丰富的情境视角来"捕获"领导的影响过程,更加适合于女性创业型领导的理论构思开发。然而,单纯定性方法只能用于理论构建,无法进行理论构思验证,需要结合定量研究分析才有助于检验该理论的构思效度。值得强调的是,创业型领导的内涵本身折射出其在员工个体水平、组织水平等多水平上影响过程的本质。然而,有关创业型领导的实证研究仅关注创业型领导在组织水平上对组织绩效的影响机制，却忽略了对员工个体水平的影响。为了澄清这一问题，采纳相关建议，在本节研究中需要开发多水平的女性创业型领导构思与测量，并且同时关注女性创业型领导行为在员工个体水平及组织水平所产生的多水平影响。因此，本节研究的主要目的有三个。

（1）基于扎根理论方法开发女性创业型领导的构思。

（2）编制女性创业型领导行为量表。

（3）验证女性创业型领导产生的多水平影响。

相比于以往研究，本节研究所取得的研究进展体现在以下几个方面。

（1）通过扎根理论方法开发女性创业型领导的多维度构思，初步构建女性创业型领导的理论框架，丰富和拓展创业型领导的"理论版图"，同时推进女性创业与女性领导研究的交叉融合。

（2）基于扎根理论开发的女性创业型领导构思框架，编制女性创业型领导行为量表，为推进女性创业型领导的实证研究提供重要的测量工具。

（3）基于多水平理论视角进一步界定女性创业型领导的多水平构思，并精确地验证女性创业型领导在组织水平、个体水平等多个水平的影响。

（二）基于扎根理论方法开发女性创业型领导的构思

本节选用最具有"扎根精神"的经典扎根理论的方法来构建变革情境下女性创业型领导的新构思。

1. 理论性取样

理论性取样是依据构建理论的需要而进行有目的地选择样本。根据理论性取样的典型性和一致性原则，本节选取 41 位创立并参与企业经营管理的成功女性创业者和企业家作为研究对象。同时，进行数据收集、分析与编码，并进行比较，数据收集直到理论饱和为止。

2. 数据收集

本节主要采用半结构化深度访谈来收集、研究第一手数据，并辅助通过网络搜索企业相关的网站信息、报道及视频资料来更加完整地搜集、整理关于女性领导创业过程的所有数据。

我们对 41 位创办并经营企业的女性创业者和企业家实施了半结构化深度访谈，了解在变革情境下她们如何领导企业创业的详细过程。每例访谈需要 1.5～3 小时。其中，25 例访谈在企业现场进行，并进行了现场参与式观察（共 53 小时）。现场观察女性企业家对管理层的经理及员工的领导方式和下属的追随表现，对深度访谈收集数据的真实性进行验证。另外，结合搜集到的企业的网站信息、新闻报道与深度访谈的关键事件进行三角证据取证。整个数据收集过程历时1年时间，将深度访谈、现场参与式观察及网站信息搜集整理成文字资料，共10万多字。我们对深度访谈整理的文本做编码分析，其他资料用于事件佐证、事件比较。

二、编码方法与分析过程

（一）开放式编码及其方法

秉承开放的研究态度，依据理论性取样原则，同时进行数据收集和数据分析与开放式编码。对收集的所有材料进行逐行编码、逐个事件编码来提取相应概念。在开放式编码中，我们尽可能使用原生代码即研究对象自己表达出的一些独特词语，作为反映女性创业者和企业家这一特殊群体的观点，同时可以呈现其对所处变革情境的感知与真实反应。在开放式编码过程中，综合运用逐行编码、逐句编码、逐段编码，根据数据的特征让其中蕴含的初始概念自然涌现。从所有41例取样数据中共抽取了1356个初始概念，见表5.1中的开放式编码示例。

表 5.1　研究对象 A1 的开放式编码示例

原始资料	开放式编码的初始概念
当今这是一个崇尚个性张扬的年代，每个人都希望自己所拥有的东西是独一无二的。而现在主流的物质生产却是在追求规模化、量化，这与用户的需求存在着矛盾。由此，迎合人们个性化心理需求的产品理应成为"蓝海"。	A1-1 崇尚个性张扬的年代 A1-2 规模化与客户需求矛盾 A1-3 个性化需求成为市场"蓝海"
刚开始的时候，我们定位是做个性化的商品，但慢慢地发现了一个问题，网友的制图水平有限，一个客户，你可能要服务上2~3小时，而营业额又没有增长。成本与利润不成比例，我们果断地放弃了以个性定制为主的路子，转而以小批量定制为主。这个决定奠定了我们的发展基础。	A1-4 定位个性化生产 A1-5 个性化定制耗时制约发展 A1-6 果断放弃个性定制
我们迅速改变，回归到小批量定制的路子上来，我们可以做小批量定制，而"凡客"因为成本因素不可能做得到，这就是树立了我们自己的优势地位。	A1-7 小批量定制 A1-8 小批量定制的优势
我们的名字重新恢复"棉棵烫画服饰"，利用个性化的工艺继续为大家提供个性化服务	A1-9 个性化定制服务

（二）选择性编码及其方法

选择性编码是编码分析的第二个步骤，比逐行编码、逐句编码、逐段编码更加有指向性、更加有选择性和概念性。选择性编码采用大量的数据来筛选代码，提取核心范畴。核心范畴是从开放式编码中"自然涌现"的，其具有两个主要特征：关联的重要性和频繁重现性。

本节研究需要将开放式编码过程中所提取的初始概念进行比较，从数据中"萃取"与女性领导创业过程所表现出关键领导行为的相关联的核心概念。通过对 41 位女性创业者和企业家的理论性取样进行比较，对开放式编码中的 1356 个概念进行筛选、合并、分类，提取关联度较高和出现频率较高的 36 个子范畴，并将它们进一步合并、分类为 6 个核心范畴（表 5.2）。

表 5.2　选择性编码结果

核心范畴	子范畴	对初始概念的筛选与分类示例
变革心智	审视环境	A1-1 崇尚个性张扬的年代；A1-2 规模化与客户个性需求矛盾；A2-1 国人消费关注家居品质；A3-1 青年人消费崇尚个性、创意
	洞察机会	A1-3 个性化需求成为市场"蓝海"；A2-3 家居消费的健康舒适化趋势；A3-5 手绘市场的空白
	前瞻性	A1-5 个性化定制耗时制约发展；A2-4 高端家居注重健康科技理念；A3-7 手绘鞋能穿出时尚、个性
	构建愿景与目标	A1-40 中国最大在线定制商；A2-5 成为中国高科技睡眠的领军者；A3-36 打造中国第一个真正的手绘品牌
	诚信合法经营	A1-23 经营要靠诚信；A2-27 要讲信誉；A3-26 诚信才能经营长久
	承担社会责任	A1-10 生产健康环保的产品；A2-7 提供科技环保的产品；A3-31 提供更多的工作岗位
培育创新	商业模式创新	A1-7 小批量定制；A1-9 个性化定制服务；A2-9 批发+淘宝旗舰店；A3-9 体验式连锁经营
	分享信息	A1-11 不同部门分享信息；A2-11 及时分享市场需求信息；A3-11 交流观点
	鼓励发现机会	A1-12 鼓励大家发现新潮流；A2-12 鼓励大家发现新的家居产品；A3-10 采取团队讨论开发新图样
	培养整合能力	A1-13 管理团队获取融资；A2-14 拓展新营销渠道；A3-31 开拓新区域手绘市场
	鼓励干中学	A1-14 初创过程不断学习；A2-13 运营中汲取经验；A3-12 手绘过程中产生新想法
	鼓励尝试	A1-16 尝试用 ERP 系统；A2-15 鼓励大家尝试新营销策略；A3-13 鼓励大家尝试新手绘工艺
	合理授权	A1-15 向管理者授权；A2-16 灵活管理，给予他们自我管理权限；A3-14 授权让他们自由发挥

核心范畴	子范畴	对初始概念的筛选与分类示例
培育创新	塑造创新文化	A1-17 培育鼓励创意无限的氛围；A2-18 建立创新营销理念；A3-15 定期举办手绘创意比赛
掌控风险	协调创新业务	A1-18 新业务保持一定份额；A2-19 确保家居新产品占一定比重；A3-16 定期更新手绘鞋样式
	谨慎尝试	A1-19 对于高成本印染创新很谨慎；A2-20 考虑承受力开发新产品；A3-18 尝试少量试销新样式的手绘鞋
	控制经营风险	A1-20 尽量减少技术更新失败造成损失；A2-22 避免外汇变动造成的损失；A3-20 将手绘鞋销售损失降至最低
	控制人员风险	A1-24 招聘合适初创业的人才；A2-24 减少销售人员流失；A3-21 减少手绘技术工流失
	化解经营危机	A1-21 快速理赔褪色衣服；A2-26 耐心处理客户苛刻的退货要求；A3-25 及时处理地区连锁冲突
整合关系	巩固业务合作	A1-25 与供应商和销售商建立良好关系；A2-28 与供应商和销售商建立稳定合作关系；A3-23 挑选信誉好的供应商并建立长期合作
	构建竞合关系	A1-26 与电商建立合作同盟；A2-29 与慕思开展战略合作；A3-24 与淘宝电商合作
	跨行业协作	A1-27 整合创意艺人提供的创意设计；A2-30 与人体力学研究协会合作；A2-27 与传统帆布鞋生产商合作
	维系公共关系	A1-29 建立良好公共关系；A2-32 与工商、税务打交道，建立良好关系；A3-28 与相关部门建立良好公共关系
亲和感召	亲和力	A1-28 为人富有亲和力；A2-27 亲切，易于接近；A3-29 亲和，没有架子
	为人正直	A1-22 为人处世正直；A2-33 为人正派；A3-30 率直正派，容不得"沙子"
	积极乐观	A1-30 对待事情积极乐观；A2-34 天生乐天派，积极向上；A3-31 遇事乐观
	坚韧不拔	A1-31 遇到困难不服输；A2-25 遇到困难不会轻易放弃；A3-32 坚持不懈
	决策果断	A1-6 果断放弃个性化定制；A2-35 决策果断，不拖沓；A3-33 不犹豫；当机立断
母性关怀	认可员工	A1-33 及时表扬员工；A2-36 认可员工的付出；A3-36 认可员工的进步
	建立心理安全感	A1-32 提供基本保障；A2-37 提供稳定的工作岗位；A3-35 提供有保障的食宿条件
	耐心指导	A1-34 耐心指导员工改进工作；A2-39 指出不足并给予建议；A3-34 手把手教手绘
	个性化激励	A1-37 满足员工不同的需求；A2-41 满足员工个性化需求；A3-38 依据员工不同需要并尽力满足
	关心成长	A1-35 提供职业发展通道；A2-38 提供发展机会；A3-35 提供学习培训机会
	包容员工	A1-36 原谅员工的错误；A2-40 给予员工改正机会；A3-37 包容员工，给予改错的机会

续表

核心范畴	子范畴	对初始概念的筛选与分类示例
母性关怀	亲情关怀	A1-38 节日给员工发福利；A2-42 提供生活帮助；A3-39 集体给员工过生日
	舍己利益保障员工	A1-39 用自己的积蓄给员工发津贴；A2-43 股东携钱逃跑，坚持给员工发工资；A3-40（资金周转困难时）将自己的收入补贴员工

注：ERP 为 enterprise resource planning，企业资源规划

（三）理论性编码及其方法

理论性编码是获取选择性编码之间自然呈现的结构。经过对选择性编码之间的关系比较、所抽取的概念与女性创业型领导事件之间的不断比较、相应文献研究支持的比较（表 5.3），并通过整理研究备忘录来构建女性创业型领导的构思模型（图 5.1）。变革心智、培育创新、掌控风险、整合关系、亲和感召与母性关怀六个核心范畴共同构成中心范畴——女性创业型领导行为模式。其中，变革心智是指女性创业领导者面对动态复杂的竞争环境所表现出的心智模式，直接影响创业领导决策的制定与执行，并影响创业运营绩效；培育创新是指为了获得竞争优势，女性创业领导者激励组织全体成员积极参与组织创新活动，这会影响到产品和服务创新方面的绩效；掌控风险是女性创业领导者为了应对竞争环境的不确定性，对经营风险采取有效控制和规避的领导行为，这有助于获得稳定的财务绩效；整合关系是女性创业领导者充分发挥善于沟通和公关的优势，构建良好的商业网络关系，有助于收集可信的商业信息、获取并整合相关资源来确保创业的平稳开展；亲和感召体现了女性创业领导者的领导魅力，亲和力、为人正直、积极乐观、坚韧不拔和决策果断会形成对下属强大的感召力、对女性创业领导者的钦佩和信赖；母性关怀体现了女性创业领导者与下属相处所表现出母性般的指导与关爱，有助于增强员工的归属感和对共同创业的高度承诺。与构建的创业型领导双角色五维度模型相比，女性创业型领导具有全新的创业领导行为组合，尤其具有鲜明而独特的性别特征。

表 5.3　理论性编码的核心范畴与子范畴

核心范畴	子范畴
变革心智	审视环境、洞察机会、前瞻性、构建愿景与目标、诚信合法经营、承担社会责任
培育创新	商业模式创新、分享信息、鼓励发现机会、培养整合能力、鼓励干中学、鼓励尝试
掌控风险	协调创新业务、谨慎尝试、控制经营风险、控制人员风险、化解经营危机
整合关系	巩固业务合作、构建竞合关系、跨行业协作、维系公共关系
亲和感召	亲和力、为人正直、积极乐观、坚韧不拔、决策果断
母性关怀	认可员工、建立心理安全感、耐心指导、个性化激励、关心成长、包容员工、亲情关怀、舍己利益保障员工

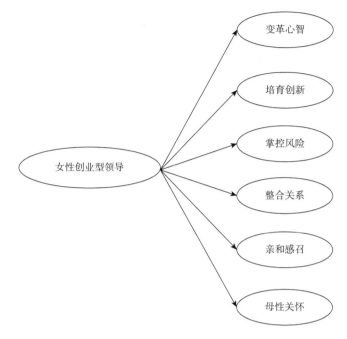

图 5.1 女性创业型领导的构思图

三、女性创业型领导的量表开发与构思验证

（一）女性创业型领导的量表开发

1. 量表的设计与梳理

基于扎根理论分析所开发的女性创业型领导构思，编制出对应 6 个核心范畴的 36 个女性创业型领导行为条目并将其作为原始量表。为确保原始量表的内容效度，我们走访了中国女企业家协会研究咨询中心及山东省、浙江省的 6 个市级妇女联合会所主管的女企业家协会，与女企业家协会的领导和工作人员逐一对原始量表的行为条目进行了在目前中国转型升级的变革情境下女性创业型领导行为的实践认证；聘请女性创业研究方向的专家对题项的基本内容和表述方式进行逐一的审核，判断表述是否清晰简洁、理论构思的核心维度与各个条目是否相关，并进行相应的修改与完善。

通过专家小组讨论，认为"奉行诚信合法经营作为企业持续发展的宗旨"和"倡导承担社会责任作为企业持续发展的使命"的表述过于宽泛，不适合作为女性创业型领导行为条目，建议删除。由此，编制的女性创业型领导行为预试量表共包含 34 个题项。

2. 取样与量表题项筛选

采用探索性因素分析找出最适于测量女性创业型领导的行为条目，并初步验证其结构维度。统计工具采用的是 SPSS。

1）取样

为了强化对女性创业型领导构思的检验效果，我们采用方便抽样和判断抽样相结合的手段，通过对山东、浙江两省的部分市级妇女联合会所主管的女企业家协会获取当地在经济效益、社会效益和生态效益较为突出的不完全名单，并对其创业情况进行大致的了解，从而确定 300 家企业的女性创业者和企业家作为调研对象，完成女性创业型领导行为量表。由当地妇女联合会来协助向调研对象发放问卷并确保回收。实际参与问卷调研的女性企业家有 275 位，独立样本 t 检验发现未参与调研的 25 位女性企业家与参与调研的 275 位女性企业家在年龄、教育水平、创业经历、企业人员规模和所属行业上并不存在显著的差异。最终回收问卷258 份，问卷回收率 86%，整理获得有效问卷 241 份。

女性创业者和企业家样本的年龄段中 20～29 岁的占 36.59%，30～39 岁的占39.02%，40～49 岁的占 17.89%，50 岁及以上的占 6.50%；创业经历在 3～5 年的占 28.86%，5 年及以上的占绝大多数；所属行业主要分布于农林牧副渔业、制造业、批发零售业、住宿餐饮业、信息科技服务业、金融服务业、教育培训业和美容保健业等多种行业。

2）测量与筛选

本次调研问卷采用女性创业型领导行为预试量表，共 34 个题项。基于以往对量表使用的信度指标，同时考虑调研对象的参与认真程度和辨别能力，本次量表采用利克特五分量表（其中，1 代表几乎不符合，5 代表完全符合）。

（二）研究的分析过程与结果

本节研究采用相关性检验与同质性检验作为女性创业型领导行为预试量表题项筛选的指标。通过量表题项与总分的相关系数来进行检验，采用同质性检验等方法，对量表进行信度分析，结果表明量表的内部一致性高、稳定性好，达到信度要求。

1. 探索性因素分析过程与结果

进行探索性因素分析的适合度检测，选取适当的探索性因素分析方法。本节研究的主要目的是探索女性创业型领导的理论构思，因此，采用主成分-直

交旋转-最大变异法。采用主成分-直交旋转-最大变异法从女性创业型领导力
量表抽取了 7 个因素，能够解释总体变异的 63.86%，因素结构与理论构思比较
相近。

进一步简化因素结构，重新采用主成分-直交旋转-最大变异法进行分析
（表 5.4），所抽取的 6 个因素解释了总体变异的 63.75%。根据各个因素的题项构
成，分别对析出的因素依次命名为：母性关怀、培育创新、亲和感召、变革心智、
掌控风险、整合关系。

表 5.4　探索性因素分析结果

题项	成分					
	因素 1	因素 2	因素 3	因素 4	因素 5	因素 6
1. 耐心指导员工改进工作绩效	**0.60**	0.28	0.17	0.13	0.08	0.11
2. 了解员工的个性化需求并给予适当满足	**0.71**	0.28	0.17	0.15	0.13	0.10
3. 设身处地为员工发展考虑并提供发展机会	**0.78**	0.32	0.05	0.04	0.19	0.03
4. 在不违反原则情况下包容员工错误	**0.69**	0.25	0.25	0.24	0.22	0.07
5. 提供稳定保障，建立员工的心理安全感	**0.78**	0.16	0.14	0.11	0.16	0.12
6. 给予员工亲情般的生活关怀与帮助	**0.70**	0.12	0.32	0.16	0.09	0.13
7. 遭遇经营困境，舍弃自己的利益保障员工利益	**0.53**	0.18	0.13	0.13	0.14	0.19
8. 与企业成员分享信息，改进商业运营模式	0.11	**0.65**	0.11	0.25	0.01	0.26
9. 鼓励管理团队和员工主动发现商业机会	0.14	**0.61**	0.14	0.22	0.07	0.15
10. 培养管理团队成员战略性整合资源的能力	0.10	**0.64**	0.25	0.17	0.11	0.14
11. 激发管理团队和员工在项目运营中不断学习	0.17	**0.74**	0.21	0.18	0.17	0.13
12. 提倡管理团队和员工尝试新的工作方法	0.21	**0.73**	0.13	0.10	0.24	0.17
13. 向管理团队和员工合理授权来激发创造力	0.25	**0.75**	0.11	0.14	0.16	−0.01
14. 富有亲和力，平易近人	0.30	0.01	**0.50**	0.12	−0.01	0.27
15. 为人正直诚信	0.10	0.30	**0.62**	0.03	0.22	0.07
16. 以积极乐观的心态经营企业	0.21	0.21	**0.67**	0.21	0.24	−0.12
17. 面对不确定环境，决策果断	0.24	0.18	**0.62**	0.18	0.15	−0.13
18. 遭遇创业失败不服输、不放弃	0.25	0.08	**0.74**	0.14	0.08	0.13
19. 审视经营环境变化对企业发展的挑战与威胁	0.11	0.10	0.06	**0.80**	0.19	0.18
20. 洞察经营环境变化对企业发展的战略性机遇	0.09	0.20	0.19	**0.73**	0.25	0.11

续表

题项	成分					
	因素 1	因素 2	因素 3	因素 4	因素 5	因素 6
21. 全面预测经营环境变化对创立新事业的影响	0.21	0.24	0.11	**0.75**	−0.01	0.13
22. 树立适应经营环境变化且确保稳定发展的目标	0.18	0.26	0.23	**0.65**	0.10	0.09
23. 与关键客户、供应商、销售商建立的业务合作关系	0.18	0.09	0.23	−0.03	**0.55**	0.23
24. 与同行业标杆企业建立战略性合作关系	0.24	0.22	−0.03	0.29	**0.73**	−0.01
25. 与跨行业企业建立协同合作关系	0.06	0.10	0.12	0.14	**0.69**	0.17
26. 与政府相关利益部门维系良好的公共关系	0.17	0.14	0.28	0.13	**0.61**	0.06
27. 协调平衡创新业务与核心业务之间的比重	0.25	0.25	0.12	0.34	0.19	**0.54**
28. 采用快速而低成本的创新尝试以求平稳发展	0.08	0.15	−0.05	0.11	0.19	**0.85**
29. 将经营失败或损失降至最低程度来控制风险	0.20	0.31	0.11	0.23	0.12	**0.71**
特征值	4.35	3.85	3.00	2.93	2.30	2.04
解释变异量	15.0%	13.3%	10.4%	10.2%	7.94%	7.05%
解释累积变异量	15.0%	28.3%	38.6%	48.8%	56.7%	63.8%

注：黑体数字表示该题项的因素负荷在 0.50～0.85

通过探索性因素分析的结果发现，基于扎根理论分析开发的女性创业型领导的构思得到初步的验证，表明该量表具有良好的稳定性。

2. 验证性因素分析与构思效度检验

本节通过验证性因素分析进一步检验女性创业型领导的构思效度及该量表的适切性，同时采用平均方差提取值（average variance extracted，AVE）和组合信度来判断其构思效度。

1）进一步取样

从山东、浙江两省的部分市级妇女联合会主管的女企业家协会所提供的优秀女性创业者和企业家名单中，重新选取了 350 个样本进行调研（每个地区抽取 50 位女性创业者与企业家）。各地问卷调研均利用女企业家年会或研讨会比较集中的活动进行现场发放，并由当地的妇女联合会发展部或女企业家协会工作人员协助完成问卷回收。

经过研究者对所回收的问卷进行逐一审核，确定有效样本 302 个，达到验证性因素分析的标准——通常要求样本数量不少于量表题项数目的 10 倍。验证性因素分析的样本基本信息与探索性因素分析的样本背景十分相似，达到了研究的方法要求。

2）测量与分析

本节采用经过探索性因素分析修订之后的女性创业型领导行为量表，共包含29个题项。依然采用利克特五分量表（其中，1代表几乎不符合，5代表完全符合）。该量表的克龙巴赫 α 系数值为 0.96。

本节采用最大似然法来进行验证性因素分析。为进一步验证女性创业型领导的构思效度，本节提出 1 个虚无模型和 3 个竞争模型：M0 为观测变量相互独立的虚无模型，M1 为 29 个观测变量直接指向女性创业型领导的单维模型，M2 为包含变革心智、培育创新、整合关系、掌控风险、亲和感召、母性关怀的一阶六因素模型，M3 为包含变革心智、培育创新、整合关系、亲和感召、掌控风险、母性关怀的二阶六因素模型。

经过验证性因素分析显示，模型 M1 中，29 个女性创业型领导行为条目的标准化因素负荷均在 0.50 以上；模型 M2 中，每项行为条目在其对应所属的因素变革心智、培育创新、掌控风险、整合关系、亲和感召、母性关怀的标准化因素负荷均在 0.60 以上，并且各项因素在女性创业型领导的因素负荷在 0.60～0.91，表示模型的基本适配度良好；而且 6 个潜变量两两之间的相关系数在 0.62～0.90，均达到显著水平，显示这 6 个因素可能有一个更高阶的共同因素存在；模型 M3 中，每项行为条目在其对应所属的因素变革心智、培育创新、掌控风险、整合关系、亲和感召、母性关怀的标准化因素负荷均在 0.60 以上，并且变革心智、培育创新、掌控风险、整合关系、亲和感召、母性关怀在二阶因素女性创业型领导的标准化因素负荷分别为 0.77、0.92、0.84、0.96、0.88、0.91，表示 M3 模型的基本适配度理想。

表 5.5 呈现了 3 个竞争模型的拟合情况，各项指标均对比显示 M3 与实证数据的匹配程度最高，为基于扎根理论分析得出研究结论提供了佐证。由此确定，女性创业型领导的结构是由变革心智、培育创新、掌控风险、整合关系、亲和感召、母性关怀 6 个一阶因素构成的二阶结构。

表 5.5　验证性因素分析拟合指标

模型	χ^2（df）	χ^2/df	RMR	RMSEA	GFI	NFI	IFI	CFI
M0	6751.42（406）	16.62						
M1	1743.72（377）	4.63	0.04	0.08	0.66	0.73	0.77	0.78
M2	1065.47（371）	2.87	0.03	0.08	0.80	0.84	0.89	0.89
M3	989.94（362）	2.73	0.03	0.08	0.81	0.85	0.90	0.90

注：NFI 为 normed fit index，正规拟合指数

3）构思效度检验结果

本节研究通过组合信度与 AVE 来判定女性创业型领导的构思效度、聚合效度

与区分效度。研究结果显示（表 5.6），6 个因素的组合信度介于 0.75～0.91，高于推荐的 0.70 的标准，显示女性创业型领导的六维度结构具有理想的构思效度；AVE在 0.53～0.67，均超过经验判断标准 0.50，表明潜变量构念的解释变异量大于测量误差对构念的解释变异量，也就是说明量表具有较好的聚合效度。

表 5.6　M3 最优模型的组合信度与 AVE 分析结果

指标	变革心智	培育创新	掌控风险	整合关系	亲和感召	母性关怀
组合信度	0.89	0.90	0.80	0.75	0.88	0.91
AVE	0.67	0.61	0.57	0.53	0.59	0.61

二阶验证性因素分析的结果显示，6 个一阶因素变革心智、培育创新、掌控风险、整合关系、亲和感召、母性关怀在二阶因素女性创业型领导的标准化因素负荷分别为 0.77、0.92、0.84、0.96、0.88、0.91，说明女性创业型领导的 6 个维度具有良好的聚合效度。进一步计算各因素之间的相关系数，结果发现其相关系数（取值在 0.53～0.70）的平方值在 0.26～0.49，低于上述平均变异抽取量，说明构思结构能够体现较好的区分效度。

四、女性创业型领导的多水平效应

（一）多水平构思的分析与特点

从本质上讲，女性创业型领导是多水平现象。为进一步精准地验证女性创业型领导的影响，我们提出女性创业型领导的多水平构思，并检验其在员工个体水平和组织水平的影响。

1. 女性创业型领导对创业组织绩效的影响：组织水平分析

创业型领导理论是创业研究与领导研究交叉领域的新兴理论。对创业型领导内涵的界定隐含了创业领导者在员工个体水平、组织水平等多水平的影响过程。然而，有关创业型领导的实证研究仅关注了创业型领导在组织水平上对组织绩效的影响机制，却忽略了对员工个体水平的影响。依据以往研究的建议，我们将女性创业型领导分为聚焦组织的女性创业型领导（变革心智、培育创新、掌控风险、整合关系）、聚焦员工的女性创业型领导（母性关怀），除此之外还有体现女性独特领导魅力的聚焦领导者的女性创业型领导（亲和感召）。其中，聚焦组织的女性创业型领导行为界定为树立创业愿景、建立共同的创业信念与创业行动来实现组织创业目标，主要包括变革心智、培育创新、掌控风险、整合关系四个维度；聚焦员工的女性创业型领导行为主要是母亲般地指导员工发挥个体潜质和能力、促进员工发展，包括母性关怀维度；聚焦领导者的女性创业型领导行为是指女性创业领导者表现出的亲和力、正直诚信、积极乐观、决策果断及坚韧不拔，包括亲和感召维度。在本节研究中，我们试图回答一个重要问题：女性创业型领导行为在多水平对员工个体表现和创业组织绩效产生怎样的影响？

依据以往学者的研究观点，强调创业型领导是实现组织价值创造尤其是组织长期财务绩效的关键驱动力，之后的实证研究主要验证了创业型领导在组织水平的影响。而目前尚缺乏女性创业型领导对创业组织绩效的影响关系的研究证据。在中国经济转型升级的变革情境下，女性创业者和企业家的领导行为对组织经营具有直接的影响。女性企业家领导的中小型企业的盈利面显著扩大，而且注重产品技术创新，企业的技术进步贡献率显著提升，超过了全国平均水平。同时，女性企业家经营的企业具有良好的商业口碑，在解决社会就业和促进绿色发展与商业生态发展方面具有重大贡献。究其原因，女性创业领导者审视转型升级的趋势，洞察企业发展的战略机遇，周全考虑并预测创业发展状况，制定稳定可行的创业目标，领导创业组织成员共同行动从而有助于实现持续发展的企业经营绩效；提倡创新并营造创新氛围有助于实现组织创新绩效；而控制风险、维系稳定的业务合作关系及良好的公共关系，不仅有助于实现良好的经营业绩，还有助于获得诚信经营的良好口碑。我们预计，聚焦组织的女性创业型领导对创业组织绩效，包括创业财务业绩、产品创新业绩及社会责任绩效具有积极的影响。由此，我们提出如下假设。

假设 5.1：聚焦组织的女性创业型领导在组织水平对创业组织绩效，包括财务运营绩效（5.1a）、组织创新绩效（5.1b）、社会责任绩效（5.1c）产生积极影响。

2. 女性创业型领导对员工变革承诺的影响：个体水平与跨水平分析

创业型领导过程是不断进行创新和变革的过程，而员工对变革的承诺直接关系领导组织变革的成败。相似的研究发现，变革型领导行为风格对员工变革承诺，尤其是情感变革承诺的正向影响显著。但以往的研究并没有区分聚焦组织的领导行为、聚焦员工的领导行为及领导者自身魅力，并且已有的研究尚未就女性创业型领导行为对员工变革承诺产生的影响提供实证支持。基于多水平分析视角的推测，聚焦员工的女性创业型领导行为会影响员工对领导的态度，从而更倾向于支持领导采取的变革与创新活动，并愿意参与变革；聚焦组织的女性创业型领导行为会通过向员工展现企业创业的美好愿景，并通过沟通让员工认可企业的发展目标，从而激发员工参与组织变革与创新活动；而聚焦员工的女性创业型领导行为会令员工对女性领导者的果断决策、坚韧与乐观产生敬佩，信服并追随在其领导下开展各项创业活动，且表现出支持变革的行为。由此，本节提出如下假设。

假设5.2a：聚焦员工的女性创业型领导在个体水平对员工变革承诺产生积极影响。

假设5.2b：聚焦组织的女性创业型领导对员工变革承诺产生跨水平的积极影响。

假设5.2c：聚焦领导者的女性创业型领导对员工变革承诺产生跨水平的积极影响。

3. 女性创业型领导对员工个体主动性的影响：个体水平与跨水平分析

从积极组织行为和创业行动视角来看，创业型领导寻求组织创新和战略价值实现的过程必然需要激发员工个体主动性。员工个体主动性行为包括提出预见性的建议、解决存在的问题、寻求变革的方法等。最近的研究发现，关注群体的变革型领导行为和聚焦员工个体的变革型领导行为都会增强员工个体主动性。基于相关研究推测，女性创业领导者本身富有主动精神，聚焦领导者的女性创业型领导魅力会感染员工表现出主动性的行为；而聚焦组织的女性创业型领导通过共享的愿景、鼓励创新、授权都有助于员工表现更加积极主动；聚焦员工的女性创业型领导向员工提供稳定的保障建立员工心理安全感、包容员工，会促使员工消除顾虑，表现出踊跃建言、积极寻求新的工作方法等主动行为。由此，本章提出如下假设。

假设5.3a：聚焦员工的女性创业型领导在个体水平对员工个体主动性产生积极影响。

假设5.3b：聚焦组织的女性创业型领导对员工个体主动性产生跨水平的积极影响。

假设5.3c：聚焦领导者的女性创业型领导对员工个体主动性产生跨水平的积极影响。

（二）取样设计与分析方法

1. 取样

本节采取多阶段、多来源取样设计来验证假设。从国内的浙江省、山东省等选取7家市级妇女联合会所主管的女企业家协会获取了500家女性自主创业和经营企业的名单。由当地的妇女联合会组织协助配合动员她们参与本次调研。取样时，兼顾从多个行业选取女性创业型企业（主要是自主创业、非国有企业）。

数据采集通过问卷邮寄、网络电子邮件与现场调研相结合的手段，分 3 次进行成套问卷的发放与回收，每个地市成套问卷发放与回收历时 3.5 个月，每次发放问卷确保半个月之内收回。通过在不同时间段收集不同来源的数据来避免同源偏差。在时间 1，女性企业家和创业者完成对女性创业型领导行为的评价与填写关于女性企业家的个人信息（年龄、教育背景、工作经历、创业年限等）及组织信息（员工规模、所属行业等）；同时，由女性创业组织的 1～2 名管理者和 2～3 名员工来评价领导行为及填写个人相关信息（年龄、性别、教育背景、工作年限等）。在时间 2（1.5 个月之后），由 3～5 名员工来评价变革承诺与个体主动性。在时间 3（3 个月之后），由女性创业领导者和 1～2 名管理者填写组织绩效（财务运营绩效、组织创新绩效及社会责任绩效）问卷。本次调研共回收问卷 245 套，有效问卷 152 套，占所发放问卷的比例为 30.40%。其中，女企业家版问卷 152 份，管理者版问卷 280 份，员工版问卷 381 份。平均每家女性创业领导者所经营的企业选取 5.35 个样本（标准差=0.76）。

2. 研究的测量

女性创业型领导行为基于扎根理论分析开发的女性创业型领导行为量表，由 6 个维度变革心智、培育创新、掌控风险、整合关系、亲和感召、母性关怀构成，共包含 29 个条目。聚焦组织的女性创业型领导，采用变革心智、培育创新、掌控风险、整合关系 4 个维度变量，共 17 个条目；聚焦领导者的女性创业型领导，采用亲和感召作为领导者水平的变量，是比员工个体更高水平的影响变量，共 5 个条目；聚焦员工的女性创业型领导，采用员工评价的母性关怀维度的数据，即母性关怀，共 7 个条目。采用利克特五分量表，其中，1 代表完全不符合，5 代表完全符合。其中，聚焦组织的女性创业型领导与亲和感召的数据，需要将女性创业领导者、管理者及员工对女性创业型领导行为的评价聚合到组织水平。

员工变革承诺采用了开发的量表，选用其中情感变革承诺的 6 个条目的量表。例如，"我认为企业实施变革策略对企业长远发展有利"等。由核心管理者和员工进行评价。该量表的克龙巴赫 α 系数值为 0.72。

员工个体主动性借鉴了对员工主动性结构的元分析研究结论，最具有代表性的员工个体主动性行为表现："为完成企业目标，我主动付出额外努力"、"我会竭尽全力完成具有挑战性的工作目标"、"面对企业出现的问题，我敢于提出改进建议"、"我会尝试各种办法和策略解决管理中的问题"和"我敢于承担工作的责任"。本节将这 5 个行为条目作为评价员工主动性的指标，由员工进行自我评价。该量表的克龙巴赫 α 系数值为 0.88。

创业组织绩效量表由财务运营绩效量表、组织创新绩效量表和社会责任绩效量表构成。女性创业型企业大多数为中小型企业，在本节研究中采取主观测量。

其中，财务运营绩效量表由 5 个条目组成，包括"企业的平均销售增长率"、"企业的平均利润率"、"企业的平均资产回报率"、"企业的股东权益回报率"和"企业的整体财务状况"。该量表由女性创业领导者和熟知企业运营的管理者来评价所在企业的财务业绩状况。通过计算，r_{wg} 为 0.85～1.00，均值为 0.92，组内一致性达到聚合标准；通过计算 ICC，ICC_1 为 0.46，ICC_2 为 0.99，组间差异达到聚合标准。该量表的克龙巴赫 α 系数为 0.86。

组织创新绩效量表由 4 个条目构成，包括"新产品/服务开发的数量"、"新产品/服务开发的销售额占销售总额的比重"、"新产品/服务扩大市场占有率"和"新产品/服务完成销售计划目标的情况"。该量表由女性创业领导者和熟知企业运营的管理者来评价所在企业的产品创新业绩状况。通过计算，r_{wg} 为 0.89～1.00，均值为 0.93，组内一致性达到聚合标准；通过计算 ICC 值，ICC_1 为 0.42，ICC_2 为 0.99，组间差异达到聚合标准。组织创新绩效量表的克龙巴赫 α 系数为 0.88。

社会责任绩效量表由 4 个条目构成，包括"企业在同行业所建立的商业口碑"、"企业解决就业维护社会稳定的贡献"、"企业参与社会公益活动的次数"和"企业节能/资源循环利用的效益"。该量表由女性创业领导者和熟知企业运营的管理者来评价所在企业的社会责任绩效状况。通过计算，r_{wg} 为 0.66～1.00，均值为 0.84，组内一致性达到聚合标准；通过计算 ICC，ICC_1 为 0.47，ICC_2 的值为 0.99，组间差异达到聚合标准。

社会责任绩效量表的克龙巴赫 α 系数为 0.71。另外，通过验证性因素分析结果显示，创业组织绩效量表具有良好的区分效度（χ^2/df=4.72；CFI=0.90；IFI=0.90；NFI=0.88；RMSEA=0.07）。创业组织绩效量表的克龙巴赫 α 系数值为 0.86。

（三）多水平效应的检验与结果

本节研究采用 SPSS 和 HLM 进行统计分析。需要指出的是，进行多水平影响检验时，员工个体水平分析会将员工的性别、年龄、教育程度及工作年限作为控制变量来检验假设。在组织水平，将创业年限、企业规模作为控制变量来检验假设。但是，依据相关建议，跨水平分析时控制变量不必进入回归方程。

1. 多水平构思效度验证

通过验证性因素分析结果显示，女性创业型领导的多水平构思——聚焦员工的女性创业型领导，聚焦组织的女性创业型领导，以及聚焦领导者的女性创业型领导具有良好的区分效度（χ^2/df=7.79；CFI=0.92；IFI=0.92；NFI=0.91；RMSEA=0.09）。表 5.7 显示了聚焦员工的女性创业型领导、聚焦组织的女性创业型领导、聚焦领导者的女性创业型领导及相关研究变量的描述统计及相关关系结果。

表5.7　描述性统计量与相关分析

变量		均值	标准差	1	2	3	4	5	6	7	8	9	10	11	12	13	14
个体水平（样本数=381）	1 性别	1.36	0.49	1.00													
	2 年龄	1.58	0.74	0.15**	1.00												
	3 教育程度	2.70	0.91	0.02	-0.09	1.00											
	4 工作年限	4.62	3.75	0.09	0.57**	-0.02	1.00										
	5 聚焦员工的女性创业型领导	4.08	0.68	0.09	-0.21**	0.11*	-0.12*	1.00									
	6 变革承诺	4.20	0.55	0.03	-0.14**	0.12*	-0.16**	0.43**	1.00								
	7 个体主动性	3.90	0.71	0.15**	-0.08	0.11*	-0.03	0.57**	0.54**	1.00							
	8 创业年限	3.60	0.82	-0.13*	0.03	-0.04	0.19**	0.11*	0.16**	0.20**	1.00						
	9 企业规模	3.88	1.41	-0.07	0.05	-0.08	0.18**	0.07	0.10	0.12*	0.40**	1.00					
组织水平（样本数=152）	10 聚焦组织的女性创业型领导	3.97	0.47	0.11*	-0.18**	0.30**	-0.10	0.61**	0.61**	0.51**	0.16**	0.20**	1.00				
	11 聚焦领导者的女性创业型领导	4.25	0.45	0.05	-0.18**	0.22**	-0.08	0.61**	0.61**	0.45**	0.24**	0.17**	0.83**	1.00			
	12 财务运营绩效	3.49	0.40	-0.09	-0.10	0.15**	-0.06	0.29**	0.32**	0.19**	0.14**	0.32**	0.49**	0.46**	1.00		
	13 组织创新绩效	3.38	0.45	-0.01	-0.05	0.19**	-0.08	0.24**	0.25**	0.25**	-0.15**	0.13**	0.40**	0.38**	0.49**	1.00	
	14 社会责任绩效	3.52	0.35	-0.08	-0.08	0.16**	-0.05	0.29**	0.32**	0.28**	0.07	0.17**	0.45**	0.42**	0.53**	0.47**	1.00

*表示$p<0.05$，**表示$p<0.01$

2. 多水平影响检验

为了检验女性创业型领导行为在组织水平的影响，通过采用普通最小二乘法回归分析发现（表 5.8），聚焦组织的女性创业型领导对组织的财务运营绩效（$\beta=0.45^{**}$）、组织创新绩效（$\beta=0.40^{**}$）、社会责任绩效（$\beta=0.44^{**}$）均产生显著的积极影响。研究结果验证了假设 5.1a、假设 5.1b、假设 5.1c。

表 5.8　聚焦组织的女性创业型领导对创业组织绩效的影响检验的回归分析结果

变量		财务运营绩效		组织创新绩效		社会责任绩效	
		β	t	β	t	β	t
控制变量	创业年限	0.13	0.17	−0.32	−4.05	−0.38	−0.48
	企业规模	0.20^{*}	2.58	0.21^{**}	2.67	0.11	1.40
自变量	聚焦组织的女性创业型领导	0.45^{**}	6.23	0.40^{**}	5.53	0.44^{**}	5.84
F		19.10		16.30		13.52	
ΔF		38.85		30.60		34.05	
R^2		0.24		0.25		0.22	
ΔR^2		0.19		0.16		0.18	

注：表中的回归系数 β 是标准化的回归系数

*表示 $p<0.05$，**表示 $p<0.01$

通过采用 HLM 来检验多水平的女性创业型领导对员工变革承诺及个体主动性的影响（表 5.9）。在假设检验前，需要对个体水平的聚焦员工的女性创业型领导（即母性关怀感知）采取组均值化的中心化处理；而在跨水平分析时，对组织水平的聚焦组织的女性创业型领导则不需要采取中心化处理。统计分析结果显示（表 5.9）：在个体水平，聚焦员工的女性创业型领导（即母性关怀感知）对员工变革承诺（$\beta=0.37^{**}$）、员工个体主动性（$\beta=0.54^{**}$）均产生显著的积极影响。研究假设 5.2a、假设 5.3a 得到验证。通过跨层次回归分析，聚焦组织的女性创业型领导对员工变革承诺（$\gamma=0.46^{**}$）、员工个体主动性（$\gamma=0.55^{**}$）均产生显著的积极影响。研究假设 5.2b、假设 5.3b 得到验证。另外，聚焦领导者的女性创业型领导对员工的变革承诺（$\gamma=0.45^{**}$）、个体主动性（$\gamma=0.48^{**}$）均产生显著的积极影响。研究假设 5.2c、假设 5.3c 得到验证。

表 5.9　女性创业型领导对员工变革承诺及个体主动性的影响：个体水平与组织水平分析

变量			员工变革承诺			员工个体主动性		
			M1	M2	M3	M4	M5	M6
个体水平	控制变量	截距	0.03	0.15	0.06	0.11	0.21	0.09
		性别	0.09	0.07	0.10	−0.03	0.02	0.06
		年龄	0.00	0.02	0.02	0.07	0.03	0.03
		教育程度	−0.01	−0.06	−0.04	−0.05	−0.12*	−0.08
		工作年限	−0.03	−0.02	−0.03	−0.01	0.00	0.00
	自变量	聚焦员工的女性创业型领导	0.37**			0.54**		
组织水平		聚焦组织的女性创业型领导		0.46**			0.55**	
		聚焦领导者的女性创业型领导			0.45**			0.48**
R_1^2			0.04			0.08		
R_2^2				0.01	0.01		0.01	0.01

注：表中的回归系数是标准化的回归系数；依据 Snijders 和 Bosker（1999）预测误差的方法来计算多层自变量对因变量的解释变异度 R_1^2 和 R_2^2

*表示 $p<0.05$，**表示 $p<0.01$

五、研究结果的理论与应用价值

（一）研究结果的理论进展与意义

本节对于构建女性创业型领导理论所取得的主要进展体现在以下三个方面。

1. 女性创业型领导的维度结构

采用扎根理论方法开发出依存于中国变革情境中的女性创业型领导的独特构思，拓展了创业型领导研究的"理论版图"，同时推进了女性创业与女性领导研究的交叉融合。基于扎根理论分析发现，女性创业型领导是一个多维度的复杂构思，由变革心智、培育创新、掌控风险、整合关系、亲和感召、母性关怀六个维度构成。与创业型领导的结构进行比较发现，女性创业型领导不仅体现出创业型领导的核心内涵——应对外界复杂多变环境、鼓励员工实施变革与创新活动，还凸显了女性创业者和企业家的典型性别特征——女性特有的亲和感召和母性关怀。与变革型领导的结构进行比较发现，女性创业型领导不仅要体现出魅力感召、智力激发与个性关怀，更为重要的是应对高度不确定的变革环境需要具备"变革心智"，同时要"整合关系"构建共赢互惠的商业生态网络，降低竞争环境的不确定。由此，我们提出相比于创业型领导和变革型领导，女性创业型领导的多维度构思更能准确地描述中国变革情境下女性创业者和企业家的领导行为特征。

2. 女性创业型领导的构思验证

我们开发了女性创业型领导的专用量表。对于创业型领导的测量一直具有争议，开发创业型领导构思的工具，并非专门为研究创业型领导而设计。本节研究中，严格选取创立企业并参与企业经营管理的女性创业者和企业家作为研究对象来开发专用量表。我们基于扎根理论分析开发原始量表，采用专家小组讨论来综合评判原始量表的内容效度。遵循严格的量表开发步骤，在探索性因素分析基础上构建了由 6 个维度 29 个题项构成的女性创业型领导行为量表，之后通过验证性因素分析证实女性创业型领导的二阶六维度构思，并进一步采用组合信度与 AVE 方法检验该构思具有良好的聚合效度与区分效度，而且表明该量表具有良好的信度与效度。以上研究表明，本节的女性创业型领导构思具有重要的理论贡献，并且所编制的量表可以作为进一步研究女性创业型领导效能机制的有效工具，对于开发女性创业能力具有重要的实践应用价值。

3. 女性创业型领导的多水平效应

全面地揭示了女性创业型领导的多水平效应。以往的创业型领导研究忽视了多水平分析的问题。本节研究响应了领导研究应采用多水平分析的提议，区分了女性创业型领导的多水平构思，同时检验了女性创业型领导行为在员工个体水平和组织水平的影响，完善了创业型领导影响机制的研究视域。研究结果发现，在组织水平上，聚焦组织的女性创业型领导行为不仅对创业组织财务经营绩效产生积极的影响，而且对组织创新绩效及社会责任绩效均产生积极的影响；另外，在员工个体水平上，本节不仅揭示了聚焦员工的女性创业型领导对员工变革承诺和个体主动性的积极影响关系。另外，还发现聚焦组织的女性创业型领导及聚焦领导者的女性创业型领导对员工变革承诺和个体主动性产生跨水平的积极影响。这对于准确地预测女性创业型领导对员工产生的影响关系提供了关键的实证依据。本节整合了女性创业型领导与员工个体表现的影响关系及女性创业型领导与创业组织产生的影响关系机制，更加全面准确地检验了女性创业型领导所产生的多水平影响。

（二）进一步研究的展望和主要结论

本节研究的扎根理论分析是由研究者进行分析，进一步可以采用定性分析软件。未来的研究可以继续明确区分具有争议的行为条目，将其归属到特定水平。本节验证了女性创业型领导在多水平对员工个体表现（员工变革承诺和员工个体主动性）及组织绩效（财务运营绩效、组织创新绩效、社会责任绩效）产生的效应。而女性创业型领导过程是复杂的，需要继续深入探究多水平中介影响机制，可以进一步验证变革环境情境变量对女性创业型领导产生多水平影响的调节作用。环境动态性、复杂性及包容性等对女性创业型领导与组织绩效之间的关系也可以进一步分析验证。

本节得出进一步的研究结论。

（1）女性创业型领导由变革心智、培育创新、掌控风险、整合关系、亲和感召、母性关怀六个维度构成；其中，变革心智、培育创新、掌控风险、整合关系共同构成了聚焦组织的女性创业型领导，母性关怀主要是针对员工，归类为聚焦员工的女性创业型领导，亲和感召充分体现了女性创业领导者的性别建构的领导魅力，归类为聚焦领导者的女性创业型领导。

（2）聚焦组织的女性创业型领导（变革心智、培育创新、掌控风险、整合关系）在组织水平对创业组织绩效（财务运营绩效、组织创新绩效、社会责任绩效）产生积极影响，并且聚焦组织的女性创业型领导跨水平对员工变革承诺及员工个体主动性产生积极影响；聚焦员工的女性创业型领导（母性关怀）直接对员工变革承诺、个体主动性产生积极影响；另外，聚焦领导者的女性创业型领导（亲和感召）跨水平对员工变革承诺及员工个体主动性产生积极影响关系。

第二节 女性创业型领导的多水平分析

一、女性创业型领导的研究进展

（一）女性创业成为变革成长的主线

女性创业正在全球范围内蓬勃兴起，已经成为经济与社会发展的重要推动力量。用我们的话说，提升了女性的能力，就是带动了社会！根据中国女企业家协会调查报告，中国女企业家占企业家总数的 25%，其中，女企业家经营的企业中个体和民营企业的比重大约占 55%。女性创业和女性领导逐渐成为社会与学术领域关注的热点问题。全球范围内的经济结构调节与转型升级正在为女性创业者及女性企业家领导组织变革与创新提出了新的挑战与机遇。

中国正处在转型升级的变革环境中，女性企业家必须顺应外部环境的变化趋势，必须表现出与以往不同的领导行为，更加具有创业精神、带领员工变革才能够保证组织获得竞争优势，实现持续发展。而变革需要行动导向，女性创业者和企业家需要激发员工的个人主动性来执行变革。因此，在高度复杂的变革环境中，女性创业领导者如何激发员工个体主动性成为值得研究的重要问题。同时，研究提出了创业型领导的结构模型，但尚未特别关注创业型领导的性别差异。研究提出，女性领导比男性领导更加具有包容心、会分享权力、善于培养下属、乐于帮助人，有助于激励下属的积极性与主动性，产生更高水平的绩效。但关键问题是女性领导行为与员工个体主动性之间关系的作用尚未阐释清楚。不像以往研究将创业型领导看作整体构思，杨静和王重鸣（2013）的研究基于扎根理论分析开发的女性创业型领导构思，从多水平视角细分了聚焦于不同水平的女性创业型领导行为，整合了创业型领导理论、LMX 关系理论及个体主动性理论，通过实证研究揭示了女性创业型领导行为在多个水平上对员工个体主动性的影响过程机制。

（二）女性创业型领导的多水平构思

创业型领导是一个多维概念，其内涵融合了领导与"创业"、"创业导向"和"创业管理"的核心特征。创业型领导与其他类型领导行为（魅力型领导、变革型领导、团队导向领导及基于价值的领导）所不同的是，更加强调应对高度不确定的经营环境，不断识别新的机会，领导持续创新与变革。研究对象包括创业者、企业家及富有创业精神的领导者。本节研究主要聚焦于女性创业者和女性企业家。

创业型领导是基于战略型创业的理论框架提出的核心概念之一。首先，有学者提出将创业型领导作为战略管理的核心要素。在整合创业与战略管理研究的基础上，建构了战略型创业的概念框架，并提出创业型领导是创造财富的关键驱动因素。企业不论大小，不管是新创企业还是稳定发展的既有企业，必须表现出创业型领导，强化机会搜寻和优势追寻行为，才能构建自己的竞争优势，创造财富。该理论观点强调了创业型领导在组织水平上的影响，在理论观点基础上将创业型领导界定为基于创业视角的领导行为，并开发了创业型领导的结构模型。基于扎根理论分析，我们构建了女性创业型领导构思，并通过实证研究验证了该构思的效度。研究结果得出，女性创业型领导包括变革心智、培育创新、掌控风险、整合关系、亲和感召和母性关怀。通过扎根理论分析发现变革心智、培育创新、掌

控风险、整合关系四个维度，主要体现女性创业者和企业家应对外界复杂多变的
经营环境实施的有助于实现组织绩效持续稳定发展的领导行为，在本章研究中被
归类为聚焦组织的女性创业型领导行为；母性关怀主要体现女性创业者和企业家
为激发员工更好地实现组织绩效、支持组织发展的领导行为，作为聚焦员工的女
性创业型领导行为；亲和感召体现了女性创业者和企业家特有的个性魅力和性别
优势，同样，在企业经营过程中会对员工和组织产生积极的影响，被归类为聚焦
领导者的女性创业型领导行为。

（三）女性创业型领导行为与个体主动性

　　个体主动性是组织中的员工应对激烈竞争环境的有效工作模式。有学者认为
个体主动性是指员工在工作中表现出的积极行为和变革导向的行为。部分学者将
个体主动性行为界定为具有能动性的、有想法的和展望未来的行动。后续学者进
一步明确界定个体主动性行为是员工依据预期行动为了影响和改变他们自己和他
们所处的环境而采取的主动行动。个体主动性行为包括具有预见性的建议、解决
问题、寻求变革的方法。

　　以往的研究忽视了领导对员工个体主动性的影响。最近，一些学者采用多水
平分析探索领导与员工主动性之间的关系。将变革型领导区分为组织水平和群体
水平，通过对澳大利亚公共部门的 196 名员工进行研究发现，变革型团队领导者
可以通过提升员工对主动应对变革的信心来激发主动性行为；变革型的组织领导
者会通过提升员工对组织的承诺来增强个体主动性。通过对加拿大企业的 60 个工
作团队的 203 个成员进行取样研究，结果发现关注个体的领导行为对员工个体主
动性起到积极的影响（$\beta=0.15$，$p<0.05$）。

　　基于扎根理论分析研究，发现女性创业型领导行为在多个水平影响员工个体
主动性，包括聚焦员工的女性创业型领导行为（母性关怀）会激发员工对领导和
组织的感恩，表现出个体主动性行为；聚焦组织的女性创业型领导行为（变革心
智、培育创新、掌控风险、整合关系）以组织持续稳定发展作为愿景和目标，也
会激发员工认同组织的愿景与目标，导致员工表现出个体主动性行为。而且，聚
焦领导者的女性创业型领导行为（亲和感召）会影响员工自发、主动地完成工作
任务。由此，我们提出如下假设。

　　假设 5.4：聚焦员工的女性创业型领导行为（母性关怀）对员工个体主动性产
生积极影响。

　　假设 5.5：聚焦组织的女性创业型领导行为（变革心智、培育创新、掌控风险、
整合关系）对员工个体主动性产生积极影响。

　　假设 5.6：聚焦领导者的女性创业型领导行为（亲和感召）对员工个体主动性

产生积极影响。

（四）女性创业型领导与 LMX 关系

　　LMX 关系理论从领导与下属的成对关系来考察领导行为与下属产出之间的影响关系，为理解领导影响过程提供了非常重要的研究框架。LMX 关系是建立在工作职责上的正式的工作关系，被界定为领导与成员彼此之间在工作上展现出信任、忠诚、情感、贡献与责任的行为。对于 LMX 关系的评价大多采用下属成员的评价来作为领导成员关系质量的重要指标。

　　关于女性创业型领导行为与 LMX 关系之间的关系，通过回顾以往的女性领导相关研究发现，大多研究聚焦于女性领导风格与男性领导风格的差异。主张女性领导风格与男性领导风格具有显著差异的研究结论同时体现出女性创业型领导行为更加有助于建立高质量的 LMX 关系。对 1961～1987 年的关于领导风格的 162 项研究文献进行了元分析，发现女性领导表现出人际导向的民主型领导风格，更易于建立良好的领导成员关系；而男性领导表现出任务导向的专制型领导风格，会导致领导成员之间的层级距离感。之后，经过多年的研究发现，女性领导表现出高水平的社会化倾向如友好、无私、关爱他人、富有亲和力。女性表现出的领导风格为更加善于协作、关心下属、帮助下属成长，而这些领导行为会使下属与女性领导建立高质量的领导成员交换关系。基于扎根理论的分析结果证实了女性创业型领导行为，尤其是亲和感召和母性关怀，会使员工产生对女性领导的信任、忠诚及对组织的情感承诺。但是通过回顾相关文献发现，已有的研究并没有提及女性领导者与不同员工建立 LMX 关系的质量，缺乏相应的实证研究证据。而通过扎根理论研究发现，女性创业型领导行为，包括聚焦员工的女性创业型领导、聚焦组织的女性创业型领导和聚焦领导者的女性创业型领导都会影响到 LMX 关系的质量。

（五）LMX 关系与员工个体主动性

1. LMX 关系对个体主动性的效应

　　绝大多数关于 LMX 关系的研究都是基于单一水平检验个体对 LMX 关系质量的感知和个体水平的产出之间的关系，并且验证了 LMX 关系质量可以有效地预测员工的工作表现，包括任务绩效、创新工作绩效、工作满意度和组织承诺。而在已有的研究中，过于关注工作表现的结果变量，而忽视了对员工个体主动性的领导关系情境的深入研究。

　　而对于下属而言，与上级保持高质量的 LMX 关系可以获得更多的资源和强有力的支持，这种关系会使下属以更加积极的工作态度来对待工作和组织，从而有助于提高工作表现。高质量的 LMX 关系会促使员工更加关注于具有挑战性的工作任务，更加敢于承担风险，获得更多的任务相关的认知，表现出个体主动性行为。由此得出，LMX 关系会对员工个体主动性产生积极的影响。

2. LMX 关系的中介机制分析

本节研究中 LMX 关系的中介影响机制主要是指女性创业型领导行为通过女性领导者与员工建立良好的工作关系、双方的信任来调动员工个体主动性。然而，LMX 关系一部分取决于员工的能力、可靠性与人际兼容性。另外，员工的积极个性及工作的控制程度与复杂程度都会影响员工个体主动性表现。由此，LMX 关系仅是影响员工个体主动性的重要因素之一。

基于扎根理论分析的结果（杨静和王重鸣，2013），母性关怀有助于员工与领导者建立良好的 LMX 关系，从而使得员工知恩图报，从而更加积极投入工作；聚焦组织的女性创业型领导行为（变革心智、培育创新、掌控风险、整合关系）有助于员工在组织不断稳定发展过程中与领导者保持良好的 LMX 关系，更加认同与组织一同发展，从而激发员工个体主动性；女性创业领导者通过展示鲜明个性魅力与性别优势——亲和感召，会增进与员工之间的情感，从而促进工作关系，有助于提高员工个体主动性，另外，女性创业领导者所表现出的乐观、坚韧令员工对女性领导产生钦佩，有助于增强员工对女性创业领导者的认同，从而表现出愿意出谋划策、改进工作方式及共同承担责任。基于文献归纳推理和扎根理论的研究结论，提出如下假设。

假设 5.7：聚焦员工的女性创业型领导行为（母性关怀）通过下属的 LMX 关系质量感知对员工个体主动性产生部分中介作用。

假设 5.8：聚焦组织的女性创业型领导行为（变革心智、培育创新、掌控风险、整合关系）通过下属的 LMX 关系质量感知对员工个体主动性产生部分中介作用。

假设 5.9：聚焦领导者的女性创业型领导行为（亲和感召）通过下属的 LMX 关系质量感知对员工个体主动性产生部分中介作用。

二、实证检验的方法与主要结果

（一）问卷调查的取样安排与分析

1. 取样方法

为了有效避免同源数据偏差以确保研究的效度，本节采取多源数据多阶段取样来验证假设。通过从浙江省、山东省等的 7 家省级、市级妇女联合会所主管的女企业家协会获取了 500 家女性自主创业和经营企业的名单，由当地的妇女联合会组织协助配合动员她们参与本次调研。数据采集通过问卷邮寄、电子邮件与现场调研相结合的手段，分 2 次进行成套问卷的发放与回收，每个地市成套问卷发放与回收历时 2 个月，每次发放问卷确保半个月之内收回。在时间 1，女性企业家和创业者完成对女性创业型领导行为的评价及填写关于女性企业家的个人信息（年龄、教育背景、工作经历、创业年限等）和组织信息（员工规模、所属行业等）；同时，由女性创业组织的 1～2 名管理者及 2～3 名员工来评价领导行为和填写个人相关信息（年龄、性别、教育背景、工作年限等）。在时间 2（1.5 个月之后），由 2～3 名员工完成 LMX 关系问卷，同时完成个体主动性的自我评价。本次调研共回收问卷 245 套，有效问卷 152 套，占所发放问卷的比例为 30.40%。其中，女企业家版问卷 152 份，管理者版问卷 280 份，员工版问卷 382 份。

2. 问卷调查的测量变量

1）女性创业型领导行为

我们运用扎根理论分析开发的女性创业型领导行为量表，由 6 个维度变革心智、培育创新、掌控风险、整合关系、亲和感召和母性关怀构成，共包含 29 个条目。聚焦组织的女性创业型领导，采用变革心智、培育创新、掌控风险和整合关系 4 个维度，共 17 个条目；亲和感召作为聚焦领导者的女性创业型领导行为的变量，是比员工个体更高水平的影响变量，共 5 个条目；聚焦员工的女性创业型领导，采用员工评价的母性关怀维度的数据，即母性关怀感知，共 7 个条目。其中，聚焦组织的女性创业型领导和聚焦领导者的女性创业型领导行为的数据，需要将女性创业领导者、管理者及员工对女性创业型领导行为的评价聚合到群体水平。通过计算，聚焦组织的女性创业型领导行为的群体间变异信度的 ICC_1 为 0.49，ICC_2 为 0.99。聚焦领导者的女性创业型领导行为的 ICC_1 为 0.42，ICC_2 为 0.99，达到聚合标准。依据 Klein 和 Kozlowski（2000）的标准，ICC_1 和 ICC_2 均达到聚合标准，判定个体数据可以整合到群体水平。

2）LMX 关系质量

采用 Graen 和 Uhl-Bien（1995）编制的 7 个条目的量表，该量表被 LMX 关系研究广泛采用。量表所包括的条目包括："我与领导在工作中配合默契""领导非常了解我在工作中的问题和需求"等。采用利克特五分量表，其中，1 代表完全不符合，5 代表完全符合。

3）员工个体主动性

结合扎根理论研究发现的最具有代表性的员工主动性行为表现有以下几项："为完成企业目标，我主动付出额外努力"、"我会竭尽全力完成具有挑战性的工作目标"、"面对企业出现的问题，我敢于提出改进建议"、"我会尝试各种办法和策略解决管理中的问题"和"我敢于承担工作的责任"。本节研究将这 5 个行为条目作为评价员工主动性的指标，由员工进行自我评价。采用利克特五分量表，其中，1 代表完全不符合，5 代表完全符合。

4）控制变量

在员工个体水平，将员工的性别、年龄、教育程度及工作年限作为控制变量，并进入回归分析；在组织水平上，将企业的创业年限及企业规模作为控制变量。

（二）研究的统计分析与主要结果

1. 问卷数据的描述性分析

表 5.10 显示了聚焦员工个体的女性创业型领导行为、聚焦组织的女性创业型领导行为及相关研究变量的描述统计与相关关系的结果。其中，聚焦员工的女性创业型领导行为与 LMX 关系质量感知、员工个体主动性显著正相关。在个体水平，将员工的年龄、教育程度及工作年限作为控制变量来检验假设。

表 5.10　描述性统计量与相关分析

	变量	均值	标准差	1	2	3	4	5	6	7	8	9	10
个体水平（样本数=381）	1 年龄	1.58	0.74	1.00									
	2 教育程度	2.70	0.91	−0.09	1.00								
	3 工作年限	4.62	3.75	0.57**	−0.02	1.00							
	4 聚焦员工的女性创业型领导行为	4.08	0.68	−0.21**	0.11*	−0.12*	1.00						
	5 LMX 关系质量感知	4.10	0.69	−0.20**	0.13**	−0.09	0.93**	1.00					
	6 员工个体主动性	3.90	0.71	−0.08	0.11*	−0.03	0.57**	0.54**	1.00				
组织水平（样本数=152）	7 创业年限	3.60	0.82	0.03	−0.04	0.19**	0.11*	0.16**	0.20**	1.00			
	8 企业规模	3.88	1.41	0.05	−0.08	0.18**	0.07	0.10	0.12*	0.40**	1.00		
	9 聚焦组织的女性创业型领导行为	3.97	0.47	−0.18**	0.30**	−0.10	0.61**	0.64**	0.51**	0.16**	0.20**	1.00	
	10 聚焦领导者的女性创业型领导行为	4.25	0.45	−0.18**	0.22**	−0.08	0.61**	0.64**	0.45**	0.24**	0.17**	0.83**	1.00

*表示 $p<0.05$，**表示 $p<0.01$

聚焦组织的女性创业型领导行为（变革心智、培育创新、掌控风险、整合关系）与 LMX 关系质量感知、员工个体主动性均呈显著正相关。另外，聚焦领导者的女性创业型领导行为（亲和感召）在组织水平，与 LMX 关系质量感知、员工个体主动性均呈显著正相关。在组织水平，将创业年限、企业规模作为控制变量来检验假设。

2. 直接影响检验：多水平分析

基于多水平分析的女性创业型领导行为对员工个体主动性的直接影响，通过 HLM 的结果显示（表 5.11）：在个体水平，聚焦员工的女性创业型领导行为（母性关怀）对员工个体主动性具有显著的积极影响（$\beta=0.54^{**}$，见表 5.11 中 M4）。因此，研究结果支持假设 5.4。

表 5.11　基于多水平分析的女性创业型领导行为对员工个体主动性的影响过程机制：LMX 中介检验

变量			LMX			员工个体主动性					
			M1	M2	M3	M4	M5	M6	M7	M8	M9
个体水平	控制变量	截距	−0.09	0.01	−0.16	0.11	0.11	0.21	0.24	0.09	0.13
		性别	−0.06	0.06	0.11	−0.03	−0.03	0.02	−0.01	0.06	0.02
		年龄	0.01	−0.10	−0.09	0.07	0.07	0.03	0.01	0.03	0.07
		教育程度	0.03	−0.03	0.02	−0.05	−0.05	−0.12*	−0.11**	−0.07	−0.08
		工作年限	0.01	0.03	0.02	−0.01	−0.01	0.00	−0.01	−0.00	−0.01
	自变量	聚焦员工的女性创业型领导行为	0.86**			0.54**	0.55**				
		LMX 关系质量感知					−0.01		0.50**		0.50**
组织水平		聚焦组织的女性创业型领导行为		0.66**				0.55**	0.55**		
		聚焦领导者的女性创业型领导行为			0.63**					0.48**	0.48**
R_1^2			0.17			0.08	0.08				
R_2^2				0.02	0.02			0.01	0.09	0.01	0.07

注：表中的回归系数是非标准化回归系数；依据 Snijders 和 Bosker（1999）利用预测误差的方法来计算多层自变量对因变量的解释变异度 R_1^2 和 R_2^2

*表示 $p<0.05$，**表示 $p<0.01$

从跨水平分析，聚焦组织的女性创业型领导行为（变革心智、培育创新、掌控风险、整合关系）对员工个体主动性起到积极的影响（$\gamma=0.55^{**}$，见表 5.11 中 M6）。

研究结果支持假设 5.5。

另外，聚焦领导者的女性创业型领导行为（亲和感召）对员工个体主动性起到积极的影响（γ=0.48**，见表 5.11 中 M8）。研究结果支持假设 5.6。

3. LMX 中介效应的多水平分析

假设 5.7 提出聚焦员工的女性创业型领导行为（母性关怀）通过下属感知的 LMX 关系质量对员工个体主动性产生部分中介作用。依据 Baron 与 Kenny（1986）和 Mathieu 与 Taylor（2007）的中介检验程序，通过采用 HLM 分析来验证研究假设。在员工个体水平，聚焦员工的女性创业型领导行为（母性关怀感知）对员工个性主动性产生积极的影响（β=0.54**，见表 5.11 中 M4）；另外，聚焦员工的女性创业型领导行为（母性关怀）对 LMX 关系质量感知产生显著的积极影响（β=0.86**，见表 5.11 中 M1）；同时，聚焦员工的女性创业型领导行为（母性关怀）为对员工的个性主动性（β=0.55**，见表 5.11 中 M5）产生积极影响，而 LMX 关系质量感知对员工的个性主动性（β=-0.01，见表 5.11 中 M5）的影响关系不显著。不支持假设 5.7。

假设 5.8 提出聚焦组织的女性创业型领导行为（变革心智、培育创新、掌控风险、整合关系）通过下属的 LMX 关系质量感知对员工个体主动性产生部分中介作用。从组织水平分析，聚焦组织的女性创业型领导行为（简称聚焦组织的女性创业型领导）对员工个体主动性产生积极的影响（γ=0.55**，见表 5.11 中 M6）；另外，聚焦组织的女性创业型领导行为对 LMX 关系质量感知产生显著的积极影响（γ=0.66**，见表 5.11 中 M2）；同时，聚焦组织的女性创业型领导行为对员工个体主动性（γ=0.55**，见表 5.11 中 M7）和 LMX 关系质量感知对员工个体主动性（γ=0.50**，见表 5.11 中 M7）均产生显著的积极影响。研究结果支持假设 5.8。

假设 5.9 提出聚焦领导者的女性创业型领导行为（亲和感召）通过下属的 LMX 关系质量感知对员工个体主动性产生部分中介作用。从跨水平分析，聚焦领导者的女性创业型领导行为对员工个体主动性产生积极的影响（γ=0.48**，见表 5.11 中 M8）；另外，聚焦领导者的女性创业型领导行为对 LMX 关系质量产生显著的积极影响（γ=0.63**，见表 5.11 中 M3）；同时，聚焦领导者的女性创业型领导行为对员工个体主动性（γ=0.48**，见表 5.11 中 M9）和 LMX 关系质量感知对员工个体主动性（γ=0.50**，见表 5.11 中 M9）均产生显著的积极影响。研究结果支持假设 5.9。

（三）研究的理论意义与应用价值

1. 本节研究的主要理论贡献

本节研究的重要理论贡献是整合了创业型领导、女性领导、LMX 关系和个体主动性的相关文献，从多水平分析视角建构了女性创业型领导行为影响员工个体主动性的影响过程模型，并提供了实证研究依据，丰富和发展了创业型领导和女性领导的理论。本节响应了对女性创业型领导研究应该采用多水平研究的提议。本节研究发现，在个体水平上，聚焦员工的女性创业型领导行为直接对员工个体主动性起到积极的影响，并不通过 LMX 关系质量感知产生中介影响；在组织水平上，聚焦组织的女性创业型领导行为和聚焦领导者的女性创业型领导行为跨水平直接对员工个体主动性产生积极的影响；另外，聚焦组织的女性创业型领导行为和聚焦领导者的女性创业型领导行为通过 LMX 关系质量感知对员工个体主动性起到部分中介作用。这个研究结果支持了以下论断：领导行为在不同水平上产生的影响机制可能是不同的。同时，本节研究也丰富了 LMX 关系的理论研究和个体主动性的理论研究，通过实证研究检验了领导情境对员工个体主动性的影响机制，特别是变革情境下女性创业者可以通过建立良好的 LMX 关系来调动员工个体主动性。

2. 本节研究的管理启示

本节研究对于在变革情境下女性创业者和企业家如何激发员工个体主动性具有重要启示。

（1）女性创业者和企业家对员工表现出母性关怀，会导致员工知恩图报，从而更加积极投入工作。

（2）女性创业者和企业家通过向员工展示组织发展的美好愿景和对把握市场机会的信心，鼓励员工创新，会有助于与员工建立良好的 LMX 关系，有助于员工更加认同组织目标，情愿与组织一同发展，从而有助于调动员工个体主动性。

（3）女性创业者的平易近人会增进领导与员工之间的情感，从而促进发展良好的 LMX 关系，有助于提高员工个体主动性。

（4）女性创业者所表现出的乐观、坚韧令员工对女性领导产生钦佩，会增强员工对女性创业领导者的认同，激发员工的个体主动行为。

3. 研究的进一步展望

本节研究采用多源取样多阶段收集数据的研究程序来避免同源偏差。为了保证研究实施的可行性，员工样本是由女企业家或其企业的人事主管来挑选，在与领导关系一般的员工在评价领导行为时也有可能产生社会称许效应。对于员工个体主动性的测量，为了提高问卷回收质量采取了员工自评，可以增加领导评价来避免员工自我评价所产生的自我服务偏差效应，提高研究数据的有效性。

本节研究基于多水平视角检验女性创业型领导对员工个体主动性的影响过程机制。研究结果对于在变革情境下，女性创业者和企业家开发自我创业型领导行为从而调动员工个体主动性具有重要的价值。

第六章 基于系统柔性的知识产权创业论

第一节 组织系统的流程柔性与组织柔性

一、柔性化组织系统创新与知识产权

（一）组织柔性特征与知识产权创业

为了应对复杂多变市场环境和消费者新的需求等挑战，ERP 系统、客户关系管理（customer relation management，CRM）系统和供应链管理（supply chain management，SCM）系统等企业系统必须提高其自身柔性。企业系统在优化其技术、管理和业务模式等方面，积累了丰富而多样的理论和实证成果。有关企业系统与组织柔性之间的关系研究发现，企业系统对组织柔性有积极的影响。以往在组织层面或流程层面对组织柔性进行的研究证明，CRM 这样的企业系统可以使组织灵活地组装资源以创建快速有效的响应。企业系统在流程层面阻碍了柔性，因为标准流程导致成本提高。因此，我们提出，当考察企业系统对企业柔性的影响时，需要区分流程与组织柔性之间的差异，而企业系统可能会不同程度地影响流程和组织柔性。以往研究把柔性分成三层次结构——组成层面、系统层面和总体层面，阐述不同类型的柔性；把制造柔性分为五个层次结构：单个资源层面、车间层面、企业组织层面、功能层面和业务单元层面。

为了进一步理解企业系统对柔性的影响，Qu 等（2014）的研究提出一个将企业系统与企业柔性相联系的理论模型，认为企业系统对企业的流程柔性有负面影响，但它们对组织的柔性有积极影响。此外，我们还提出企业系统对流程柔性和组织柔性的影响可以通过行业时钟速度（行业变化的速度）来调节。

（二）以往研究的进展与研究框架

随着企业系统日益普及，信息系统研究对企业系统与企业柔性之间的关系进行了大量实证分析。研究围绕企业系统对柔性的积极影响，通过以下 4 种选择来实现组织响应能力：现有未使用的功能、全球一致的综合数据、市场上可用的"附加"系统及供应商提供的"补丁"。通过详细研究 15 家企业发现，通过上述 4 种方法，可以有效解决企业系统面临的 92%的组织柔性挑战。同样，企业可以利用企业系统的力量，通过不断构建企业系统启用的响应能力来提高其柔性。根据理论论证和案例，有研究建议，组织可以通过 3 种方式实现其企业系统的柔性。

（1）通过开发企业系统来实现组织能力。

（2）通过利用企业系统的能力来建立感知和响应过程。

（3）通过调节企业系统支持和响应流程来提升其柔性。

企业系统供应商提供的业务流程和标准流程之间缺乏适应性及其带来的复杂性降低了系统的柔性。有研究假设，通过强调数据集成和过程自动化，企业系统可能会引入刚性和意想不到的变革障碍，因为涉及技术的变化既极其复杂又不确定。也有研究提出，企业系统和柔性之间的关系取决于具体情况。通过对一家特定企业进行的 10 年研究发现，其快速响应能力取决于集成和标准化的特点。相关的概念模型中，战略柔性被分解为 5 个子维度，如操作柔性和人力资本柔性，并认为企业系统对 5 个子维度柔性的影响是不同的。

对组织层面的柔性（组织柔性）和侧重于流程层面的柔性（流程柔性）研究都取得了进展。研究表明，"客户关系管理"等企业系统可以使企业在组织层面灵活地组装资源。有关企业如何利用企业系统来提高组织层面的组织感知和响应能力的研究提出，为了真正理解企业系统如何影响柔性，应该区分不同级别的柔性，即层次结构间应该存在柔性，可以根据系统的组成部分（组成层面）或整个系统（系统层面）估计柔性程度。

为此，本节研究区分企业的流程柔性（组件级别）和组织柔性（系统级别），并研究企业系统如何以不同方式影响流程柔性和组织柔性。此外，我们还调查了不同行业工业时钟速度下企业系统对流程柔性和组织柔性的影响是否会有所不同。

（三）系统柔性的理论模型与要素

本节提出，企业系统对流程柔性有负面影响。企业系统的实施需要业务流程的标准化和集成。标准化业务流程以适应企业系统会限制流程本身的柔性，这是因为随着企业系统的实施，这些业务流程的后续更改将变得昂贵。此外，如果流程针对特定位置进行设计，则执行企业级标准化流程将大大限制流程柔性。通过整合业务流程，企业系统将互依性关系转换为顺序性关系，这使得业务流程的调节更加困难，从而抑制了流程的柔性。一个部门的工作人员不能自行"前进"，而必须与其他相关部门同步。例如，对于企业系统，由于企业系统需要全套数据，如果组件的编号尚未输入数据库中，则不能发出采购订单。因此，研究表明，企业系统可能会对流程柔性产生负面影响，业务流程中的紧密集成使流程变化变得复杂和昂贵。

企业系统的实施可能以另一种方式实现组织的流程柔性。这是因为流程柔性不仅涉及对现有流程的修改，还涉及新业务流程的创建。企业系统的实施有助于创建新的业务流程。研究建议，企业可以使用已经内置到企业系统软件包中的功能。当今流行的企业系统通常包含企业所需的大多数功能，因此企业很可能会在企业系统中找到其所需的功能。企业还可以利用企业系统提供的一致集成数据，凭借这种全面和一致的数据，企业可以开发新的业务流程，从而降低成本或为客户创造价值。此外，企业可以通过使用市场上现有的可与现有企业系统接口的"附加"系统开发新的业务流程，并使用供应商提供的"补丁"更新企业系统。

1. 企业系统对流程柔性的效应

虽然企业系统可能在创建新的业务流程中发挥促进作用，但我们认为企业系统对流程柔性的整体影响可能是负面的。这是因为企业通常需要保持大多数业务流程的稳定性，以保持其日常运营。换句话说，流程的柔性主要取决于大多数稳定的现有业务流程，而不是一些新的业务流程。关于现有业务流程的柔性，企业系统通常会产生负面影响。因此，我们提出以下假设。

假设 6.1：企业系统对流程柔性有负面影响。

2. 工业时钟速度对企业系统与流程柔性的影响

企业系统对创建新业务流程的支持作用可能在企业需要创建高水平新流程的某些情况下变得重要。例如，在企业需要持续创造新流程以应对快速市场变化的环境中，企业系统对新流程创建的支持作用可能被证明是非常重要的。因此，环境可能会降低企业系统对新流程创建的影响，从而影响流程的柔性。

这种关键的环境因素就是工业时钟速度，指业务环境中内生行业变化的速度，涉及反映新产品开发速度的产品时钟速度和表示工业技术在行业中所取代速率的处理时钟速度。虽然快速时钟行业通常涉及技术和产品的快速变化，但慢速产业的特点是产品生命周期较长且技术稳定。因此，化妆品和半导体等快速时钟行业及石化和钢铁等时钟速度较慢的行业需要不同的产品和工艺设计。

　　研究表明，在具有快速工业时钟速度的行业中，企业通常具有更短的开发周期和更短的产品重新设计时间。考虑到工业时钟速度需要企业的新产品开发活动和其他内部操作，这些行业的企业更有可能开发新流程来应对快速变化。相反，以低速时钟为特征的行业通常拥有稳定的技术和市场。这些行业的企业可能不需要开发许多新的业务流程。如上所述，企业系统在创建企业的新业务流程方面发挥促进作用，因为这些系统为企业的新流程创造提供了各种选择。因此，随着工业时钟速度的激增，企业系统对新流程创建及流程柔性的积极影响变得越来越重要。

　　假设 6.2：工业时钟速度正向调节企业系统和流程柔性之间的关系。

3. 企业系统与组织柔性的关系

　　在组织柔性方面，企业系统可以发挥促进作用。产品和组织设计中的模块化研究为企业系统对组织柔性的影响提供了一定的解释。在处理复杂系统的许多领域模块化是一个十分有用的概念。模块化的一个关键特征是组件接口的标准化。通过标准化界面，组件成为更大系统中的单元，虽然在结构上彼此独立，但是一起工作。模块化使得整个系统允许结构的独立性和功能的整合。研究表明，模块化产品和流程体系结构是面向动态商业环境的企业提高其柔性的基础。模块化通过以不同方式重新组合其系统，从而在系统内实现更大的柔性。

　　在这项研究中，我们关注业务流程中的模块化。通常，模块化流程架构可以通过三种方式给系统赋予柔性。首先，模块化的标准化流程可以大大减少实现适应性变更和降低管理成本所需的管理资源。其次，模块化流程架构通过重组业务流程来提高组织的创新能力。最后，模块化流程架构的创建提供了一种协调松散耦合流程的分布式网络的方法，从而提高了组织的柔性。

　　流程模块化的关键指标是工作流程和数据的标准化。企业系统是由标准化流程和数据组成的系统。在企业系统中，这些标准化流程是模块，必要时可以通过标准化接口（即企业系统数据库）将它们重新组合。此外，如上所述，企业系统还可以创建新的业务流程，可以与现有流程重新组合，以有效解决不断变化的业务需求。例如，新创建的流程通常结合现有流程来应对柔性挑战。因此，由标准化流程和数据组成的企业系统对企业的组织柔性产生积极影响。这与一些学者的论点是一致的，尽管企业系统可能由多个不灵活的子系统组成，但企业系统仍然可以提供高度的柔性。从模块化的角度来看，我们可以期望通过标准化的数据接口，可以使企业系统中的标准化流程和支持企业系统的新流程快速重组，从而使企业能够有效地适应不断变化的情况。因此，企业系统使组织具有柔性。

假设 6.3：企业系统对组织柔性有正向影响。

4. 工业时钟速度对企业系统与组织柔性的影响

以往研究表明，快速时速行业的企业更有可能需要应对快速变化，并可能需要在策略和组织方面进行更多的适应。这是因为快速时钟行业的特点是技术和市场的频繁变化，为了配合外部技术和市场环境的变化，企业经常需要调节其策略和组织。

为了应对这一挑战，企业可以利用企业系统中内置的高级功能，通过一系列选项（如未使用的功能和集成数据）来提高组织的柔性。如上所述，通过采用企业系统提供的先进功能及其现有的业务流程作为组织适应的模块，具有企业系统的企业可以灵活应对环境变化。因此，企业系统在促进组织柔性方面的作用在快速时钟行业中更为重要。因此，我们提出以下假设。

假设 6.4：工业时钟速度正向调节企业系统和组织柔性之间的关系。

5. 流程柔性与企业绩效的关系

流程柔性通常被认为对企业有利，因为它允许重新设计现有工艺或创建新工艺作为对动态市场条件的快速响应，并有助于提高性能。通过快速响应市场环境的变化，具有灵活流程的企业可以主动处理市场需求和供应链，留住现有客户，获得潜在客户并增加收入。例如，灵活的供应链流程允许在不同的工厂、分销商和供应商之间转移生产。因此，管理人员可以有效处理内部和外部的变化，从而产生竞争优势。为此，我们提出以下假设。

假设 6.5：流程柔性对企业绩效有正向影响。

6. 组织柔性与企业绩效的关系

组织柔性被视为与企业长期成功相关的关键组织能力。根据案例研究，组织柔性提高了企业应对变化环境的能力，并对其绩效产生强烈的积极影响。组织柔性可以提高生产过程的效率，提高企业竞争力，从而提高企业绩效。快速响应动态变化的能力可以通过扩大企业的竞争活动和其对环境变化的可行响应来提升绩效。根据实物期权的观点，积极响应的能力为企业在控制风险和不确定性方面提供了可能性。具有组织柔性（如管理技术和组织结构）的企业可以利用这些选择获得长期利益。因此，我们提出以下假设。

假设 6.6：组织柔性对企业绩效有正向影响。

二、设计方法与测量技术

（一）数据来源与分析方法

本节研究使用的数据来源于电子商务观察（www.ebusiness-watch.org）。欧盟委员会创建并管理电子商务观察计划，该计划通过代表性调查收集与企业中信息和通信技术及电子商务有关的数据。2007 年电子商务观察调查包括以下制造业部门：化学品、钢铁和家具。本节使用基于对美国企业调查的电子商务观察数据，即来自 3 个行业的 300 家企业就其电子商务使用情况的访谈数据。

采用计算机辅助电话采访方式，通过电话与信息技术决策者进行访谈，最终样本包含 205 家企业。所抽取的样本来自各部门人口的随机样本，目的是在业务规模方面达到分层。电子商务观察调查数据的质量得到了研究人员的认可，并且这些数据已经用于以往研究。

（二）测量方法与实施

1. 电子商务观察调查

企业系统是根据电子商务观察调查中的以下问题衡量的："贵企业是否使用以下任何电子商务软件包？ERP 系统、SCM 系统、CRM 系统。"受访者根据其所属企业选择"是"（1）、"否"（0）或"不知道"（作为缺失值）。ERP 系统、SCM 系统和 CRM 系统是当代企业最常用的三种企业系统。

根据反映企业对环境变化迅速做出反应的以下问题来衡量组织的柔性："在过去的 12 个月中，贵企业是否已经引入了以下任何重大变革？企业战略、管理技术、组织结构或其他变革受访者。"受访者对每个问题选择"是"（1）、"否"（0）或"不知道"（作为缺失值）。这些措施遵循组织柔性的传统定义（即组织可以轻松改变），并且与先前关于组织柔性的研究一致，该研究突出了组织结构、策略和技术变革的易用性。

2. 流程柔性、企业绩效和工业时钟速度

根据参与企业对电子商务观察调查中的以下问题的回应得出了流程柔性："在过去的 12 个月中，贵企业是否引入了任何新的或显著改进的内部流程，如生产或供应商品或服务？"受访者根据自己的具体情况选择"是"（1）、"否"（0）或"不知道"（作为缺失值）。这项措施与以前关于工艺变更的流程柔性研究一致。

企业绩效是根据以下问题来衡量的："在过去的 12 个月中，贵企业在这个市场的份额是否增加、减少或保持不变？贵企业的客户数量在上一财年与之前的比较中是否增加、减少或保持不变？"受访者选择"增加"（1）、"减少"（-1）或"保持大致相同"（0）。在以前对企业绩效的研究中也采用了类似的措施。

工业时钟速度是根据以下两个问题衡量的："生产技术在我们的市场中快速变化吗？产品和服务在我们的市场中是否会迅速过时？"再次，受访者选择"是"（1）、"否"（0）或"不知道"（作为缺失值）。这些测量与以前的研究相似。

使用克龙巴赫 α 系数来检查测量的信度。由于测量项目是序数或二分法，我们使用多边相关矩阵来计算克龙巴赫 α 系数，以免皮尔逊相关矩阵经常。之后，我们获得了企业系统指标、组织柔性、企业绩效和工业时钟速度的内部一致性信度，分别为 0.814、0.925、0.821 和 0.702。这表明测量信度是可以接受的。

3. 研究数据的统计分析方法

经过前期研究，进行因素分析以评估结构效度。企业系统的测量项目、组织柔性、企业绩效和工业时钟速度被用作因子分析的输入。我们使用多边相关矩阵作为因素分析的输入，结果表明有 4 个因素（特征值>1）。基于方差最大法旋转的分析中，因子载荷显示，所有测量题项的负荷均高于 0.70，这表明其具有良好的聚合效度。同时，测量题项与所有其他因素的相关性较弱，表明我们测量的区分效度。

为了简化数据分析，我们对所有关键结构采用了总量表。也就是说，企业系统的价值是以采用的企业系统（即 ERP、SCM 和 CRM）的数量来计算的，范围为 0~3。组织柔性值被设置为其 4 个测量题项得分的总和，范围为 0~4。同样，工业时钟速度和企业表现的值也被设置为它们相应的测量项目的总和，范围分别为 0~2 和-2~2。主要变量的平均统计量和相关矩阵显示，企业系统与流程柔性和组织柔性显著相关。另外，流程柔性与组织柔性都和企业绩效显著相关。

在进行分析时，我们控制了企业规模、行业、创新导向和市场竞争的影响，因为这些因素可能会影响企业的流程柔性、组织柔性和企业绩效。企业规模根据员工人数进行计量，按雇员人数分为 4 类：小（10~49 人）、中（50~249 人）、大（250~999 人）和超大（>1000 人）。我们在分析中使用了 3 个虚拟变量作为企业规模，并使用 2 个虚拟变量来控制工业部门（化学品、钢铁和家具）的影响。根据电子商务观察调查中的一个问题衡量企业的创新导向："贵企业是否在上一年推出了任何新的或实质性改进的产品或服务？"最后，企业面临的市场竞争是根据以下 2 个题项加以衡量："你是否同意你的市场地位受到新进入者的威胁？"和"你是否同意市场竞争越来越激烈？"另外，我们还研究了企业系统对企业绩效的直接影响。

三、本节研究的主要结果与意义

（一）相关假设的验证与分析

使用 SmartPLS 2.0 来评估我们的模型、发现企业系统和流程柔性之间的关系并不显著（$\beta=0.01$，$p>0.1$），这不支持假设 6.1。结果表明企业系统对流程柔性的整体影响尚不明确。另外，我们发现随着工业时钟速度的增加，企业系统对流程柔性的影响变得正向显著。结果表明，企业系统和工业时钟速度的交互影响对流程柔性有积极影响（$\beta=0.26$，$p<0.05$），因此支持假设 6.2。

对于组织柔性，我们发现企业系统与组织柔性正相关（$\beta=0.22$，$p<0.05$），因此支持假设 6.3（即分析结果证实企业系统令组织具有柔性）。然而，假设 6.4 的检验表明，企业系统对组织柔性的正面影响在快速工业时钟行业中变得更强，因为企业系统和工业时钟速度之间的交互作用对组织柔性没有显著影响（$\beta=-0.03$，$p>0.1$）。关于流程灵活性对企业绩效的影响，我们发现两者之间存在正相关关系（$\beta=0.16$，$p<0.05$），这支持了假设 6.5；然而，组织柔性与企业绩效之间的关系并不显著（$\beta=-0.01$，$p>0.1$），这与假设 6.6 不一致。结果表明，虽然流程柔性直接影响企业绩效，但组织柔性对企业绩效不明。

关于控制变量，结果表明，企业规模和行业类型对流程柔性、组织柔性和企业绩效仅有边际效应，因为这些虚拟控制变量都没有显著影响。然而，企业的创新导向对流程柔性（$\beta=0.19$，$p<0.01$）和组织柔性（$\beta=0.23$，$p<0.01$）有积极影响，尽管它对企业绩效的影响并不显著。企业所面临的市场竞争对组织的柔性有积极影响（$\beta=0.25$，$p<0.01$），但其对流程柔性和企业绩效的影响并不显著。最后，企业系统对企业绩效的直接影响并不显著。

（二）系统柔性的特征与动力机制

1. 研究结果的理论进展与意义

近年来，信息系统学者和从业者由于企业系统在经济效益、实时信息、标准化和整合方面的优势而对其越来越感兴趣。虽然已经进行了很多研究来调查企业系统对柔性的影响，但迄今为止尚未建立一致的调查结果。为了解决这一研究差距，我们的研究区分了组织和流程层面的柔性，并且表明企业系统对它们的影响可能不同。

1）企业系统对流程柔性的影响

我们的实证研究表明，企业系统对流程柔性没有显著影响，这个结果并不支持假设 6.1。实践者认为，实施企业系统就像是将一种混凝土浇灌到一家企业中。一些学者还认为企业系统可能会对流程柔性产生负面影响。然而，我们的结果并未显示企业系统对流程柔性有负面影响。相反，结果与这样的观点是一致的，即虽然企业系统抑制了现有流程柔性，但它们能够创建新的流程来应对环境变化。

分析还表明，随着工业时钟速度的增加，企业系统对流程柔性的影响变得越来越积极。这与我们的观点相一致：企业系统对流程柔性既有正面影响又有负面影响。当企业需要开发更多新流程来应对商业环境的动态时，这种积极影响会变得更加强烈。在具有快速工业时钟速度的行业中，企业需要通过创建创新流程来快速响应变化，这可以通过使用企业系统来实现。因此，我们发现企业系统对流程柔性的积极影响在快速时钟行业下比在慢速时钟行业中更强。

2）企业系统对组织柔性的积极影响

本节研究表明，企业系统增强组织能力以快速有效地应对变化。根据模块化理论，企业系统中嵌入的标准化流程可以使标准化流程以不同方式进行重组，从而对企业的组织柔性产生积极影响。此外，企业系统可能会丰富企业的数字选项，并帮助它们灵活应对内部和外部变化。分析结果还表明，随着行业时钟速度的增加，企业系统对组织柔性的积极影响不会变得更强。这一发现表明，企业系统提供的标准化流程/数据和其他高级功能可以促进组织总体上的柔性，而不受工业时钟速度的影响。也就是说，即使在慢速时钟行业，企业系统仍然可以提高组织柔性。

3）流程柔性与企业绩效

我们的研究结果显示，流程柔性直接提高了企业绩效，但组织柔性并没有这种效果。流程柔性与企业绩效之间的积极关系与先前研究所支持的观点相一致，流程柔性使企业能够快速响应市场变化，从而为企业价值做出贡献。然而，我们的研究结果并不支持组织柔性提高企业绩效的观点，因为它作为一个真正的选择，并且代表了一个关键的组织能力，这种不一致的一个原因可能是，柔性所带来的组织变革通常需要付出相当大的努力和资金，但其收益的效果往往需要时间。因此，使用横截面数据，我们很可能不会发现组织柔性与企业绩效之间的直接关系。另一个原因可能是组织柔性是涉及商业战略和组织结构的高层次柔性。企业战略和组织结构的创新可能不会直接导致高昂的成本。

2. 研究结果的实践应用价值

我们的研究通过调查企业系统对流程柔性和组织柔性的影响来为文献做出贡献。尽管一些研究调查了企业系统对柔性的影响，但它们的研究结果并不一致。

在一个柔性的层次结构中，企业系统对不同柔性水平的影响可能不同。为了弥补这一研究缺陷，我们的研究区分了柔性的两个层面——流程和组织，结果表明企业系统对这两个柔性水平的影响是不同的。其中值得关注的是，企业系统总体上可以增强组织柔性，但是它们对流程柔性的影响只能在快速时钟行业中观察到。我们的研究结果为以前研究中不一致的发现提供了一种可能的解释。

由于与企业系统的相关性，本节研究侧重于两个层面的柔性——流程和组织。然而，我们认为，关于高层和低层柔性之间关系的推理和研究结果也可能适用于以前研究中提到的其他柔性水平。例如，研究人员在调查信息技术如何影响个人资源和车间层面的柔性时，或者信息技术如何影响功能和业务单元层面的柔性时，可能会发现类似的现象。

结果表明，在当今充满活力的商业环境中，企业系统对企业来说越来越重要。因为这样的系统可以让企业在组织层面提高柔性，它们可以迅速改变企业战略、管理技术和组织结构，并改进产品或服务以应对不断变化的客户需求和市场需求。此外，管理人员可以依靠企业系统来提高快速工业时钟速度环境下的流程柔性。

未来的研究可能会使用纵向或面板数据重新测试我们的模型，尤其是观察企业如何随着时间的推移从企业系统中获得优势。我们用模块理论作为理论视角来理解企业系统对组织柔性的影响，未来的研究还可以综合不同的理论来研究这个问题。

当企业面临其市场和客户需求的巨大变化和不确定性时，企业系统被视为许多行业的竞争性需求。企业系统对企业在不断变化的环境中竞争能力的影响对经理人具有重要意义。虽然以前有人已经研究了企业系统对企业柔性的影响，但没有人关注不同级别的柔性。本节研究发现企业系统和柔性之间的关系部分取决于柔性的类型。我们的研究结果表明，企业系统通常在组织层面实现柔性，但它们仅在快速时钟行业中实现流程级别的柔性。

第二节　创业的知识产权策略与生态系统

一、知识产权创业与变革创新

（一）知识产权创业与创新发展

1. 知识产权创业面临的挑战

在经济全球化、数字经济与创新驱动的背景下，对知识资产的创造、拥有、保护和利用，特别是作为创业的重要策略，也成为企业获取持续竞争优势的主要来源。薛元昊和王重鸣（2014）运用组织学习理论，将35家知识产权示范企业作为案例，对企业知识产权策略开展了深度研究。这些研究表明，作为知识最主要的表达形式和法律依据，知识产权成了企业保护创新、获取利益、赢得领先地位的竞争利器，成为企业价值的重要组成部分。相关研究显示，《财富》100强企业的专利、版权、商标等无形资产占其总市值的3/4。

为了推动中国知识产权事业的发展，我国政府正式发布了《国家知识产权战略纲要》，将知识产权战略提升到国家层面并予以推进。此外，通过"中小企业知识产权战略推进工程""企业知识产权海外维权援助中心"等项目，着力提升我国企业在创业和"走出去"过程中的知识产权意识与能力。在产业整体转型升级的背景下，我国企业在知识产权方面仍然面临艰巨的挑战。

1）企业平均知识产权申请量有待进一步提升

以专利为例考察企业申请知识产权的进展情况，仅有52.7%的大企业和31.4%的中小企业申请专利。大多数企业仍然缺乏相应的意识，存在着将"创新"与"知识产权"割裂开来的模糊认识。

2）企业创新成果的转化率有待显著提高

企业创新成果的平均转化率大致为15%，许多企业虽然拥有不少知识产权，其应用的深度与广度仍有待显著加大。知识产权运用能力亟待提升。

3）企业知识产权应用的跨国协调能力有待提升

在汽车、通信设备、新能源等多个产业，国际厂商的知识产权诉讼及协调等问题制约了产业健康发展和提升。许多研究表明，企业的成功往往以富有成效的知识产权策略为基础。为了更好地应对创新和创业过程中的挑战，我国企业亟须构建适合自身发展的知识产权策略。

2. 企业知识产权创业的视角

有关知识产权创业已有不同视角的探讨，比较缺乏对中国企业变革转型和创新发展的深度分析与行动策略构建。在机制探究和实证检验方面有待深度研究。本节聚焦于创业知识产权策略的核心维度和关键特征，为相关理论研究和企业实践提供新的依据。

关于企业知识产权策略的研究主要采用以下四种视角。

1）知识产权创业的类型视角

这种视角从知识产权所包含的种类出发，提出如专利策略、商标策略等相应的管理策略和能力要求。

2）知识产权创业的过程视角

这方面的视角为从"概念提出"到"研究开发和技术获取"再到"商业化"

的三阶段创新和知识产权管理模型。在此基础上，提出了"知识产权价值链"的概念，认为企业应整合知识产权的"获取和产生""报备保护"和"利用实施"三个方面的策略和能力，还提出了"科学研究—技术创新—产品开发"的技术研发模型。

3）知识产权创业的层次视角

这类视角提出了"价值等级理论"，把企业的知识产权管理和创业策略看作由五个价值层次构成的金字塔，从下往上分别是基本防御、成本控制、利润中心、整合开发和愿景引领五个层次。每一层都代表了知识产权在企业发展过程中的特定角色和作用。

4）知识产权创业的要素视角

这种视角认为有效的知识产权管理与创业包括知识产权保护、专利和商标控制、知识产权交易、完全品牌化、支持核心研发五个方面要素，企业可以从技术、市场和产权三个方面构建知识产权策略。

总体而言，类型视角和要素视角都是在探究企业知识产权策略的外延，并未揭示其内在机制。层次视角和过程视角虽然试图揭示策略行动的机制，也提供了具有启发意义的观点和框架，急需理论基础和实证支持，以明晰知识产权策略的内涵与特征，特别是加强对中国管理实践情境的关注。

从本质上讲，知识产权策略的核心是组织知识的创造、管理、保护和运用，而组织学习机制在这一过程中扮演着至关重要的角色，是主导组织知识创业的获取、传播、表达、存储等一系列过程的核心机制。本节将以组织学习理论为基础，结合中国优秀企业的知识产权实践，进一步揭示知识产权策略的内涵。

（二）组织学习理论与知识产权创业

在组织学习理论的发展过程中，马奇（James March）开创性地提出了"探索学习-开发学习"的理论模型，揭示了组织学习的内在机制和过程，具有很好的理论借鉴意义，被当作一种研究框架应用于战略管理、组织理论、管理经济学等多个领域的研究当中。其中，探索学习主要包括组织的搜索、发现、实验、风险承担、创新等开拓性行为，主导了企业对于新知识、新机会的发现和捕捉过程；开发学习主要包括组织的优化、选择、制造、执行、实施等旨在提高组织效率、实现利益最大化的行为，主导了企业对于知识和机会的利用过程。

马奇指出，在企业的实际经营过程中，如果只注重探索而忽视了开发，那么研发、实验的成果将缺乏有效的产业化、商品化，使企业无法从探索活动中获取利益；而如果只注重开发而忽视探索，虽然在短期内可能会获得良好的绩效，但是会缺乏继续成长的动力，陷入"能力陷阱"之中。也有实证研究表明，探索和开发的交互作用对组织绩效存在显著的正向影响，且两者的差距或不平衡对组织绩效有显著的负向影响。

探索学习和开发学习在时间上并不一定是连续的，通过探索学习所获取的知识往往需要在组织内部保留许多年才能够得到运用。企业拥有尚未经过产业化开发的技术资产，平均浪费了35%的专利技术。所以，如果不能对所获知识进行有效的管理、保留与重新激活，那么组织创造的知识成果将会不断流失，先前的探索活动也会失去应有的价值。因此，转化能力的概念强调，"探索—转化—开发"的组织学习过程模型，通过企业吸收能力的研究加以验证这一模型的有效性。

（三）本节研究的基本理论框架

本节研究认为，"探索—转化—开发"的组织学习理论为研究企业的知识产权策略提供了具有启发意义且恰当的理论框架。

1）"探索"是组织学习的标志特征

在开放式创新的情境下，企业通过内部研发、技术引进、兼并收购、合作联盟等多种策略创造和获取知识产权，而这些策略的成功实施则要求企业进行技术创新、技术搜寻、风险承担等行动，这些正是"探索"学习的标志性特征。

2）"转化"是组织学习的要义所在

企业在获取知识产权后，既要通过法律途径保护和预防知识产权不受侵犯，又要通过制度、规范建设和组织结构调节，保证知识产权作为知识的"活性"和作为资产的价值能够得到员工与管理层的理解，从而为其价值的实现创造条件，而这些正是"转化"学习的要义所在。

3）"开发"是组织学习的价值实现

仅仅创造和保护知识产权并不能为企业带来效益，而只有围绕企业发展目标，通过产品生产、制造优化、产权运营等形式将知识产权融合到企业经营活动之中，才能够实现知识产权的内在价值，促进企业的成长，这一点正是开发学习的价值实现。

本节研究遵循"探索—转化—开发"的理论框架，结合先前研究成果，通过多案例的比较和分析，识别出企业知识产权策略的核心维度和关键特征。在"探索"方面重点关注案例材料中与知识产权有关的搜索、发现、实验、尝试、风险承担、创新学习等行为，并将其命名为知识产权的"获取"策略；在"转化"方面重点关注与知识产权有关的保护、运用、维权、共享、协作等行为，并将其命名为知识产权的"维护"策略；在"开发"方面重点关注与知识产权有关的优化、选择、制造、执行、实施等行为，并将其命名为知识产权的"运营"策略，见表6.1。

表 6.1　知识产权策略的组织学习框架

企业知识产权策略	行为
知识产权的获取（探索学习）	如搜索、发现、实验、尝试、风险承担、创新学习等行为
知识产权的维护（转化学习）	如保护、运用、维权、共享、协作等行为
知识产权的运营（开发学习）	如优化、选择、制造、执行、实施等行为

二、本节研究的设计与分析方法

本节采用多案例研究方法，该方法在研究新生的、未被深入理解的现象和问题方面非常合适，有很好的可靠性和概化效度。在案例的分析方法上，研究采用了内容分析技术。

（一）研究的样本和取样方法

本节研究在案例选择方面遵循理论抽样的逻辑，从两个主要途径收集中国企业在知识产权方面的最佳实践。

1. 通过各级网站采集知识产权示范信息

通过国家、省市知识产权局网站和人民网知识产权板块等采集关于知识产权示范企业的综合性案例描述。

2. 收集各类期刊的优秀知识产权案例

收集论文和发表期刊中关于优秀企业知识产权方面的综合性案例描述。本节研究对案例材料进行了筛选，剔除了内容较少和缺乏细节描述的案例，最终选择了 35 家企业作为分析样本。其中，20 家是国家级知识产权示范企业，13 家是省级知识产权示范企业，2 家是市级知识产权示范企业。在产业方面，本节将样本企业所在的产业划分为传统产业和新兴产业两类：其中传统产业 20 家，包括汽车配件、机械制造、家电制造等；新兴产业 15 家，包括生物医药、新能源、信息产业等。

（二）测量与分析方法

1. 编码框架设计

我们采用定量语义内容分析技术，以句子为最小分析单元对资料进行分析，并在此基础上进行数量化的统计归纳，以发现资料背后的模式。为确保编码的信度和效度，研究采用了较为常用的二人编码方案，运用 Nvivo 8 内容分析软件对案例材料进行编码。我们以理论框架为基础，结合调研经验对理论框架进行细化，形成了由一级编码和二级编码共同构成的编码框架。

2. 测量的信度和效度验证

本节研究采用编码者一致性系数来衡量编码的信度。在具体实施过程中，两个编码者在经过了共同的培训之后独立进行编码，之后，用每一位编码者在某个因素上编码个数的交集除以编码个数的并集，得出编码一致性系数。结果显示，编码者一致性系数都达到了 0.80 以上，信度可以接受。对于有分歧的编码，两位编码者又经过讨论对编码结果进行了调节。

在测量效度方面，遵循了常用的内容效度检验方法。所调研的企业对知识产权策略编码框架是建立在相关理论和以往研究的基础上，具有较好的理论基础。我们还邀请了 5 位领域专家对编码框架进行评价，并根据他们的意见进行了修改。编码过程严格遵循编码程序，编码人员也在正式编码开始前进行了培训和预编码。因此，我们研究中的内容分析具有较高的效度水平，见表 6.2。

表 6.2　研究所采用的编码框架

一级编码	二级编码	具体表现
获取	产权引进	通过购买、许可等手段获得其他组织技术、品牌的使用权
	创新激励	对员工的创新活动和成果给予奖励
	自主研发	自主开展的研发活动，如技术探索、创新、实验等
	合作研发	与其他组织合作开展新技术和新产品的研发活动
	兼并收购	为获取专利、技术、品牌等知识产权而兼并或收购其他组织
	信息搜集	为研发而进行技术、专利文献检索，技术和市场趋势分析等活动
维护	保护维权	通过申请、维权、诉讼等手段保护知识产权
	培养教育	通过引进、培训等手段提升员工知识产权意识与技能
	战略规划	制定知识产权战略和规划
	制度安排	制定与知识产权有关的申请、保护、维权、管理等制度
	结构支撑	为知识产权工作设立专门的部门、安排专业人员
运营	财务优化	利用知识产权申请税收减免、政府奖励等财务支持
	产品开发	通过原型设计、生产制造等活动将知识产权转化为产品
	产权经营	通过知识产权的授权、交易获取收益

续表

一级编码	二级编码	具体表现
运营	合作开发	与其他组织合作，共同推进技术应用和市场拓展
	强化影响	积极参与知识产权相关的奖项、荣誉评选，参与标准制定
其他		其他与知识产权相关的企业行为

3. 基本统计分析与结果

1）企业知识产权策略的编码

我们对编码的结果进行了频次分析（表6.3）。其中，"以编码为单位"是指某一编码在材料中出现的累计频次；而"以案例为单位"是指某一案例中是否出现了某一编码，如果出现则记为1，未出现则记为0。

表 6.3　企业知识产权策略的编码结果

一级编码	二级编码	以编码为单位			以案例为单位		
		频率/次	百分比	平均频率/次	频率/次	百分比	平均频率/次
获取	产权引进	19	6.05%	52.33	9	25.71%	16.50
	创新激励	39	12.42%		18	51.43%	
	自主研发	171	54.46%		33	94.29%	
	合作研发	30	9.55%		13	37.14%	
	兼并收购	4	1.27%		4	11.43%	
	信息搜集	51	16.24%		22	62.86%	
维护	保护维权	184	38.98%	94.40	35	100.00%	26.60
	培养教育	45	9.53%		21	60.00%	
	战略规划	54	11.44%		21	60.00%	
	制度安排	95	20.13%		25	71.43%	
	结构支撑	94	19.92%		31	88.57%	
运营	财务优化	7	3.57%	39.20	7	20.00%	14.40
	产品开发	66	33.67%		23	65.71%	
	产权经营	10	5.10%		6	17.14%	
	合作开发	10	5.10%		8	22.86%	
	强化影响	103	52.55%		28	80.00%	

注：本表中数据未经修约，可能会出现合计不等于100%的情况

以编码为单位的分析显示，知识产权获取类别的编码出现的平均频率为52.33 次。其中，自主研发出现频率最高，为 171 次，占这一类别的 54.46%（以下在括号中简单表示）；然后是信息搜集（51 次，16.24%）和创新激励（39 次，12.42%）；而产权引进、合作研发和兼并收购出现频率相对较低。知识产权维护类别的编码出现的平均频率为 94.40 次。其中，保护维权出现频率最高（184 次，38.98%）；接下来分别是制度安排（95 次，20.13%）和结构支撑（94 次，19.92%）；而培养教育和战略规划出现的频率相对较低。知识产权运营类别的编码出现的平均频率为 39.20 次。其中，强化影响出现频率最高（103 次，52.55%）；接下来是产品开发（66 次，33.67%）；而财务优化、产权经营和合作开发出现的频率相对较低。以案例为单位的统计结果也显现出类似结论，因此，编码过程中出现的其他类别均经过编码人员的商讨归入已有类别当中。

2）基于卡方检验的差异分析

进一步的卡方检验结果显示，获取、维护和运营三个一级编码的累计频次存在显著差异（表 6.4）。不论是以编码为单位还是以案例为单位进行比较，维护的累计频次显著高于获取的累计频次和运营的累计频次，获取的累计频次也显著高于运营的累计频次。

表 6.4　整体编码结果的卡方检验

策略编码		以编码为单位	以案例为单位
获取/维护	累计频次	314/472	99/133
	χ^2	31.76**	4.98*
获取/运营	累计频次	314/169	99/72
	χ^2	43.53**	4.26*
维护/运营	累计频次	472/169	72/133
	χ^2	143.23**	18.15**

*表示 $p<0.05$，**表示 $p<0.01$

基于知识产权示范级别和产业类型的卡方检验发现，从整体上看国家级知识产权示范企业在"获取"、"维护"和"运营"三个一级编码上的累计频次均显著高于省市级知识产权示范企业，而新兴产业与传统产业在以上编码的累计频次则没有显著差异，见表 6.5。

表 6.5 基于知识产权示范级别和产业类型的卡方检验（以编码为单位）

一级编码	二级编码	示范级别			产业类型		
		国家（20）	省市（15）	卡方检验	传统（20）	新兴（15）	卡方检验
获取	产权引进	14	5	2.16	12	7	0.29
	创新激励	27	12	2.38	22	17	0.01
	自主研发	109	62	3.17*	98	73	0.01
	合作研发	21	9	2.07	17	13	0.00
	兼并收购	3	1	0.53	3	1	0.53
	信息搜集	34	17	1.94	27	24	0.34
	合计	208	106	10.94**	179	135	0.00
维护	保护维权	107	77	0.10	119	65	4.42*
	培养教育	30	15	1.72	23	22	0.64
	战略规划	37	17	2.92*	21	33	7.23**
	制度安排	67	28	7.09**	54	41	0.00
	结构支撑	63	31	3.85*	54	40	0.01
	合计	304	168	10.57**	271	201	0.03
运营	财务优化	6	1	2.36	3	4	0.57
	产品开发	42	24	1.18	39	27	0.12
	产权经营	6	4	0.04	8	2	2.16
	合作开发	7	3	0.69	5	5	0.20
	强化影响	66	37	2.11	62	41	0.43
	合计	127	69	4.86*	117	79	0.58

注：括号内为企业数
*表示 $p < 0.05$，**表示 $p < 0.01$

　　具体到二级编码上，国家级知识产权示范企业与省市级知识产权示范企业在知识产权的制度安排和结构支撑两个编码频次上的卡方检验存在显著差异，在自主研发和战略规划两个编码频次上的卡方检验差异达到了边缘显著的水平，而且国家级知识产权示范企业在以上四个编码上的频次均高于省市级知识产权示范企业，其他方面的差异则不显著。在产业类型方面，传统产业与新兴产业在知识产权的保护维权和战略规划两个编码的频次上的卡方检验存在显著差异，其中，传统产业中的企业更加强调知识产权的保护维护，而新兴产业中的企业则更加强调知识产权的战略规划。

4. 管理启示与应用意义

本节研究的结果表明，企业知识产权策略主要体现在知识产权的获取、维护和运营三个方面。其中，知识产权的获取是探索学习机制的体现，主要包括企业的自主研发、技术信息搜集、合作研发、创新激励等行为；知识产权的维护是转化学习机制的体现，主要包括知识产权的保护维护、相关的制度建设、组织结构调节等行为；而知识产权的运营是开发学习机制的体现，主要包括利用知识产权开发产品、扩大企业影响、构建合作关系等行为。在我国的企业实践中，目前最为重视的仍然是知识产权的维持，而对于如何通过多种策略获取知识产权并使其价值最大化则相对重视不够。

在知识产权的获取方面，我国企业仍然以自主研发为主，缺乏通过产权引进、合作研发、兼并收购等手段获得关键的技术和知识产权。在当今技术日益专业化、复杂化的背景下，新技术机会的发现和创造、技术路径的形成已经不能仅仅依赖企业自身的力量，而是需要企业内外多方面的参与和互动，需要整合不同参与者的资源、技术、能力等要素。因此，我国企业想要实现快速的转型发展，还需要着力研发，主动获取和灵活运用知识产权策略，借助各方力量实现技术突破和提升。

在知识产权的维护方面，目前企业的关注点仍然在知识产权的保护和维护，对于知识产权战略的制定及相关专业人才的培养则相对重视不足。在知识经济与数字经济背景下，知识产权在企业经营中的作用已经从操作层面上升到了战略层面，这一转变要求企业不仅要建立能够促进开放式创新、提高知识产权工作效率的准则和规范，更要考虑通过调节组织的结构、决策体系和战略部署等以适应长期、动荡的竞争环境，甚至要努力构建以知识资产为基础、面向未来的组织愿景，使知识资产及其管理融入组织的文化当中，深刻地影响员工的思想和行为。因此，我国企业在做好知识产权保护的同时，需要从企业战略的层面考虑知识产权问题，制订出符合自身需求的知识产权战略规划，并通过培训、教育、宣传等手段培养员工的知识产权意识和能力，从而推动企业的持续成长和发展。

在知识产权的运营方面，我国企业既重视知识产权的产业化和产品化，又比较关注通过争取荣誉、参与标准制定等强化企业的影响力。但是在知识产权的交易、授权、政府部门补贴和减税支持及与相关组织合作推进技术应用等方面，特别是在如何运用知识产权提升创业创新的能力和启动新兴业务方面则有待加强。创新充满了风险和不确定性，需要企业投入大量的资源，如果不能充分利用创新成果，就会造成无谓的损失，甚至阻碍企业的持续成长与发展后劲。因此，我国企业需要进一步提升对相关政策的敏感度，充分利用外部环境中的机会，通过授权许可、技术交易等形式盘活现有的知识产权资产，为自身发展赢得更多资源、创造有利条件。

与省市级知识产权示范企业相比，国家级知识产权示范企业的知识产权工作整体水平较高，特别是更加重视与知识产权有关的制度建设、组织结构调节、战略规划和自主研发等活动。而在产业方面，虽然传统产业与新兴产业整体的差异并不明显，但经过具体分析后发现，传统产业更加重视知识产权的保护与维护，而新兴产业则更加重视知识产权战略的制定。这也印证了前面的讨论，即当企业发展到一定阶段之后，特别是对于技术变化迅速的新兴产业，必须将知识产权提升到战略层面予以考虑，并需要适当调节组织的结构和制度，使知识产权工作能够与企业的整体战略相匹配。

未来的研究可以采取案例、访谈和问卷研究相结合的方法，获取更多关于企业知识产权实践的信息，进一步总结和提炼企业知识产权策略的内容和特征。同时，开发与应用企业知识产权策略的测量工具，揭示知识产权策略的前因变量及其对企业绩效的影响机制，从而更加丰富学术界和实践界对相关问题的理解。

三、知识产权创业能力的多案例研究

（一）知识产权创业与战略竞争策略

在数字经济与变革创新的背景下，知识产权不仅成为企业保护创新、获取创新优势、赢得领先地位的竞争利器，也是企业价值的重要组成部分。特别是对高技术创业企业而言，对知识产权创业的有效管理和能力建设成为企业创造新的竞争优势和高质量发展的关键策略。在转型升级和跨越成长的形势下，知识产权创业日益成为战略性的竞争策略。《国家知识产权战略纲要》将知识产权战略作为一项国家基本战略予以实施，着力提升中国企业在创业创新和国际化进程中的知识产权意识和维权能力。随着市场和竞争的日益国际化，中国企业在知识产权方面依旧面临挑战：企业平均知识产权申请量仍然较低，大多数企业需要提升知识产权创业与应用的能力，企业创新成果的转化率仍然较低，等等。此外，来自国际厂商的知识产权纠纷日益增多，特别是在电池、汽车、通信设备等多个产业，这制约了产业的发展和提升，需要开展系统的知识产权创业赋能与队伍培养。

对于高技术创业企业而言，如何构建相应的能力以更好地创造、保护、管理和运用知识产权，并设计整体解决方案促进知识产权创业创新的成功，成为企业发展的战略任务。王重鸣和薛元昊（2014）开展了多案例分析，并进一步构建理论模型，归纳提炼出高技术企业开展知识产权创业能力建设的核心维度和关键特征，为相关理论研究与实践应用提供新的依据与方法。

（二）知识产权创业的多案例研究方法

关于知识产权创业能力，研究仍处于起步阶段。王重鸣（2015）在《专业技术人员创业能力建设读本》中，把知识产权创业能力列为创新力的重要内容，包含创业过程创新（渐进、颠覆、整合）和创业集成创新（组合、内创、发展）两种能力维度，主张结合组织变革开展知识产权创业能力提升计划，通过技术创新的团队资源共享、创新市场规划和专利项目的平台建设，增强项目参与、定期轮岗和移动通信等多种沟通与推进举措，形成员工、团队和组织等多层次的知识产权创业能力。

为了提高研究的质量，特别是克服单一案例研究在代表性和可靠度的局限性，我们采用了多案例分析手段，以提高研究的概化效度和把握案例动态性的能力。在样本选择方面，我们从国家高新技术企业中选取了三家企业，其中两家是全国企事业知识产权示范单位，一家是市级专利试点企业。我们试图通过理论抽样选取特色明显或有代表性的案例以有利于理论的构建。在案例数目的选择上，以往研究提出多案例研究的最佳案例数为 3~7 个。为了提升研究的外部效度，保证所选案例的多样化，综合考虑企业的成立时间、所有制形式、规模、产业等因素后，最终选取三家企业［鸿雁电器有限公司（以下简称鸿雁电器）、深圳市朗科科技有限公司（以下简称朗科科技）、浙大网新集团（以下简称网新集团）］作为研究样本，这些样本企业背景信息见表 6.6。

表 6.6　样本企业背景信息

背景特征	鸿雁电器	朗科科技	网新集团
创立年份	1981	1999	2001
所有制形式	国有，股份制	民营	国有，股份制
所处产业	电器制造	移动存储	信息、环保、交通、建设
主要产品	电工和照明产品	闪存技术、产品解决方案	软件外包、环保脱硫、轨道交通控制系统、科技园
年销售规模/亿元	10	2	100
员工数/人	2 000 多	240 多	近 10 000
累计申请专利/项	350 多	340 多	100 多

本节综合运用深度访谈、直接观察和文件调阅三种方法，以便收集更具体的数据，具体过程如下。

（1）向熟悉样本企业的人了解情况，并通过文献资料和网络收集公开资料与相关信息。

（2）对样本企业开展实地访谈，访谈对象包括企业主管研发或知识产权工作的高层经理和骨干员工，每项访谈一般持续1～2小时，并采集受访企业的相关内部资料，参观专利墙、技术创新成果展等，以获得更加直观的信息。

（3）与了解企业情况的政府部门（科技局或知识产权局）和知识产权专业服务企业取得联系，从侧面采集相关信息。

在分析单元方面，本节研究所聚焦的知识产权创业能力采取组织水平的分析，将选取企业作为分析单元，重点关注与研究主题相关的组织层面的行为特征。在分析技术方面，将案例内分析与跨案例分析相结合。在案例内分析阶段，针对每个案例进行独立的总结与分析，并按照时间顺序对知识产权相关的关键行为、事件进行刻画。在此基础上，对三个案例进行横向比较，归纳出其中共有的特征，从而提炼出更扎实、更具说服力的结论。

四、知识产权创业的案例内与案例间分析

（一）知识产权创业的案例内分析

为了简洁展开案例企业的知识产权创业历程，我们将其中的关键事件按时间顺序抽取出来，根据企业的创业阶段进行整理，具体如表6.7所示。

表6.7　样本企业知识产权创业关键事件汇总

企业	知识产权创业关键事件
鸿雁电器	1. 初创期（1981～1990年）： （1）引进英国面板开关技术，针对国内市场进行技术改进，激发国内产业变革。 （2）引入英国质量体系。 （3）率先申请商标和专利保护。 2. 成长期（1991～2001年）： （1）成立打假办公室。 （2）重组研发部门，形成5个科室、60多人的专业研发队伍。 （3）与浙江大学、浙江工商大学等开展研发合作。 （4）成立知识产权委员会，建立相关制度。 3. 发展和转型期（2002年至今）： （1）制定自主开发与合作、引进相结合的知识产权战略。 （2）规定将销售额4%以上投入研发。 （3）构建开发、管理、支撑、前瞻研究4个研发平台，形成180多人的研发队伍。 （4）与浙江大学等多所高校建立正式合作并成立博士后工作站。 （5）引进CIMS、CAD等制造平台技术，从日本、中国台湾地区企业和浙江大学引进专利。 （6）建立20多人的知识产权管理团队，子企业、研发部门设置知识产权工程师。 （7）开发行业专利检索系统、内部知识管理系统。 （8）凭借技术、品牌优势扩大国内产品经销网络，与德国、越南企业开展合资、合作。 （9）制定5项国家标准和40多项行业标准

续表

企业	知识产权创业关键事件
朗科科技	1. 初创期（1999～2002年）： （1）研制闪存盘基础技术并申请国际发明专利。 （2）成立创新中心、芯片设计部，领导技术研发工作。 2. 成长期（2003～2006年）： （1）引进海外集成电路设计专家团队。 （2）成立移动存储技术和应用研究中心，形成一支超过员工总数20%的研发队伍。 （3）设计近、中、远三层次研发体系，坚持将销售8%以上投入研发。 （4）先后获得中国、美国、新加坡等国家近200项发明专利。 （5）主动通过诉讼迫使侵权厂商交付专利许可费，形成专利盈利模式。 3. 发展和转型期（2007年至今）： （1）制定"专利部署—专利维权—专利运营"知识产权战略，设计"直接收取专利许可费、将专利与解决方案捆绑销售、利用专利交叉许可快速推出新产品"专利运作体系。 （2）与东芝集团、金士顿公司、IBM公司等大厂商建立合作关系，专利许可收入快速增长。 （3）积极参与多项行业标准制定和各类荣誉评选，获得地方政府部门知识产权专项资助。 （4）跟随产业发展趋势，向云存储领域开展研发和专利布局
网新集团	1. 初创期（2001～2003年）： （1）与浙江大学、英特尔公司、IBM公司、成都智邦科技有限公司等建立研发战略合作，推出"易"系列产品。 （2）研发具有自主知识产权的便携式动态心电图仪等产品。 （3）与富士电机控股公司、美国道富银行开展合作，拓展海外软件外包市场。 （4）组建中央研究院，负责研发、孵化和知识产权管理。 2. 成长期（2004～2008年）： （1）与浙江大学共建联合实验室、联合工程研究中心、国际培训中心。 （2）引进脱硫专利技术并进行二次研发，开拓工业脱硫市场。 （3）依托核心技术和专利，衍生出信息技术应用服务、软件出口、机电总包和移动数字等多项业务。 （4）与富士电机控股公司等开展研发合作。 （5）加强知识产权的申请和保护，旗下企业被认定为浙江省版权保护示范企业。 3. 发展和转型期（2009年至今）： （1）整合研发资源，成立国家级企业技术中心，下设知识产权中心并使其负责知识产权的保护和管理。 （2）开发内部知识管理系统，完善知识产权管理体系和制度。 （3）依托研发和知识产权优势，申请国家高新技术企业、创新型试点企业，获得政府部门奖励和资助。 （4）与客户、第三方伙伴建立知识产权沟通机制。 （5）成立创新研究院，负责新技术的孵化和产业化。 （6）每年投入超过1亿元支持研发活动，研发人员比重超过50%。 （7）参与制定智能互联、电子政务等领域国家标准

注：CIMS为computer integrated manufacturing system，计算机集成制造系统；CAD为computer aided design，计算机辅助制造

（二）知识产权创业的跨案例分析

跨案例分析发现"探索—转化—开发"的组织学习机制在样本企业的知识产

权创业过程中发挥着关键作用，分别主导了企业对知识产权的获取能力、维护能力和运营能力，且每方面能力中都包含了两个关键维度。

1. 知识产权获取能力

如何又快又好地获取知识产权是高技术企业在创业过程中始终要面对的挑战，也是区别于对手和构筑竞争优势的基石。通过跨案例比较发现，探索学习机制支配了企业的知识产权获取能力，而且样本企业主要采用两种探索行为获取知识产权，即内部创造与外部吸收。鸿雁电器的受访人讲述说："我们企业的资金、待遇、人员等所有方面都向研发工作倾斜。我们自己规定研发投入必须高于销售额的4%，实际上达到了7%。我们也根据企业发展的需要不断调节研发体系，采取了矩阵式的管理框架，有180多名研发人员分布在企业的各个事业部。"

朗科科技的受访人说："我们企业的创始人本身就是技术出身，所以非常重视自主研发，我们的核心产品就是几位创始人发明的。在发展过程中我们在研发方面的投入也不断增加，先后成立了创新中心、芯片设计部、移动存储及应用工程技术中心等多个专门的研发部门。研发人员比重已经达到20%，研发投入都在销售额的8%以上。"

网新集团的受访人提到："我们企业是从大学里衍生出来的企业，因此保持着创新研发的传统。创立之初依靠自主研发的基金交易平台、便携式动态心电图仪等产品获得了市场的认可，站稳了脚跟。一开始就成立了中央研究院，不断引进周边高校的研发人才，研发人员比重超过了50%。我们每年在研发方面的投入超过1亿元，在行业里处于比较高的水平。"网新集团的重点策略是强化内部创造能力。

本节研究将外部吸收定义为通过与外部组织进行合作研发、技术引进、技术交易等方式获取知识产权。正如鸿雁电器的受访人指出："我们最初的面板开关技术是从国外引进的，之后成立了设计室进行技术改造，当时在市场上引起了不小的震动。我们一直都强调产学研相结合，从20世纪90年代开始就和浙江大学、浙江工商大学等进行技术研发合作，后来还共建了院士工作站，每年投入200多万元开展合作研发和人才培养。近几年来，我们还与日本松下、我国台湾东贝等企业进行技术引进合作。"

朗科科技的受访人也提到："我们和大学、科研院所一直都有合作，依托他们的优势开展前瞻性的技术研发。与企业的技术交流、合作也很多，如IBM、明基等都与我们有长期的技术合作关系。"

网新集团的受访人告诉我们："我们企业之所以能够这么快地发展，一个重要的原因是和高校的合作。我们和浙大的计算机、软件、能源学院及一些科研团队都建立了长期的合作关系和项目，每年投入2000多万元用于和高校的产学研合作，依托高校的创新资源进行研发。还与英特尔、IBM、思科、道富银行等都建立了战略合作关系。从合作伙伴那里吸收了许多技术、管理方面的知识，提升了企业自身的能力。"这些都是外部吸收的体现。

可见，内部创造与外部吸收两个维度能够有效地反映知识产权的获取能力。一方面，内部创造不仅是企业获取知识和知识产权的重要途径，而且是企业跟踪和评价技术进步、更好地利用外部资源的重要基础，还是企业核心能力的组成部分。另一方面，在开放式创新情境下，企业通过外部吸收的方法，不仅能获得外部的关键知识与知识产权，节省研发投入，取得快速进展，而且可以激发内部创新资源和创新行为，取得协同效应。特别是在知识经济背景下，企业不能单独依靠内部创造或外部吸收，而是需要将两者结合、优势互补，以便更好地促进知识产权的获取与利用。

2. 知识产权维护能力

企业在获得知识产权后，需要对其进行有效的利用、管理和保护，一方面避免侵权事件的发生，另一方面也要为这类资源的合理有效利用创造良好的组织环境与条件。通过跨案例比较发现，转化学习机制决定了企业的知识产权维护能力，而且，受访企业主要采用了两种转化行为来维护自己的知识产权，即产权保护和系统构建。通过申请、维护、法律维权等手段保护知识产权不受侵犯，为其利用提供合法性基础。

鸿雁电器的受访人说："20 世纪 80 年代我们企业在很多人都不知道商标、专利是什么东西时就率先申请了商标和专利保护。后来，由于仿冒产品太多，在 1994 年还成立了打假办，面向全国各地打假。现在申请专利的目的是以防护为主，避免别人侵犯。"

朗科科技的受访人提到："我们企业的创始人从一开始就非常清楚知识产权的重要性，发明了闪存盘的基础技术后，在中国、美国、日本、欧盟等多地区都申请了专利保护。围绕核心专利，我们还申请了一批外围专利，形成了专利网络，起到了很好的保护作用。我们的 Netac 商标也是国际性的。发现被侵权后，我们都会及时发起侵权诉讼，迫使他们购买我们的专利授权。"

网新集团的受访人讲述说："我们企业在创立之初就申请了'浙大网新'和'INSIGMA'商标保护，成立第二年就开始申请发明专利。为了保护国外市场，我们也申请了国际专利。在和阿尔斯通发生专利纠纷时让企业更加意识到了知识产权的重要性，一方面要加强对于知识产权的保护和管理，另一方面也要通过法律途径维护自己的利益。"这些行为都是产权保护的体现。

关于系统构建，企业通过组织设计、制度建设、管理优化等方法提升其知识产权工作水平，为知识产权的创造和其价值实现提供适宜的组织条件。鸿雁电器的受访人提到："我们在 1992 年就设置了兼职人员负责专利的申请、管理。到 1997年，成立了知识产权管理委员会，由总经理直接负责，制定了一系列保护、管理、奖励制度。新近又制定了知识产权奖励办法，修订了新产品和新技术奖励办法，奖励力度甚至比国外同行都高。我们还开发了知识管理平台、建筑行业专利检索系统。"

朗科科技的受访人也提到："我们企业的法务部专门负责知识产权工作，由总经理直接领导，制定了专利激励办法等制度，设计了知识产权的工作流程，把知识产权工作渗透到企业的各个部分。我们还建立了技术研究、产品开发等几个专业平台，促进各个部门之间的合作。"

网新集团的受访人介绍说："我们在 2002 年成立了企业中央研究院，制定了技术和知识产权方面的制度和规范，有专门人员负责技术情报搜集和知识产权申请、保护工作。建立了创新奖励系统，用奖金、提拔甚至股权等形式激励员工进行创新。开发了知识管理平台，促进企业内部的知识共享和管理。对企业的创新资源进行了整合，成立了国家级企业技术中心，设置了信息情报部、知识产权中心等部门，更加系统地推进研发和知识产权管理工作。"这些行为都是系统构建的体现。

本节研究表明，产权保护和系统构建两个维度能够有效地反映知识产权的维护能力。一方面，企业对知识产权的申明和保护不仅是将无形资产有形化、经济化的重要手段，而且是企业构建竞争优势的关键途径，为知识产权价值的实现提供了法律基础和保证；另一方面，系统构建为企业的知识产权管理提供保障，不仅在业务层面建立促进开放式创新、提高知识产权管理效率的准则和规范，而且通过调节组织结构、改善决策体系、构建远景战略等行动使知识产权融入组织的文化和流程之中，帮助企业更好地适应竞争环境的变化。

3. 知识产权运营能力

拥有知识产权并不能够为企业直接带来效益。只有将知识产权用于生产经营活动，使其服务于企业愿景、目标的实现，才能真正发挥知识产权的价值。通过跨案例比较发现，开发学习机制支配了企业的知识产权运营能力，而且样本企业主要采用了两种开发行为来实现知识产权的价值，即产品运营和产权运营。

我们把产品运营定义为通过产品开发、市场拓展等途径从产品销售中实现知识产权的价值。鸿雁电器的受访人提到："我们企业从成立之初就是国有体制、民营机制，必须依靠自己打开市场、自负盈亏，所以一直都很强调产品、技术的市场化。我们的专利大多数都是在产品研发过程中产生的，不是为了申请而申请，所以基本上保持了 100% 的产业化率。"

朗科科技的受访人说道："我们的核心优势是存储技术，除了移动存储产品外，还围绕核心技术开发出了数码、娱乐、控制芯片等方面的产品。我们的专利是基础发明专利，很多厂商都绕不开，所以必须和我们合作，现在许多世界 500 强厂商都通过我们定制产品和服务。"

网新集团的受访人指出："我们企业一直非常强调市场导向的经营策略，看准了市场机会后才会进行研发，所以成果能够很快转化为产品。创立之初就提出了'计算机+X'的发展战略，将信息技术应用到不同的产品和市场领域。对于一些有潜力的技术，我们通过创新研究院的平台进行孵化，将技术发展成新的产品甚至是子企业。"

这些事件都是产品运营的体现。

产权运营是通过知识产权的授权、交易、参与标准制定、奖项评选等途径扩大企业收益和影响力。鸿雁电器的受访人提到："鸿雁一直都想办法把专利技术放到行业标准中，有好几个专利都进了标准，提升了整个行业的技术水平。我们也积极参与评选市级、省级和国家级的知识产权示范单位，这些提升了我们在行业中的地位。我们集团有 4 家子企业都是国家级高新技术企业，税率降低了 10%，作用很大。"

朗科科技的受访人说："我们企业把知识产权当作产品经营，通过法律诉讼迫使侵权企业与我们合作，我们授权他们生产权利并收取专利费，这部分收入基本不需要成本，利润率很高。我们申请了政府部门的知识产权专项资助，获得了高新技术企业、知识产权示范企业等荣誉，这些对企业的发展起到了很大的作用。"

网新集团的受访人提出："网新凭借技术和知识产权成果申请了许多政府部门资助和奖励，每年都有上千万元，对我们的研发工作起到了很大帮助。参与高新技术企业、创新型试点企业、专利试点企业等的评选，提升了我们的行业影响力。为了巩固行业地位，我们也积极参与国家标准制定，在智能互联、基于云计算的电子政务平台等领域都是标准制定单位。"

这些事件都是产权运营的体现。

研究结果表明，产品运营和产权运营两个维度能够有效地反映知识产权的运营能力。一方面，产品运营是实现知识产权价值的直接途径，企业不仅可以通过生产和销售产品获得经济回报、拓展业务范围、构建品牌优势，而且可以从顾客的反馈中获得技术改进的一手资料，从而进一步优化和提升已有创新成果；另一方面，将知识产权作为产品进行产权运营，不仅能够以较低的成本获得可观的经济回报，而且可以构建合作网络、扩大企业影响，与产品运营互为补充，共同促进企业的成长。

值得指出的是，国内外优秀企业普遍重视与知识产权权利属性相关的运营策略，将知识产权视为产品，通过授权、交叉授权、交易等策略为企业创造利润。而本节研究的案例分析表明，朗科科技较好地将知识产权融入商业模式当中，并通过多种经营方式创造利润，其他两个案例在这方面的实践相对不足。究其原因发现，专利运营与整个法律环境有很大关系。我们需进一步提升知识产权意识，优化法律环境，创造更有利的知识产权创业的环境。

案例研究也表明，我国高技术企业在产权运营方面也具有自身的特色，比较重视政府部门主导的各类奖项、荣誉的评选和参与标准的制定。通过参加这类活动，企业一方面可以获得政府部门的重视、支持、税收减免等优惠，另一方面也能够强化自身品牌优势和业内领导力。正如企业人员所说，"现在政府部门越来越重视知识产权工作，出台了很多优惠政策，奖励力度很大。可见，中国的政策环境为高技术企业的创新研发提供了很多机会，有效地利用这些机会将会对企业的发展起到助推作用"。

（三）知识产权创业能力及机制的策略

1. 知识产权创业能力的三个维度

综上所述，企业的知识产权创业能力由获取能力、维护能力和运营能力三个维度构成，如图 6.1 所示。其中，获取能力以研发、获得知识产权、构筑竞争优势为目标，包括内部创造与外部吸收两个要素；维护能力以运用、保护和管理知识产权、促进其价值实现为目标，包括产权维护和系统构建两个维度；而运营能力以运用知识产权实现组织多方面的能力建设与发展策略为目标，由产品运营与产权运营两个维度构成。这三个维度能力之间联系密切、互为补充：获取能力是前提，维护能力是保障，而运营能力是将知识产权转化为企业价值、促进企业成长与创业成功的关键环节。可见，知识产权创业能力是三个维度的集合体，只有三个维度协同发展，企业的创业实践才能顺利进行。

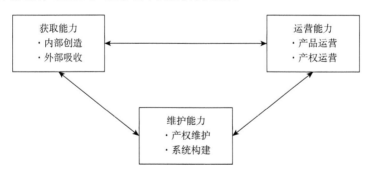

图 6.1　知识产权创业能力模型

2. 组织变革与学习是知识产权创业的重要策略

本节以创业能力和组织学习理论为基础，提出了知识产权创业能力的研究框架。从创业能力的视角出发，将知识产权放入创业变革与创新学习过程之中，并将其提升到组织能力的层面进行理解，继而以"探索—转化—开发"的组织学习理论为基础，构建知识产权创业能力的策略框架。

3. 组织变革情境下的知识创业能力优化策略

通过多案例的实证分析验证和提炼出了构成知识产权创业能力的关键维度。通过对三家高技术企业的知识产权创业历程与关键行为的梳理和分析，基于组织学习和创业能力开发的思路，提炼出了由获取能力、维护能力和运营能力构成的知识产权创业能力模型，并识别出了每个维度中的关键特征，从而对知识产权创业问题有了更加系统、全面的理解，也可以为进一步的量化研究提供依据。

通过深度案例分析表明，我国的高技术企业在知识产权的研获、利用和开发方面取得显著进展并形成优秀实践。在全球化和组织变革情境下，拥有强大知识产权基础并将其融入商业模式与组织能力的企业，能够获得财富与成功。仅仅强调知识产权保护的简单思路已不能有效支持企业创业和成长，而是需要进行知识产权创业系统的组织能力构建，才能应对当今的竞争和挑战。本节所提出的知识产权创业能力模型，可以指导企业相关实践的优化和企业独特竞争优势的构建。对高技术创业企业而言，在创业初期就要对知识产权问题给予高度重视，并结合自身发展水平进行系统的考虑和规划，确保其研获能力、利用能力和开发能力的协同提升，使知识产权成为推动企业成长和创业成功的关键动力，从而更好地应对知识经济和全球化带来的挑战。

五、知识产权创业与创业生态系统

本节是在前期生态系统组织研究（潘剑英等，2014b）的基础上与中国人事科学院合作开展的有关创业人才成长与创业企业成长案例的研究。王重鸣和蔡学军（2017）以中关村创新型企业为案例，聚焦创业人才成长的创业创新生态系统，从创新型企业、初创企业、创业社会组织、科技园创业创新服务组织等在变革创新战略下的重要实践和跨越式成长案例中，提炼出六项关键特征：创业领军与群体指导、创新驱动与产业集聚、创业能力与培训开发、创业文化与价值塑造、创业融资与孵化服务和创业政策与社会组织。

1. 创业领军与群体指导

中关村创业人才成长的创业领军与群体指导特征集中地表现在从 20 世纪 80 年代开始，中关村的创业环境和创新动力练就了几代创业领军人才并形成了立志创新的创业群体。他们以身作则，为年轻一代做出了艰苦创业和创新突破的榜样与指导。在中关村创业创新平台上，他们为全国创业者做出了创业精英的示范。在他们的引领下，一大批龙头创业企业应运而生，成为新兴产业创业成长的领头羊和生力军，形成了中关村的各类重要创业人才成长网络与创业产业联盟。中关村创业创新生态系统的创业领军与群体指导特征，还突出地表现在中关村的创业领军群体积极指导新生代创业人才，无论在创业理念、核心价值观和创业精神方面，还是在创业套路、创业参与、创业经营和创业策略方面，都实现了群体式指导与团队创业新模式，逐步形成了中关村基于创业创新实践历练的独特创业领军与指导模式。

2. 创新驱动与产业集聚

中关村创业创新生态系统的特征还表现在其创业驱动与创业产业集聚方面。中关村创业成长的创新动力主要来源于中关村地区众多的高等院校与科研院所，特别是北京大学、清华大学等中国顶尖高校的科技创新资源与成果，不仅创业创新硕果累累，而且创业创新人才辈出。特别是在专利开发、知识产权注册与产业化集聚方面，更是创新优秀实践云集。加上众多的创业交流平台和创客空间网络，中关村集聚了最具活力的创新资源、创业人才和创新产业，形成了创新驱动的崭新机制和产业集聚发展的持续动力，并且，在"大众创业、万众创新"的时代背景下，以"互联网+"为战略，通过创新产业集聚构筑了科技型创业创新人才成长的大舞台。

3. 创业能力与培训开发

中关村创业创新生态系统的又一项特征是创业人才成长的创业能力与培训开发机制，已经形成了创业能力提升与培训开发的多重体系与最佳实践。中关村不但能够吸引有识之士启动创业事业，而且具有诸如北京联想之星投资管理有限公司等致力于创业能力开发与投资辅导的专门创业成长机构。中关村建立了大量的协会与社会组织，各种各样的讲座、论坛、沙龙和专题培训与学习，都是创业能力与培训开发的新途径和新方法。尤其是各类社会组织与企业家协会之间的交流、沟通、互动和分享活动，成为创业能力与培训开发的柔性机制。从整体提升成效来看，中关村为我们展示出学习型创业成长的生态环境。

4. 创业文化与价值塑造

中关村创业人才成长的创业文化塑造特征首先体现在中关村所构筑的以开放、创新、容忍、发展为关键元素的创业文化，形成了敢为人先和创新驱动的核心价值观和重在学习成长的中关村文化环境。许多创业者加盟中关村创业事业，都是被中关村创业核心价值观所感，随中关村创业文化环境而动，得到了深刻的创业核心价值塑造，成为创业创新的生力军。

5. 创业融资与孵化服务

中关村创业人才成长的创业融资与孵化服务特征突出地表现在创业资本集聚、创业孵化平台搭建和创业孵化加速能力方面。在中关村，科技资本、天使资本、项目资本都十分丰富，融资能力强、投资质量高。同时，中关村的创新孵化平台和加速器平台建设与服务体系及功能成效显著，创新型孵化器的特色明显，体系完整。我们总结和提炼中关村创业成效优势，可以看到中关村创业创新生态系统的独特要素构成，在创业系、人才圈方面，尤其凸显中关村创业孵化与融资服务的网络平台与灵活高效的机制。

6. 创业政策与社会组织

中关村创业人才成长的创业社会组织特征表现在人才特区灵活的扶持政策、支撑法规和各种各样的项目式配套支持。中关村还制定了一系列支持创业、鼓励创新及社会组织、行业协会创造的良好创业环境与创业生态圈，极大地支撑了创业人才的发展和跨越。加上多年建设起来的创业基础设施和配套条件，也成为创业创新生态系统的重要元素。

从20世纪80年代的初创开拓、示范指导，到20世纪90年代的科技园区、创业创新文化，再到21世纪日益发展的知识产权创业，智慧创业成为新的趋势。科技型互联网创业成为主流，数字经济、变革转型、全球拓展成为战略，中小企业蓬勃发展，展现创新精神、资源价值和战略领导力的创业生态系统新优势。有关浙江大学创业校友成长的案例研究表明，职业转换、协同创新和迭代学习成为新一代创业生态系统的内在动力机制。通过整合式创新、集成式变革、跨界式协同，知识产权的研获、利用和开发成为全新创业生态体系和创业成长的动态能力，这一切都为中关村创业人才的进一步成长创造了崭新的条件和创业创新生态系统。

第七章 基于心理获得的跨境外派角色论

第一节 组织变革下员工角色与参与模式

一、组织变革情境下的员工角色

（一）组织变革与问题驱动

在组织变革与文化融合的情境下，我国企业正面临一系列新的挑战与机遇。全球创新加速、经济增长放缓、经营成本上升、互联网大数据迅速发展，各种挑战与机遇都对企业的发展模式和响应速度提出了更高的要求。因此，很多企业正在实施各种形式的组织变革举措来调节优化业务和运营模式。组织变革已经在很大程度上成为当今企业的一种战略选择。

尽管组织变革越来越成为企业的常态，但人们对组织变革如何取得成效却一直有不同的意见。这是因为组织变革的高度不确定性、动态性和风险性。有研究估计，三分之二以上的变革项目都是失败的。究其原因，很大程度上是由于变革领导者低估了变革文化和员工参与在变革过程中的重要作用。实际上，只有通过每个人的努力，才能促成组织整体的有效改变。因此，从这个角度来说，员工才是组织变革的核心力量。

在组织变革的过程中，企业中的很多规则和惯例都被打破，也使广大员工所面临的工作内容和环境发生了改变，干部员工都需要面对新的结构、角色、要求和职责，这些都给员工带来很大程度的压力。同时组织变革所包含的模糊性和不确定性，会让员工产生困惑和焦虑，并感觉到自己正在失去对现有工作的掌控。因此，很多员工往往被动地看待组织变革，而组织变革也往往给员工带来很多心理上和行为上的负面影响。比如，工作满意度降低，组织承诺减弱，组织忠诚度低，工作绩效下降，出现高离职，从而影响到企业最终的变革效能。

　　尽管变革情境下个体的因素非常重要，但是以往研究对于员工层面相关因素的探讨还不够充分。相关研究比较多地聚焦于员工对变革的态度等方面，而对变革情境下的员工压力关注较少。本节研究的重点就是了解组织变革给员工带来的这些压力是如何影响员工的行为结果。陈笃升和王重鸣（2015）选取员工角色超载作为员工在变革情境下典型压力的具体表现，来分析其对于员工的离职倾向、任务绩效和帮助行为的影响，并选取员工对组织的情感承诺作为连接这些关系的中介变量，同时分析员工在组织中的参与程度对于这些中介关系的调节作用。本节研究的主要发现对于组织变革和压力管理的理论和实践，都有重要的参考价值。

（二）组织变革与工作角色转型

1. 组织变革情境下的角色超载

　　工作角色是指组织对个体在组织中的行为、身份、工作任务和工作内容等方面的期待和要求。如果员工履行的角色和组织的期望产生差异，就会使他们产生角色压力。在职业健康研究领域，角色压力的来源包括角色冲突、角色模糊和角色超载三个方面，这些都成为研究关注的主要领域。

　　角色冲突和角色模糊的现象在不同的背景下都普遍存在，并且对员工的负面影响比较明确。不过随着竞争压力越来越大，组织对员工工作角色的要求越来越高，也越来越复杂。因此很多员工会存在角色超载的感知，角色超载会形成心理紧张，当工作的要求超出了这个员工所拥有的能力和资源时，角色超载就产生了，在这种情况下，员工会感受到工作负荷过多，无法按时完成工作任务，难以满足组织期望。

　　在组织变革的情境下，角色超载的情况会变得更加明显。这是因为，组织变革往往导致商业战略的改变、内部体系和惯例的重构、内部权力的重新分配。同时，这些变革难以避免地会将原有稳定的、确定的工作环境变得不确定。针对组织重构的变革模式的实证研究发现，在变革过程中，很多员工被要求用更少的资源来做更多的事，因此，员工会感受到更大的时间压力，而时间压力大的员工往往在角色负荷上也会更重。员工往往会面临新的组织结构和新的工作职责，又没有得到足够支持，他们会明显感受到更大的角色超载。一项定性研究发现，员工在动态的组织变革情境下最常见的压力来源就是不断增加的工作负荷，组织变革的举措占用了员工大量的时间和精力，他们需要做出额外努力来适应新的发展要求并调节旧的工作模式。在完成日常工作角色的同时，很多员工会参与一些具体针对变革举措的项目小组，面临推进变革的挑战性任务，这些无疑都会增加员工的工作内容和强度，使得他们不断感知到工作角色的超载。

根据角色理论，角色超载会降低员工对工作环境的控制，从而影响到他们有效地完成工作任务。具有高角色超载的员工，更可能经历强烈的焦虑，对工作和生活变得不满意，工作因此变得低效。元分析发现，角色超载和工作压力、工作倦怠、离职倾向都有正向关系，并和组织承诺有负向关系。

在组织行为和人力资源管理的研究中，员工的组织承诺是非常常用的一个概念，用来反映员工对组织的归属感。以往研究已经发现，组织承诺对于员工接受并认同组织变革，从而推动组织变革取得成功具有非常重要的作用。本节研究决定选择组织承诺中的情感承诺这个重要维度来进行分析。情感承诺是指员工对于组织的一种心理联结和情感依附。本节研究之所以选择情感承诺进行分析，而不是组织承诺的另外两个维度——持续承诺和规范承诺，主要是因为以往研究已经证实，情感承诺对于一些重要结果变量（如离职倾向、工作绩效、组织公民行为）的预测作用都要明显大于其他两个维度。

根据社会交换理论，当员工经历过重的工作负荷，面临过高的工作要求时，他们和组织之间的交换平衡就会受到影响，从而使得员工对组织的认同感降低。当员工感受到角色超载时，他们难以从组织得到足够的支持，因此减弱对组织的情感依恋。特别是在组织变革的情境下，员工对组织已有的、内化的承诺会出现较大的变化。

因此，本节研究提出第一个假设。

假设 7.1：在组织变革下，员工感知到的角色超载会负向影响员工对组织的情感承诺。

2. 情感承诺的中介作用

本节研究决定选择三个员工层面的结果变量进行分析，分别是离职倾向、任务绩效和帮助行为。这三个变量都是研究中常见的，也是对企业而言重要的结果变量。离职倾向用来反映员工想要离开当前组织的意图。任务绩效用来反映员工在工作角色内的常规绩效。而帮助行为作为组织公民行为的一个重要维度，用来反映员工在工作角色外的一种额外绩效，指主动为同事提供帮助和支持。本节研究之所以聚焦于员工的帮助行为，是因为它是组织公民行为中被研究最多、结论最一致的维度，而且以往针对中国情境的研究也发现帮助行为同样是一个重要的部分。

根据社会交换理论，当员工对组织具有较高的情感承诺时，他们会感受到组织给他们提供了良好的待遇和支持，因此员工会对组织产生更高的心理责任，从而为组织表现出积极的态度和行为。这种心理责任可以表现为继续在企业留任、履行应有的工作职责，以及做出额外努力和贡献等。基于这一视角，以往研究已经证实了情感承诺和一系列的结果变量都有密切关系，如工作满意感、角色内和角色外的绩效、离职倾向与实际离职等。

在经历了并购的企业中，员工感知到的心理契约破裂通过组织承诺的中介效应影响他们的离职倾向和组织公民行为。这表明，在变革情境下，当员工对组织感受到更多的不适或者不满时，他们就会保留自己对于企业的责任，减少自己的贡献，如更多地考虑离职的可能，或者减少对于角色外行为的投入。心理契约破裂是变革情境下一种重要的消极状态，同样的，角色超载也是员工面临的常见的消极反应。针对正在经历组织变革的企业的纵向研究发现，不断增加的角色超载会降低组织承诺进而提高员工的离职倾向。因此，本节研究认为，角色超载和员工的离职倾向、任务绩效及帮助行为等都有密切的关系，并且员工对组织的情感承诺起着中介作用，具体假设如下。

假设 7.2a：情感承诺在角色超载和离职倾向之间的关系起着中介作用。

假设 7.2b：情感承诺在角色超载和任务绩效之间的关系起着中介作用。

假设 7.2c：情感承诺在角色超载和帮助行为之间的关系起着中介作用。

3. 员工参与的调节作用

员工参与是指企业采取一系列管理实践如信息分享、共同决策、合理化建议等，来鼓励员工参与到企业的经营过程中，从而更好地让员工发挥才能为企业做出贡献。员工参与，在很多研究中也称为员工赋能，是企业高绩效人力资源系统的一个重要组成部分，对组织绩效有积极的影响。

以往研究证实，鼓励员工参与的管理实践能够提升员工的内在工作动机，使员工更加认同组织的价值观，增强他们的组织认同感。在变革情境下，组织本身特别是上级领导往往无法像平常一样给予员工充分的关心和指导，员工对于未来的工作和职业前景会产生很大程度的焦虑和不确定感，特别是当感受到角色超载而带来的压力、紧张和不适时，企业如果采取鼓励员工参与的管理实践，让员工拥有权利去表达他们对于变革的想法，或者参与到变革过程中，他们就会感到自己对这些重要的结果有一定的控制感，有利于他们在模糊情境下认识到自己的价值，这能够提升员工的自我效能感并减少焦虑，从而降低他们对变革的抵制，提升对变革的承诺。特别是当变革比较剧烈的时候，员工参与的需求会变得更加突出，因此鼓励参与的管理实践会更容易对员工产生积极的影响。另外，员工参与也使得他们相互之间有更多的机会进行交流和合作，共同应对组织变革带来的心理挑战，这也能在一定程度上帮助他们克服角色超载带来的负面影响。

员工参与能够调节角色过载和组织承诺之间的负向关系。基于这种思路，如果企业实施了比较充分的管理实践来鼓励员工参与，那么能够在一定程度上缓解由于角色超载带来的消极结果。当员工参与程度较高时，他们对工作的控制感和效能感会比较高，尽管他们由于组织变革会感受到较高的角色超载，但其情感承诺的下降幅度会有所缓和，从而减少对一系列结果变量的影响。而当员工参与程度较低时，他们对工作的控制感和效能感会比较低，如果此时再感受到较强的角色超载，那么他们对组织的情感承诺就会显著下降，进而影响工作的结果。因此，本节研究认为，角色超载和一系列结果变量之间通过情感承诺的间接关系会受到员工参与程度高低的影响。这一推论也和以往研究的一些发现保持一致，组织采取的提升员工工作投入的举措，能够调节角色超载和离职倾向之间通过情感承诺的间接关系。于是，本节提出如下假设。

假设 7.3a：员工参与调节了角色超载和离职倾向之间通过情感承诺的间接关系。具体而言，当员工参与程度较高时，这一间接关系相对较弱，而当员工参与程度较低时，这一间接关系相对较强。

假设 7.3b：员工参与调节了角色超载和任务绩效之间通过情感承诺的间接关系。具体而言，当员工参与程度较高时，这一间接关系相对较弱，而当员工参与程度较低时，这一间接关系相对较强。

假设 7.3c：员工参与调节了角色超载和帮助行为之间通过情感承诺的间接关系。具体而言，当员工参与程度较高时，这一间接关系相对较弱，而当员工参与程度较低时，这一间接关系相对较强。

本节研究的理论假设可以整合为一个有调节的中介模型，如图 7.1 所示。

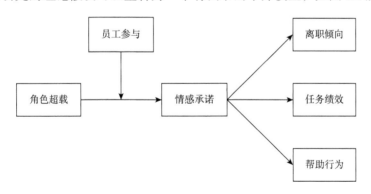

图 7.1　角色超载与情感承诺的假设模型

二、本节研究的方法与分析途径

（一）样本收集

我们进行数据收集工作时，先后联系了长三角地区的一些大中型企业。选取

40家符合条件的目标企业，和这些企业的人力资源经理进行沟通，向其介绍研究背景并发出邀请。其中，有28家企业同意参加调查。每个企业的人力资源经理推荐该企业的一些直线主管，让他们选择自己的若干名下属来参与调查。所有人员的参与都是完全自愿的，所有问卷通过纸质快递和电子邮件两种方式来完成发送和回收。在删除了一些数据不完整的问卷之后，最终回收了380份有效的员工问卷。

在完成问卷的员工中，40.5%为男性。主要的年龄在26~35岁，占了总样本的58.7%。其中55.6%的人拥有本科学历。从行业分布看，29.7%的人来自制造业，48.0%的人来自服务业，还有22.3%的人来自其他行业。

通过和每个企业的人力资源经理进行简单访谈来确保参与调查的企业确实都正在进行或刚刚完成相应的组织变革，并根据人力资源经理的描述将该企业的组织变革分为4种不同类型：企业并购、业务转型、技术升级和其他类型，这4种类型的比例分别是24%、40%、28%和8%。随后，我们通过单因素方差分析的方法来检验组织变革类型是否对三个员工层面的因变量（离职倾向、任务绩效和帮助行为）产生影响，结果发现不同变革类型的企业在三个因变量上的差异均不显著。

（二）研究变量的测量方法

本节研究中所有变量都由利克特七分量表来测量，其中，1代表完全不同意，7代表完全同意。问卷中所有题项都是以员工为对象进行评价，但评价主体来自员工和主管两方面。受访的员工在问卷中填写了他们的基本信息，并对角色超载、情感承诺、员工参与和离职倾向进行评价。员工的直接主管在问卷中对这些员工的任务绩效和帮助行为进行了评价。员工和主管的问卷是相互配对的。

角色超载的测量采用Cousins等提出的工作需求量表中关于角色超载的部分，包括4道题项。代表性题项如"我不得不非常快速地工作"。该量表的克龙巴赫α系数为0.83。

情感承诺的测量采用Meyer等提出的组织承诺量表中关于情感承诺的部分，包含6道题项。代表性题项如"我对所在企业有一种强烈的归属感"。该量表的克龙巴赫α系数为0.83。

员工参与的测量采用Gardner等提出的人力资源系统量表中关于参与授权的部分，包含3道题项。代表性题项如"我有充分的途径可以在部门里自由表达自己的意见"。该量表的克龙巴赫α系数为0.78。

离职倾向的测量采用Tett和Meyer提出的离职倾向量表，包含4道题项。代表性题项如"我经常留心去寻找更好的工作"。该量表的克龙巴赫α系数为0.85。

　　任务绩效的测量采用 Williams 和 Anderson 提出的工作绩效量表,包含 5 道题项。代表性题项如"这位员工能够满足这个岗位的正式要求"。该量表的克龙巴赫 α 系数为 0.89。

　　帮助行为的测量采用 Podsakoff、Ahearne 和 MacKenzie 提出的组织公民行为量表中关于帮助行为的部分,包含 7 道题项。代表性题项如"当有人在工作上落后时,这位员工会帮助其摆脱困难"。该量表的克龙巴赫 α 系数为 0.92。

　　以往研究表明员工样本的一些人口统计学变量可能会对他们的离职倾向和任务绩效有一定的影响,因此本节研究选取员工的性别、年龄和教育水平作为控制变量。同时,本节研究还控制了员工所在企业的行业类型。其中性别为哑变量:1=男性,0=女性。年龄为分类变量:1=25 岁及以下,2=26~35 岁,3=36~45 岁,4=46~60 岁,5=61 岁及以上。教育水平为分类变量:1=高中及以下,2=大专,3=本科,4=硕士,5=博士。关于行业,本节研究构造了两个哑变量来反映制造业、服务业及其他行业。

(三)分析策略

　　采用 AMOS 20.0 软件来分析所有变量的测量模型,以判别其效度。本节研究选择了 5 个常见的指标来评价测量模型的拟合程度,分别是 χ^2/df、TLI、CFI、RMSEA、SRMR。根据以往研究的建议,本节研究对这些指标的临界判断值做出以下规定:χ^2/df 不大于 3,TLI 和 CFI 不小于 0.90,RMSEA 不大于 0.80,SRMR 不大于 0.10。

　　本节研究的主要分析通过 SPSS 20.0 软件和 SPSS 的 PROCESS 宏程序(2.12版本)来完成。PROCESS 宏程序是 Hayes 教授在 2013 年开发的,它基于回归分析的思路,不仅具有友好的界面和简便的操作,而且具有强大的功能,超越了以往类似工具如 INDIRECT 宏程序的使用范围,能够分析各种中介模型、调节模型及它们之间的组合模型,因此它在近期的研究中已经得到越来越多的应用。PROCESS 宏程序可以报告模型调节变量在两个不同取值情况下的条件间接效应,如果在不同取值条件下的间接效应一个显著,另一个不显著,则说明存在有调节的中介效应。这种方法也被称为亚组分析法。但该方法有明显的局限,如在调节变量不同取值情况下,如果间接效应都是显著或者不显著,就无法判断中介效应是否受到调节了。为此,通过严格推导,以往研究指出像本节研究这样的一阶有调节的中介模型,其效应在数学上就是调节变量的一个线性函数,该函数的斜率等于自变量与调节变量的交互项对中介变量的回归系数和中介变量对因变量的回归系数的乘积。由于调节变量始终不为零,因此只要这个斜率显著不为零,那么就证明存在有调节的中介效应。Hayes 将这个斜率称为有调节的中介效应的判定指标（INDEX），用以通过自助法进行检验。这种方法也被称为系数乘积法，已经被证实比以往的亚组分析法和差异分析法具有明显优势。为了在操作上实现这一方法，在 PROCESS 宏程序（2.10 版）上及时增加了对 INDEX 进行分析的功能。基于上述讨论，本节研究决定采用这个检验方法来分析主要假设。

　　本节研究中所有自助法分析都是采用 5000 次重复取样，构造 95%偏差校正的置信区间。如果置信区间的下限和上限之间不包括零，那么就说明相应的效应是显著的。

三、研究的统计分析结果

（一）验证性因素分析

　　在进行假设检验之前，本节研究首先对变量进行验证性因素分析，来判断所有变量之间的效度情况。根据假设，测量模型包含六个因素：角色超载、情感承诺、员工参与、离职倾向、任务绩效和帮助行为。这个模型显示出良好的数据拟合程度：$\chi^2=836.38$, $p<0.001$；$\chi^2/df=2.31$；TLI=0.90；CFI=0.92；RMSEA=0.06；SRMR=0.07。每个潜变量对应测量指标的因素荷重都在 0.01 水平上显著，平均的标准化因素荷重为 0.74，表明了这些潜变量具有良好的聚合效度。随后，本节研究尝试将一些来自同一评价的变量进行组合，构建比较简洁的模型，和假设模型进行比较。备择模型 1 将角色超载和情感承诺两个因素进行合并，形成五因素模型。备择模型 2 将主管评价的任务绩效和帮助行为进行合并，形成另一个五因素模型。备择模型 3 在备择模型 2 的基础上，再将员工评价的剩余四个因素合并成一个因素，形成两因素模型。结果发现，假设模型在拟合指标上要明显优于任何一种备择模型，而且 $\Delta\chi^2$ 检验显示假设模型和备择模型之间的差异显著。因此，上述结果表明了这些潜变量之间具有良好的辨别效度。见表 7.1。

表 7.1　测量模型的比较

模型	χ^2	df	χ^2/df	$\Delta\chi^2$	TLI	CFI	RMSEA	SRMR
假设模型：六因素	836.38	362	2.31	—	0.90	0.92	0.06	0.07
备择模型 1：五因素	1341.41	367	3.66	505.03**	0.81	0.83	0.09	0.08
备择模型 2：五因素	1883.85	367	5.13	1047.47**	0.70	0.73	0.11	0.12
备择模型 3：两因素	2729.13	275	7.29	1892.75**	0.54	0.57	0.13	0.13

　　注：$\Delta\chi^2$ 检验是基于假设模型

　　**表示 $p<0.01$

（二）中介效应的分析与检验

表 7.2～表 7.5 显示了对中介效应和自变量效应进行回归分析的结果（均为非标准化系数）。从表 7.2 可以看出，角色超载到情感承诺的直接效应是显著的负向关系（$b=-0.21^{***}$），因此假设 7.1 得到了完全支持。表 7.3 中的情感承诺和离职倾向存在显著的负向关系（$b=-0.82^{***}$），情感承诺和任务绩效（$b=0.32^{***}$）与帮助行为（$b=0.35^{***}$）都存在显著的正向关系。表 7.4 还显示了自变量角色超载到三个因变量的总效应和排除了中介变量后的直接效应。可以看出，角色超载到离职倾向（$b=0.32^{***}$）和帮助行为（$b=-0.11^{**}$）的总效应都是显著的，但是角色超载到任务绩效的总效应却不显著（$b=-0.04$）。表 7.5 则是模型的拟合指标结果。尽管在经典的逐步分析法中，自变量和因变量之间存在显著的总效应是进行中介效应分析的前提，但是很多学者指出，中介效应是不需要自变量和因变量之间一定存在显著关系的，因此提出间接效应的概念。本节研究决定采用这样的思路，继续进行后续中介效应的分析（或称间接效应）。

表 7.2 角色超载到情感承诺的直接效应的回归分析

中介变量	估计值	标准误	t 值
情感承诺	-0.21^{***}	0.04	-5.35

注：估计值均为非标准化系数

***表示 $p<0.001$

表 7.3 情感承诺到因变量的直接效应的回归分析

因变量	估计值	标准误	t 值
离职倾向	-0.82^{***}	0.06	-14.30
任务绩效	0.32^{***}	0.05	6.56
帮助行为	0.35^{***}	0.04	9.38

注：估计值均为非标准化系数

***表示 $p<0.001$

表 7.4 角色超载到因变量的总效应和直接效应的回归分析

自变量到因变量的总效应				自变量到因变量的直接效应			
因变量	估计值	标准误	t 值	因变量	估计值	标准误	t 值
离职倾向	0.32^{***}	0.05	5.81	离职倾向	0.14^{**}	0.05	3.13
任务绩效	-0.04	0.04	-1.06	任务绩效	0.03	0.04	0.77
帮助行为	-0.11^{**}	0.03	-3.53	帮助行为	-0.04	0.03	-1.26

注：所有估计值均为非标准化系数

表示 $p<0.01$，*表示 $p<0.001$

表 7.5　模型拟合指标

因变量	R^2	调整后 R^2	F 值	自由度 1	自由度 2
离职倾向	0.42***	0.41	38.40	7	372
任务绩效	0.15**	0.13	8.47	7	372
帮助行为	0.23***	0.22	15.94	7	372

注：所有估计值均为非标准化系数

表示 $p<0.01$，*表示 $p<0.001$

表 7.6 是采用 PROCESS 宏程序对中介效应（角色超载通过情感承诺对其他因素的影响）进行自助法分析的结果。关于中介效应的判定，比较主流的方法是用自助法分析自变量到中介变量的回归系数和中介变量到因变量的回归系数的乘积项是否显著不为零。表 7.6 的结果表明，角色超载通过情感承诺影响离职倾向的间接效应为 0.18（CI=[0.11，0.25]），角色超载通过情感承诺影响任务绩效的间接效应为 -0.07（CI=[-0.11，-0.04]），角色超载通过情感承诺影响帮助行为的间接效应为 -0.07（CI=[-0.10，-0.05]）。由于这三个效应的置信区间都不包含零，因此，这三条中介效应都是显著的，假设 7.2a、假设 7.2b 和假设 7.2c 都得到了完全支持。

表 7.6　中介效应的自助法分析

因变量	效应	偏差	标准误	下限	上限
离职倾向	0.18	-0.00	0.03	0.11	0.25
任务绩效	-0.07	0.00	0.02	-0.11	-0.04
帮助行为	-0.07	0.00	0.01	-0.10	-0.05

（三）有调节的中介效应分析

检验有调节的中介效应发现，角色超载和员工参与的交互作用会对情感承诺存在正向效应（$b=0.12$**），通过 PROCESS 运算，直接得到了在调节变量不同取值下的条件间接效应。表 7.7 显示了这些结果。当员工在组织中的参与程度比较低时，角色超载通过情感承诺产生间接效应而影响离职倾向并同时影响任务绩效和帮助行为；当员工在组织中的参与程度比较高时，角色超载通过情感承诺产生间接效应影响离职倾向和任务绩效，角色超载通过情感承诺间接地影响任务绩效。总体结果表明，员工参与、角色超载通过情感承诺对三个因变量的间接效应都是显著的。

表 7.7　有调节的中介效应分析

结果变量	条件间接效应					有调节的中介效应			
	调节变量	效应	标准误	下限	上限	INDEX	标准误	下限	上限
离职倾向	低值	0.23	0.06	0.12	0.34	−0.06	0.03	−0.11	−0.01
	高值	0.07	0.04	0.00	0.15				
任务绩效	低值	−0.09	0.03	−0.15	−0.04	0.02	0.01	0.00	0.04
	高值	−0.03	0.02	−0.07	−0.00				
帮助行为	低值	−0.10	0.02	−0.15	−0.05	0.03	0.01	0.00	0.05
	高值	−0.03	0.02	−0.06	−0.00				

　　在这种情况下，采用条件间接效应的分析不足以判定是否存在有调节的中介效应。从表 7.7 可以看出，员工参与对角色超载影响离职倾向、任务绩效和帮助行为的间接关系分别存在调节作用，而且，这三个有调节的中介效应都是显著的。这一结果完全支持了假设 7.3a、假设 7.3b 和假设 7.3c。

　　这种有调节的中介效应实际上是调节变量的一个线性函数。而以往的检验方法（如亚组分析法和差异分析法）只能显示在调节变量两个不同取值下的间接效应，难以完整反映间接效应受调节变量影响的全貌。为了克服这一缺陷，本节研究利用 Johnson-Neyman 方法，计算了 95%置信带和显著域的具体数值，并以作图的方式来更加清晰地展示在调节变量连续取值下的条件间接效应，见图 7.2 和图 7.3。

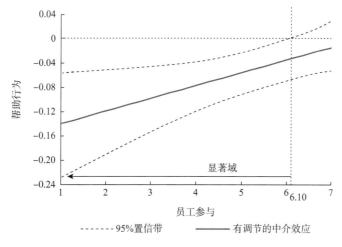

图 7.2　有调节的中介效应：员工参与和帮助行为

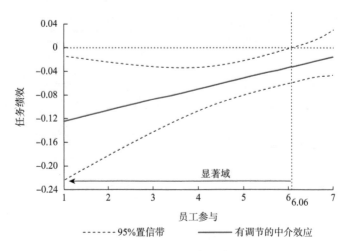

图 7.3　有调节的中介效应：员工参与和任务绩效

四、本节研究的理论意义与应用价值

（一）变革情境下角色超载的效应与调节策略

　　组织变革情境下角色超载的作用需要联系组织情境的特征加以分析和检验。在常规运营下的企业组织，员工感知到一定程度的角色超载会引起一些心理不适，但是不一定会引发比较严重的后果，如考虑离职、降低绩效等。如果企业正在实施转型战略和经历组织变革举措，则员工会面临高不确定性和高不安全感。这时，所感知到的较高的角色超载的负面效应往往会突显出来。在组织变革情境下，员工感知到的角色超载会带来一系列的负面后果，如上升的离职倾向，降低的角色内和角色外绩效。因此，针对在组织变革情境下探讨角色超载的作用与调节策略，可以显著增进有关角色超载作用机制的理解和使用。

　　以往关于角色压力影响员工绩效的研究，较多关注其中的中介关系。近期的研究趋势是尝试识别出有效的调节因素，以便丰富有关角色压力与员工绩效之间关系及策略的理解。本节研究发现，组织变革情境下员工角色超载会引发一系列负面结果，并提出员工在组织中的参与程度，能够在一定程度上缓解角色超载的消极作用。具体说，如果能提高员工的参与度，角色超载对情感承诺的负向关系就不会那么强烈，对各种结果变量的负面影响也会得到缓解。因此，我们识别出员工参与这个影响角色超载和各类结果之间关系的重要调节变量，帮助人们了解角色超载发挥作用的关键边界条件。

　　在分析方法上，以往研究在检验有调节的中介模型时，主要采取亚组分析法或差异分析法。这两种方法都有各自的缺陷，为此，Hayes（2015）提出了系数乘积法，这是便于操作且检验效果明显的一种检验方法。本节研究采用这种方法并运用 Preacher 等提供的 SPSS 语法程序获得相关数据，以作图的方式完整展现有调节的中介效应和对调节策略的理解，显示出独特的优势，为后续研究做出了有意义的尝试。

（二）组织变革情境下的角色管理与效能

有关如何提高组织变革的参与度和效能问题一直被管理者关注。其中一个重要问题就是如何降低员工的压力水平，提高他们对变革举措的接受程度。我们建议，要密切关注员工的角色超载程度，避免或减弱角色超载带来的很多负面结果。一方面，可以考虑从角色超载本身入手，采取一些措施降低员工对角色超载的感知度，如适当提高任务的自主性或自由度、弱化命令链、避免交叉领导等；另一方面，可以考虑提高员工对企业组织变革事务的参与度，从而提高他们对工作的心理控制感和组织认同感，进而降低角色超载和负面结果之间的传导关系。

未来研究可以考虑采取纵向设计，深入分析角色过载与一系列结果变量之间的实际因果关系，并选取多层次干部与员工的多种管理实践作为调节变量，系统考察各类举措的调节效果。实践案例表明，高绩效工作系统和员工支持平台的采用，不但强化了员工参与度，而且提升了员工技能培训效果，增强了员工动机和团队工作效能等。这些管理实践也会缓解角色超载给员工带来的负面作用，从而以综合策略提升组织变革情境下的角色管理和队伍建设效能。

第二节　外派员工角色建构与心理获得感

一、组织变革与外派员工策略

（一）什么是自主外派和心理获得感

由于工作环境日益全球化及全球组织之间的竞争，跨界创业和海归创业成为常见的实践，引起了研究者的广泛关注（胡洪浩，2014）。全球各类企业外派人员模式也不断变迁和创新，成为国际人力资源管理和变革管理受人关注的领域之一。其中的一个重要问题是外派人员与当地人员之间如何有效互动、适应和调节，以便发展文化融合的关系以保持其竞争优势。

多年来，我们说起"外派经理"或"外派员工"都是指跨国企业和各类企业派出的"公派人员"，相关研究都是针对这类人员的企业外派人力资源管理与支持策略。近年来，外派的重点转向了"自主外派"。这是指个人自行到海外创业或为相关企业服务与"打工"。与先前的企业外派相比，自主外派人员由于没有预先的培训和准备去适应新的文化环境与同事，也没有较强大的"本单位"资源与队伍的支撑，会在变革创新环境下面临一系列新的挑战。因此，全球的企业组织和学者都在关注自主外派人员的适应、发展和在跨文化情境下如何应对各种挑战，特别是如何在组织变革情境下实现文化融合及与当地同事更好地互动和共事，以及适应新的文化工作状况。在全球化和信息化的组织变革环境中，这也成为中国管理实践的重要新问题。

Jannesari 等（2016）的研究中，把注意力转向自主外派人员的心理获得感及其效应。心理获得感是指"具有亲身经历特定时刻的体验、认知、情感或心理资源的感觉"。心理获得感是帮助员工确定其角色和同事互动的心理条件之一。心理获得感也可以定义为"为合作伙伴引导心理资源的能力和动机"。这对于自主外派者和当地同事来说都很重要，有助于他们增强面向同事的心理能力，以及适应文化差异和调节相互间心态与工作能力。本节研究主要聚焦在自主外派者怎样运用职业能力调节及角色构建和心理获得感的正面作用，特别是从双方角度进行的双向文化与能力调节的过程。

基于这样的研究思路，我们确定了研究的新问题：在组织变革和文化变迁背景下，自主外派者和当地同事如何共同构建新的角色组合并把心理获得感作为更好相互适应和合作共事的一种工具。本节研究的主要目的是帮助自主外派者和当地同事协作开发各自的心理获得感，并以行动领先式的主动个性作为加强参与和调节共事的有效因素，也为有效的相互调节提供指导。

本节通过两项子研究（创建研究模型，聚焦主动个性和心理获得感因子），并以主动个性作为一种潜在个性特质，系统考察其是否或如何影响自主外派者和当地同事之间的跨文化适应和心理获得感。个性特质是决定个人感受、思考与职业流动性如何表现的关键个体因素。本节研究认为，自主外派者和当地同事都关注主动个性对人际调节和心理获得感所具有的积极作用。由于 21 世纪的职业越来越无边界且日益与多文化同事合作共事，跨文化项目的心理参与日趋普遍和成功。本节研究将能提供积极可行的策略。针对自主外派者和当地同事的支持水平，考察支持水平对主动个性与心理获得感之间关系的正面影响，从而促进心理获得感及研究探索其行为机制。

（二）主动个性、心理获得感和文化调节关系

我们提出自主外派者和当地同事的资质与能力直接和间接影响彼此的心理获得感，我们在研究中运用以下变量检验上述关系。

1. 主动个性与心理调节

我们在研究中把主动个性定义为个体主动应对环境变化的资质特征，用以表现高度正面的主动性，识别机会和积极应对。主动个性行动属于心理调节的行为表现和任务行动。对于来自不同文化背景的自主外派者和当地同事，以此调节和控制其不确定性和焦虑。

本节研究提出，在组织变革情境下自主外派者和当地同事之间的互动关系受到主动个性特征的调节。当人们前往一个不熟悉的新文化环境国家时，他们的行为更多受到心理资源的制约，以此对新文化环境做出逐步调节和适应。基于上述观点，认为主动个性与自主外派者和当地同事之间的调节具有正相关关系。

假设7.4a：具有高主动个性的自主外派者将与当地同事更好地适应。

假设7.4b：具有高主动个性的当地人员将与自主外派者更好地调节。

2. 主动个性和心理获得感

在研究中，我们将心理获得感视为个人体验及认知和情绪能量与他人联系的行为表现。这使得自我更多地投入到与同事个人交往的角色中。本节研究假设，主动个性会正面影响个人与合作伙伴之间的心理获得感，具有高积极主动性的人将能够更有能力识别和预防可能控制其心理个人资源的潜在问题（认知、情感和体验）。研究进一步表明，主动个性可以建立起一种信心，有助于自主外派者接近和应对他们面临的文化差异，形成更好的彼此互动行为。他们以这样的方式，更有信心了解并更愿意感受到与对方充分合作。我们的研究还要讨论如何控制和增强同事之间的心理获得感。在实际研究中，压力和焦虑会对员工的心理获得感产生负面影响，从而降低他们的创造力。

本节研究的重要理论思路是，主动个性正面影响人际心理获得感。具有高主动个性的员工更有能力识别和防范潜在的问题而帮助双方控制心理资源（认知、情绪、意志与责任等），特别是应对文化差异，处理文化与工作中的压力、焦虑，实现跨文化适应和取得新的绩效。在跨文化环境下工作，压力和不确定性都非常大，自主外派者和当地同事在一起工作时所面临的压力，不只是简单互动就可以应对的，而是需要主动采取行动来提高他们各自的应对能力。他们倾向于以更多的心理资源来应对双方的工作关系、相互沟通，从而体验共同的心理获得感。因

此，本节研究估计主动个性与人际心理获得感呈正相关。我们进一步的假设如下。

假设 7.5a：具有更高主动个性的自主外派者与当地同事的更高的心理获得感水平相关。

假设 7.5b：具有更高主动个性的当地同事会与自主外派者更高水平的心理获得感有关。

3. 心理获得感的中介效应

我们在研究中提出，具有主动个性的自主外派者能够同时投入更多的心理体验、认知和情感参与互动交流。为此，研究开发了一个理论模型，认为心理获得感在主动个性与调节能力之间发挥中介效应。尽管有关自主外派者的先前研究发现主动个性与调节能力相关，本节研究希望进一步搞清楚心理获得感是否在这种关系中起着关键作用，从而促进自主外派者和当地同事之间的相互适应与关系调节。

跨文化调节是自主外派者与当地同事之间关系最关键的因素之一，可以揭示自主外派者和当地同事是否能够融入工作、愿意相互交流，以及合作共事的程度。为此，本节研究预计，主动个性可以增强他们的心理资源，调节其注意力，使其集中到相互理解、工作关系和共事模式上去。我们进一步把心理获得感定义为有助于激发和维持协作行为及开放态度，倾向于在同事之间开放自己、互相交流、相互学习（文化规范和语言习惯等），从而有助于理解自己应该如何以适当行为发挥作用，以便做出更好的心理调节。因此，主动个性可以促进体验、认知和情感上的接触，增强相应的心理获得感，提升工作和互动调节能力。我们进一步的假设如下。

假设 7.6a：自主外派者的心理获得感将调节他们的主动个性与当地同事之间的关系。

假设 7.6b：当地同事的心理获得感将调节他们的主动个性与自主外派者之间的关系。

4. 支持性主管关系的调节作用

在跨文化环境中工作，各类人员面临多重挑战，如文化差异、文化纠结、文化融合、语言障碍、行为失调、心理困扰、群体协调、职业转换、组织变革等，支持性主管关系成为跨文化工作适应和职业成长的关键因素之一。因此，本节研究以 LMX 关系为指标衡量支持性主管关系，作为社会支持机制的组成部分，以协助和分享文化价值观和行为规范。本节研究扩展了这一考虑，考察当地同事与其主管之间的关系。我们预测，支持性主管关系将为其自主外派员工和当地同事创造积极的工作氛围，从而影响他们的主动个性与心理获得感之间的关系及效应。我们做出以下假设。

假设 7.7：当自主外派者与当地同事获得主管的支持不同时，主动个性和心理获得感之间关系也会不一样。

基于以上假设的关系图如图 7.4 所示。

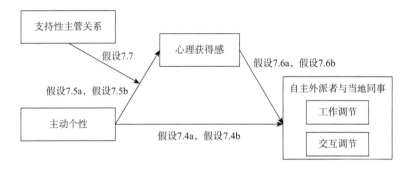

图 7.4　自主外派者与当地同事的心理获得感结构图

二、研究的方法论和主要分析结果

（一）样本特点和程序

1. 取样方法

本节研究采用成对问卷方法，采集来自不同国家或地区的自主外派者与当地同事的成对样本数据。我们从两家中国跨国企业获得一部分样本数据，并且以社交网络信息识别跨国企业来获得另一部分样本数据。我们进一步发送电子邮件给 820 家跨国企业的人力资源部门，询问它们是否愿意参加这项研究。那些同意参加这项研究的企业把我们的要求以电子邮件方式转发给他们的自主外派员工以解释研究目标。请他们根据调查问卷确认自己身份为自主外派者并同意参加研究，且给我们发一位一起共事的当地同事名字及其电子邮件地址。我们通过电子邮件向当地同事发出邀请，经同意后把他们连接到在线调查系统。500 多家企业参与了本节研究，我们一共邀请了 670 个自主外派者-当地同事的成对组，收到了 342 个成对组的有效数据。

自主外派者子样本的人口统计数据如下：平均年龄为 41 岁（标准差= 9.65），74% 为男性，68% 有学士学位，外派时间不到 4 年的占 32%、4~8 年的占 53%、8 年以上的占 13%，来自 32 个国家和地区。自主外派者与当地同事之间差异如下：1 年以下 11%，1~4 年 56%，4 年以上 31%。自主外派者与当地同事之间的职层次如下：81% 成对样本是同等关系，12% 成对样本的当地同事是自主外派者的主管，7%成对样本的自主外派者是当地同事的主管。当地同事子样本的背景如下：平均年龄为 37 岁（标准差=7.23），62%为女性，86%有学士学位。这项研究中的所有当地同事都是中国员工。

2. 测量方法

1）主动个性

我们使用了 Seibert 等（1999）开发的 10 题项的量表测量主动个性。样题如"我一直在寻找更好的方式来与我的外籍或本地同事一起共事"。我们采用利克特七分量表，从 1=强烈不同意，到 7=强烈同意。主动个性量表的克龙巴赫 α 系数为 0.82。

2）支持性主管关系

采用 Liden 和 Maslyn（1998）的 12 题项量表测量支持性主管关系。样题如"我有一位主管，如果我受到其他同事的伤害，他总是出来捍卫和支持我"。所有的量表都用利克特七分量表测量，从 1=强烈不同意，到 7=强烈同意。支持性主管关系量表的克龙巴赫 α 系数为 0.93。

3）心理获得感

我们设计了 5 题项量表来测量心理获得感，样题如"我对自己的能力有信心，能够处理与我的外籍同事或本地同事合作出现的问题"。所有的量表均采用利克特七分量表测量，从 1=强烈不同意，到 7=强烈同意。心理获得感量表的克龙巴赫 α 系数为 0.85。

4）行为调节

根据研究，工作调节和互动调节是预测跨文化调节的最重要的两个子维度。因此，我们采用的量表包括三个工作调节题项（代表性题项如"我是一个灵活的人，可以适应与当地/外国同事合作"）和两个互动调节题项（代表性题项如"我已经调节为可以与本地/外国同事进行互动"）。以利克特七分量表测量，从 1=强烈不同意，到 7=强烈同意。工作调节量表的克龙巴赫 α 系数为 0.88，互动调节量表的克龙巴赫 α 系数为 0.99。

5）控制变量

本节研究认为，两个来源或子样本之间的异同对其心理参与度有很大的影响。因此，我们控制了自主外派者和当地同事之间在组织中的级别差异和相似程度。因此，我们处理了两个哑变量：成对关系（1=成对组；0=自主外派者或当地同事为主管）和当地同事为主管（1=当地同事为主管；0=同级或自主外派者为主管）。此外，这项研究控制了自主外派者和当地同事之间关系的长度。同时，研究了自主外派者的离职期限、在海外工作年限等。

为了避免共同方法偏差，收集了与自主外派者和当地同事参与者一起工作的领导或主管调节的数据。为了控制方差，我们借用"哈曼的单因素"技术，结果说明了41%方差，没有超过总方差的50%，因此，本节研究较好地解决了共同方法偏差问题。

（二）数据分析的主要结果

1. 测量变量的检验和分析

在测试假设之前，运行正态性检验来检查所有变量是否是正态分布。使用Kolmogorov-Smirnov方法，检验了主动个性、支持性主管关系、心理获得感、心理调节能力等变量的统计正态性。其中，自主外派者样本和当地同事样本的变量统计值都达到了正态性。这项研究在两个相互关联的步骤中检验了假设：我们检验了简单的中介模型（假设7.4a～假设7.6b）；然后，我们把调节变量加入模型（假设7.7）并做出检验。对于中介效应测试，遵循了Baron和Kenny（1986）的建议。第一步，自变量 X（主动个性）对结果 Y（心理调节）的直接影响必须显著（假设7.4a 和假设7.4b）。第二步，自变量 X（主动个性）应该是中介 M（心理获得感）的重要预测因子，也可以通过假设7.5a 和7.5b 预测。第三步，为了确认中介效应，应该检验自变量 X（主动个性）和中介 M（心理获得感）对结果 Y（心理调节）的影响（假设7.6a 和7.6b）。此外，我们还进行了 Sobel 测试，以检查是完全中介效应还是部分中介效应。对于心理调节的测试，我们预测支持性主管关系会在假设7.7 中调节主动个性与心理获得感之间的关系。根据 Aiken 和 West（1991）的观点，调节的回归分析适合用于测试效果。本节研究通过自助分析方法中的PROCESS 宏程序来测试中介效应和调节效应。

有关伦理承诺分析的数据由我们的研究参与者自愿提供，所有研究参与者提供书面和知情同意书。此外，确认研究是以独立和公正的方式进行的。

2. 描述统计的分析与检验

表7.8 和表7.9 分别给出了自主外派者和当地同事样本的变量均值、标准差、信度和相关性。

表7.8　自主外派者样本的主要变量描述统计结果

变量	均值	方差	1	2	3	4	5	6	7	8	9
1 主动个性	5.48	0.74	(0.82)								
2 支持性主管关系	4.60	1.40	0.26**	(0.93)							
3 心理获得感	5.59	0.85	0.48**	0.33**	(0.85)						

变量	均值	方差	1	2	3	4	5	6	7	8	9
4 工作心理调节	4.30	1.11	0.41**	0.45**	0.31**	(0.88)					
5 互动心理调节	4.19	1.08	0.42**	0.45**	0.30**	0.64**	(0.99)				
6 成对组年限	0.41	0.49	0.11	−0.10	0.05	−0.23**	−0.17*	—			
7 同伴关系	2.07	0.92	0.00	−0.11	−0.15	−0.14	−0.25*	0.27**	—		
8 当地人领导	0.83	0.36	−0.07	0.05	0.04	0.09	0.07	−0.27**	−0.22*	—	
9 自主外派者就职时长	1.27	0.62	0.32**	0.16	0.25**	0.06	0.12	0.15	0.20*	−0.09	—

注：括号内为信度系数

*表示 $p<0.05$，**表示 $p<0.01$

表 7.9　当地同事样本的主要变量描述统计结果

变量	均值	方差	1	2	3	4	5	6	7	8
1 主动个性	6.50	0.64	(0.82)							
2 支持性主管关系	5.17	1.53	0.41**	(0.93)						
3 心理获得感	4.06	0.70	0.22**	0.27**	(0.85)					
4 工作心理调节	3.97	1.01	0.42**	0.52**	0.45**	(0.88)				
5 互动心理调节	3.57	1.20	0.33**	0.55**	0.31**	0.59**	(0.99)			
6 成对组年限	0.52	0.58	−0.01	0.09	−0.11	−0.14	−0.13	—		
7 同伴关系	2.24	0.99	0.12	−0.09	−0.10	−0.18*	−0.29**	0.14	—	
8 当地同事领导	0.69	0.40	−0.10	−0.03	0.01	0.07	0.09	−0.12	−0.37**	—

注：括号内为信度系数

*表示 $p<0.05$，**表示 $p<0.01$

3. 心理调节的中介效应分析结果

假设 7.4a 和假设 7.4b 是考察主动个性与工作心理调节和互动心理调节之间的关系。根据表 7.10，自主外派者的主动个性对于工作心理调节（$\beta=0.57^{**}$）和互动心理调节（$\beta=0.61^{**}$）具有显著效应。而当地同事的主动个性与工作心理调节呈正相关（$\beta=0.60^{**}$），但与互动心理调节负相关（$\beta=-0.45^{*}$）。因此，假设 7.4a 和 7.4b 得到了支持。

表 7.10　心理调节（自主外派者/当地同事）的中介效应分析

路径估计	心理获得感		工作心理调节				互动心理调节			
假设	假设 7.5		假设 7.4		假设 7.6		假设 7.4		假设 7.6	
	效应	标准差	效应	标准差	效应	标准差	效应	标准差	效应	标准差
成对组任期（自主外派者）	−0.03	（0.09）	−0.08	（0.14）	−0.05	（0.12）	−0.16	（0.25）	0.19	（0.15）
成对组任期（当地同事）	0.44*	（0.13）	−0.22	（0.14）	−0.20	（0.16）	0.42*	（0.24）	0.47*	（0.25）
同伴关系（自主外派者）	0.21*	（0.10）	−0.08	（0.10）	−0.09	（0.11）	0.33*	（0.14）	−0.15	（0.08）
同伴关系（当地同事）	−0.18	（0.15）	0.18	（0.17）	0.07	（0.18）	0.29	（0.23）	0.23	（0.24）
当地人领导	0.11	（0.18）	−0.03	（0.18）	0.02	（0.21）	−0.15	（0.08）	0.07	（0.15）
当地同事领导	−0.21*	（0.10）	0.06	（0.15）	−0.11	（0.09）	−0.27*	（0.16）	−0.35*	（0.16）
自主外派者就职时长	−0.24*	（0.11）	0.30	（0.11）	0.42**	（0.12）	0.19	（0.15）	0.32*	（0.13）
主动个性（自主外派者）	0.54**	（0.08）	0.57**	（0.09）	0.27**	（0.10）	0.61**	（0.09）	0.23**	（0.08）
主动个性（当地同事）	0.51**	（0.11）	0.60**	（0.12）	0.35**	（0.13）	−0.45*	（0.17）	−0.71**	（0.19）
心理获得感（自主外派者）					0.54**	（0.08）			0.67**	（0.07）
心理获得感（当地同事）					0.48**	（0.12）			0.49**	（0.19）
整体 R^2	0.21		0.28		0.25		0.26		0.29	
调整后 R^2	0.14		0.18		0.15		0.16		0.19	

*表示 $p<0.05$，**表示 $p<0.01$

　　假设 7.5a 和假设 7.5b 研究了主动个性和心理获得感之间的关系。表 7.10 显示，自主外派者的主动个性与心理获得感呈显著的正相关（$\beta=0.54^{**}$，$t=6.35$）。因此，假设 7.5a 得到了支持。另外，当地同事的主动个性与心理获得感呈正相关（$\beta=0.51^{**}$，$t=4.52$）。因此，假设 7.5a 和假设 7.5b 得到支持。假设 7.6a 和假设 7.6b 通过心理获得感作为调节变量，假设了主动个性与工作心理调节和互动心理调节之间的关系。根据我们的研究结果，从自主外派者的角度看，主动个性对工作心理调节的总体效果也是显著的（$\beta=0.57^{**}$，$t=5.77$），互动心理调节也是显著的（$\beta=0.61^{**}$，$t=6.30$）。我们发现，通过自主外派者样本的心理获得感，主动个性对工作心理调节的间接影响完全调节；研究还发现通过心理获得感，主动个性对互动心理调节的间接效应完全调节。因此，假设 7.6a 得到了支持。此外，当地同事主动个性对工作心理调节的总体效果是显著的（β=0.60**，t=4.76），但是互动心理调节呈负相关显著（β=−0.45**，t=−2.55）。同样，研究发现主动个性对工作心理调节和心理获得感相互作用的间接影响（当地同事样本），它们都显示出完全中介效应。因此，假设 7.6b 得到了支持。

4. 主动个性的调节效应分析

假设 7.7 预测，当自主外派者和当地同事得到主管支持降低或增高时，主动个性和心理获得感之间的关系将会相应地减弱或加强。表 7.11 显示，从自主外派者的角度分析，相互作用系数显著；而从当地同事的角度分析，相关系数也显著。这些结果表明，支持性主管关系正向调节主动个性对自主外派者和当地同事视角下的心理获得感。因此，假设 7.7 得到了支持。主动个性和支持性主管关系对自主外派者心理获得感具有交互影响，主动个性和支持性主管关系对当地同事视角心理获得感也有交互效应，见图 7.5、图 7.6。两方面结果都表明，当自主外派者和当地同事得到主管关系的高度支持时，主动个性和心理获得感之间的关系将得到加强。

表 7.11　心理获得感调节效应的检验结果

路径估计	心理获得感	
假设	假设 7.7	
	效应	标准差
成对组任期 （自主外派者）	0.29*	0.13
成对组任期 （当地同事）	0.64*	0.15
同伴关系 （自主外派者）	0.03	0.10
同伴关系 （当地同事）	−0.07	0.17
当地同事领导 （自主外派者）	0.21	0.19
当地同事领导 （当地同事）	0.05	0.27
自主外派者就职时长	0.01	0.12
主动个性 （自主外派者）	0.00	0.09
主动个性 （当地同事）	0.53**	0.10
支持性主管关系 （自主外派者）	−0.11*	0.04

续表

路径估计	心理获得感	
假设	假设 7.7	
	效应	标准差
支持性主管关系 （当地同事）	0.28**	0.09
主动个性×支持性主管关系 （自主外派者）	−0.19**	0.06
主动个性×支持性主管关系 （当地同事）	0.41**	0.14
R^2 （自主外派者）	0.26	
R^2 （当地同事）		0.34

*表示 $p<0.05$，**表示 $p<0.01$

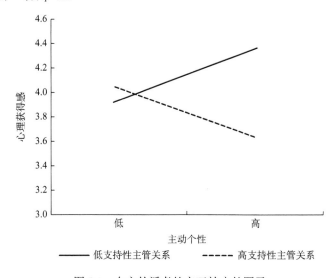

图 7.5　自主外派者的交互效应的图示

（三）研究结果的理论意义与实践价值

本节研究的主要贡献是在所研究问题上展开了新的理论进展，即自主外派者及其具有高主动个性的当地同事如何能够对心理调节产生直接影响。讨论了从主管关系获得的支持水平如何影响自主外派者与当地同事之间的心理获得感，从而可以在工作和互动过程中加强调节效应。

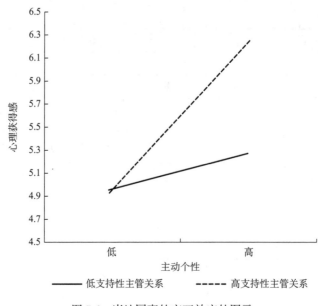

图 7.6　当地同事的交互效应的图示

1. 拓展了心理获得感的机制

本节研究的一项理论贡献是通过调查参与者之间接触程度来扩展心理获得感概念，作为调节主动个性与心理调节之间关系的应对机制。研究结果支持了假设 7.6a 和假设 7.6b 所要检验的机制，通过主动个性和调节能力之间的心理获得感检验了显著的间接关系。心理获得感调节了这种关系，有助于理解如何提高自主外派者与当地同事之间做出相应的心理调节。在自主外派者面临与当地同事相互作用的挑战时，可以增加对自主外派者调节效应的支持。如果自主外派者与当地同事主动相互协同，有助于提高他们的能力水平，进而克服文化障碍，帮助他们相互适应，增强心理能力利用，从而更好地调节相互之间关系。

在本节研究中，我们对假设 7.4b 的检验结果表明，如果当地同事表现出主动个性而没有体验到自主外派者的心理获得感，他们的互动调节容易产生负面影响。在当地同事主动采取行动建立关系时，如果在缺乏自主外派者同事投入心理资源的情况下，可能导致自主外派者感受到更大压力而产生负面的相互作用。因此，本节研究的结果验证了心理获得感在主动个性与调节能力之间起中介效应的新价值。

2. 扩展了主管支持的正面作用

本节研究表明，主管支持可以增强自主外派者和当地同事之间互动的心理获得感。在不确定的工作情境下，这是一个关键问题。主管支持有助于提供一个稳定和安全的环境，鼓励自主外派者与当地同事之间主动行动以应对压力，从而增强他们的心理获得感。我们对假设 7.7 的检验结果表明，那些得到主管大力支持的自主外派者与当地同事在互动关系中更加主动，并且更渴望彼此合作相处。为组织变革情境下自主外派者的研究提供了主管支持角色价值的研究依据。

在跨文化研究中，近期研究多数只关注自主外派者而忽视自主外派者与当地同事互动模式与调节能力带来的积极作用。本节研究通过在心理调节过程中纳入自主外派者与当地同事的观点弥补了这一研究缺口。

3. 本节研究结果的应用价值与意义

在跨文化变革背景下，自主外派者与当地同事相互间的交流与合作成为重要的管理与发展策略。其中，高质量的主管关系可以发挥关键作用，并鼓励自主外派者与当地同事之间的积极行为，提高彼此的心理获得感。进一步看，自主外派者与当地同事之间及其与主管人员在工作中建立良好的互动关系至关重要。这种关系不但可以缓解自主外派者与当地同事之间工作关系的压力和文化困惑，而且可以增加他们的信心并鼓励他们的积极行为，使自主外派者和当地同事增强心理获得感和合作绩效。

自主外派者与当地同事之间的心理调节一直被认为是全球企业发展与变革管理的重要问题之一，借以可以建立健康合作关系和促进企业的竞争优势。本节研究表明，自主外派者与当地同事之间双向调节质量和有效性，很大程度上取决于他们之间的心理调节和文化融合。我们可以运用本节研究的理论成果和分析结果完善自主外派者与当地同事之间合作和冲突管理的应对策略，并鼓励或培训自主外派者与当地同事主动采取行动，调节与选择理想的自主外派者与当地同事一起共事，使它们表现出各自的工作角色和主动关系，有效地克服文化障碍和相互理解，共同提升工作绩效。

根据我们对控制变量的分析结果，那些在东道国居留与工作时间较长或在海外工作的自主外派者，更有能力与当地同事进行有效互动与心理调节。为此，可以将那些在海外有丰富经验的自主外派者作为与当地同事合作的理想人选。从当地同事的角度来看，对成对组职位与关系经历的分析结果表明，与自主外派者有长期工作关系的当地同事更有能力在组织变革中增进跨文化融合成效。

在未来的研究中，可以选择多种类型的自主外派者与当地同事的成对组样本，开展动态调节策略的分析，此研究还可以扩展到另一类对象，即自主外派者-主管人员的组合。在跨文化研究和转型升级策略方面，强调对新文化情境和跨文化适应的能力开发。可以通过不同阶段的角色转换和心理获得感变化，分析不同阶段心理获得感对心理调节的作用，显著提升跨文化适应能力。此外，尽管本节研究控制了自主外派者与当地同事之间的同伴关系时段，还需要进一步考察不同工作任务和性别差异对自主外派者和当地同事之间关系的影响，特别是在不同变革情境下的促进效应和抑制效应。跨文化工作情境下的知识迁移是外派员工和东道国员工之间关系的关键问题。我们还可以进一步研究自主外派者与当地同事之间的行动学习和知识转移，特别是自主外派者是如何与东道国同事建立良好的工作关系，并实现有效的知识迁移。

三、自主外派者的自我建构与知识迁移

（一）自主外派者的社会资本和建构

Jannesari 等（2016）通过对自主外派者社会资本的分析，考察知识迁移的动态机制，这里所讲的社会资本包含三维结构：关系关注、认知结构和自我建构。在组织变革情境下每个人都表现出某种社会关系与价值，包括文化适应和关系品质，如责任、信任和承诺等，也涉及与他人共享的信念和共同愿景。

1. 变革情境下的自我建构及其效应

在组织变革和跨文化条件下，文化解读与自我建构的两个维度都很重要。第一个维度是独立的文化解读，涉及个体如何看待其与其他人的关系，并形成自我理解或自我感知；第二个维度是互依性的自我建构，在跨文化语境中被定义为"嵌入新的社会关系并高度依赖这些关系的行为"。自我建构对关系质量和知识转移的效应见图 7.7。

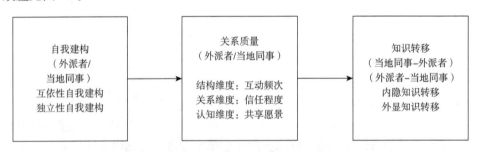

图 7.7　自我建构对关系质量和知识转移的效应

1）自我建构对知识迁移的影响

自主外派者的自我意识关系着在变革转型情境中知识迁移的模式与成效。来自不同文化背景的自主外派者会有各自不同的自我意识状态。同时，在转换知识

时，文化中个体取向和群体取向会直接影响自我意识乃至知识迁移的方式和信息加工机制。因此，我们形成了以下假设。

假设 7.8a：拥有高互依性自我建构的自主外派者会更容易和当地同事之间发生知识迁移。

假设 7.8b：拥有高互依性自我建构的当地同事会更加容易和自主外派者之间发生知识迁移。

2）自我建构对关系质量的影响

我们所研究的自我意识作为提高自主外派者的跨文化关系质量和当地同事之间潜在关系的前因，更容易在相互关系中主动调节文化差异。除了表现出更高的互动频次外，具有互依性自我建构的员工也比低依赖的自我建构员工更容易增进相互信任与合作。由于具有互依性自我建构的员工的行为主要依据他人的思想与感情，他们可以更准确地评估可能出现的关系风险。这些人更倾向于从他人的角度来考虑问题和行事。因而这些人更能与他人在工作中建立共同愿景，很可能与他人有频繁的互动，善于分享观点并依赖他人。因此，我们形成如下假设。

假设 7.9a：拥有高互依性的自我建构的自主外派者更容易与当地同事发展出高质量的相互关系。

假设 7.9b：拥有高互依性的自我建构的当地同事更容易与自主外派者发展出高质量关系。

2. 关系质量对知识迁移的影响

知识迁移在很大程度上依赖于自主外派者和当地同事之间建设性的交往关系。社会资本的三个维度会影响自主外派者和当地同事之间的关系质量与知识迁移成效。具体而言，社会资本的结构维度是企业社交网络中交互模式的关键基础；社会资本的关系维度表现出的相互信任决定了知识迁移的水平；而社会资本的认知维度则涉及开发一种共同的模式，以便更好地相互了解对方，并在组织中以正确方式行事。面对面的交流会促进自主外派者和当地同事之间关系的品质，从而增加知识的交流、信任、承诺和合作，提高新知识的加工与利用能力，有助于自主外派者和当地同事一起共同绘制共享愿景，增加彼此之间的理解，促使他们实现心理联结并整合知识。因此，我们形成如下假设。

假设 7.10a：自主外派者与当地同事之间的关系质量和建构性知识的迁移相关联。

假设 7.10b：当地同事与自主外派者之间的关系质量和建构性知识的迁移相关联。

（二）研究的方法和数据收集过程

1. 样本情况

本节研究采用横截面设计，收集了自主外派者–当地同事的配对样本。我们通过自主外派协会的合作，把问卷表邮寄给 900 多名自主外派者。我们还要求自主外派者写下其当地同事的联系方式并通过邀请成对员工参与研究。本节研究收到自主外派者和当地同事共 352 名人员的调查结果，代表了 176 对自主外派者–当地同事的样本。人口统计数据表明，这些自主外派者平均年龄为 42 岁（标准差=9.64），男性 33%、女性 67%、学士学位 92%、硕士学位 8%。最大的群体来自美国（46%），其次是伊朗（27%）和其他 26 个国家及地区（27%）。当地同事样本的平均年龄为 38 岁（标准差=7.25），男性 20%、女性 80%、学士学位 95%、硕士学位 5%，都是中国员工。大多数为上下级关系。其中，50%的自主外派者是下属，11%为上级，39%为同级关系。

2. 测量方法

我们通过电子问卷，分别测量了自主外派者、当地同事的自我建构、互动频次、信任程度和共享愿景，知识共享则通过受访者的领导给予评定。

1）自我建构

自我建构变量通过一个改编版的自我建构量表加以评估。用由 24 个题项组成两个 12 题项的分量表来检验独立性自我建构（代表性题项如"我宁愿拒绝我外籍同事的要求，而不是冒被误解的风险"）和互依性自我建构（代表性题项如"我和外籍同事保持和谐关系是很重要的"）。我们运用了利克特七分量表进行打分（其中，1=非常不同意，7=非常同意）。独立性自我建构量表的克龙巴赫 α 系数为 0.70，互依性自我建构量表的克龙巴赫 α 系数为 0.74。

2）互动频次

我们设计量表来测量自主外派者和当地同事通过不同通信模式的互动频繁程度（如面对面的会议或视频会议等）。通过利克特七分量表进行打分（其中，1=非常不同意，7=非常同意），量表的克龙巴赫 α 系数为 0.78。

3）信任程度

我们对信任程度采用了提炼的 6 题项量表来衡量。代表性题项如"当我遇到工作上的问题时，我的外籍同事愿意支持我"。通过利克特七分量表进行打分（其中，1=非常不同意，7=非常同意）。量表的克龙巴赫 α 系数为 0.80。

4）共享愿景

我们开发了 6 题项量表来测量共享愿景。代表性题项如"我和外籍同事在工作上拥有共同的雄心和愿景"。通过利克特七分量表进行打分（其中，1=非常不同意，7=非常同意）。量表的克龙巴赫 α 系数为 0.91。

5）知识迁移

我们开发了专门量表来测量知识迁移。题项分为内隐知识（如新市场的信息和对于客户期望的洞见）和外显知识（如写作技巧或关于企业如何运作的程序性信息指引）。通过利克特七分量表进行打分（其中，1=非常不同意，7=非常同意）。内隐知识量表的克龙巴赫 α 系数为 0.78；外显知识量表的克龙巴赫 α 系数为 0.90。

6）控制变量

自主外派者和当地同事之间的积极互动会显著提升他们关系的质量。根据研究结果，当地同事比下属和其他同事更有可能提供与自主外派者角色相关的信息。因此，在分析自我建构与关系质量的关系时，控制了通过创建以下两个虚拟变量在自主外派者和当地同事之间的组织水平差异：同伴关系（1=同事；0=自主外派或当地主管）和外派主管（1=外派主管；0=同伴关系或当地主管）。国籍也被列为以下两个虚拟变量：北美（1=北美，0=其他国籍）和伊朗（1=伊朗，0=其他国籍）。我们还测试了共同方法变异，并从受访者的主管处收集知识迁移的信息。为了保证这一评估的准确性，采用了哈曼的单因素检验。

（三）数据的统计分析与结果讨论

我们运用多重回归分析方法检测关系质量是否在自我建构（自变量）与知识迁移（因变量）的关系中起中介作用。正态分布检验显示所有数据都服从正态分布。我们计算了所有测量变量的平均值、标准差和测量的内部一致性系数及自主外派者和当地同事的所有变量测量数据的相关系数，回归分析显示出富有意义的结果，见表 7.12～表 7.14。

表 7.12　自主外派者样本描述性统计

变量名称	平均值	标准差	1	2	3	4	5	6	7	8	9
1 互依性自我建构	4.95	0.92	(0.83)								
2 独立性自我建构	5.34	0.75	0.10	(0.75)							
3 互动频次	4.08	1.21	0.49**	−0.11	(0.62)						
4 信任程度	5.12	1.41	0.47**	0.11	0.17	(0.93)					
5 共享愿景	4.48	1.42	0.66**	0.19	0.21	0.56**	(0.94)				

续表

变量名称	平均值	标准差	1	2	3	4	5	6	7	8	9
6 内隐知识迁移	3.57	1.38	0.36*	0.12	0.20	0.10	0.47**	(0.81)			
7 外显知识迁移	3.36	1.65	0.44**	-0.06	0.42**	0.21	0.52**	0.66**	(0.88)		
8 关系时间长度	51.61	46.52	0.20**	0.08	-0.03	-0.08	-0.09	-0.02	-0.03		
9 同事关系	2.39	0.28	0.18	0.06	0.21*	0.01	0.14	0.16*	0.10	0.03	
10 外派者主管	4.64	0.43	0.19	0.23	-0.08	0.12	0.24	0.02	0.13	0.05	0.10

注：括号中数字为克龙巴赫 α 系数

*表示 $p<0.05$，**表示 $p<0.01$

表 7.13 当地同事样本描述性统计

变量名称	平均值	标准差	1	2	3	4	5	6	7	8	9
1 互依性自我建构	4.99	0.81	(0.84)								
2 独立性自我建构	5.10	0.71	0.48**	(0.81)							
3 互动频次	4.18	1.17	0.29*	0.41**	(0.74)						
4 信任程度	5.36	1.19	0.62**	0.50**	0.42**	(0.95)					
5 共享愿景	5.13	1.74	0.56**	0.47**	0.26*	0.58**	(0.69)				
6 内隐知识迁移	3.79	1.30	0.12	0.10	0.49**	0.36**	0.21	(0.83)			
7 外显知识迁移	3.76	1.28	0.11	0.12	0.47**	0.36**	0.27*	0.74**	(0.82)		
8 关系时间长度	36.15	31.10	-0.11	0.03	0.07	0.14	-0.20	-0.09	-0.14		
9 同事关系	1.42	0.32	0.04	0.05	0.21*	0.08*	0.21	-0.18	0.09	0.31	
10 外派者主管	3.66	0.51	0.19	0.23	-0.10	0.14	0.15	0.04	0.12*	0.03	0.12

注：括号中数字为克龙巴赫 α 系数

*表示 $p<0.05$，**表示 $p<0.01$

表 7.14 关系质量和知识迁移的回归分析（自主外派者和当地同事样本）

预测指标		关系质量			知识迁移	
		互动频次	信任程度	共享愿景	内隐知识迁移	外显知识迁移
控制	关系时间长度（自主外派者）	0.23*	0.14	0.05	-0.04	0.02
	关系时间长度（当地同事）	0.24	0.15	-0.06	0.05	-0.13

续表

预测指标		关系质量			知识迁移	
		互动频次	信任程度	共享愿景	内隐知识迁移	外显知识迁移
控制	同事关系（自主外派者）	0.30*	0.18*	0.09	0.29*	0.02
	同事关系（当地同事）	0.28*	0.16*	0.10	−0.12*	0.01
	外派者主管（自主外派者）	−0.06	0.18*	0.09	−0.01	0.32*
	外派者主管（当地同事）	−0.07	0.09*	0.05	−0.07	0.26*
自我建构	互依性自我建构（自主外派者）	0.46***	0.40***	0.58***	0.47***	0.51***
	互依性自我建构（当地同事）	0.19	0.39***	0.28***	0.11*	0.02
	独立性自我建构（自主外派者）	−0.09	0.03	0.20	0.14	−0.21
	独立性自我建构（当地同事）	0.25**	0.21**	0.18***	0.01	0.17
关系质量	互动频次（自主外派者）				0.16	0.30**
	互动频次（当地同事）				0.50***	0.45***
	信任程度（自主外派者）				−0.15**	−0.21
	信任程度（当地同事）				0.18	0.06
	共享愿景（自主外派者）				0.43***	0.47***
	共享愿景（当地同事）				0.04	0.18
R^2		0.21	0.43	0.20	0.32	0.38
调整后 R^2		0.04	0.31	0.18	0.21	0.34

*表示 $p<0.05$，**表示 $p<0.01$，***表示 $p<0.001$

1. 研究假设的检验结果

有关假设 7.8a 和假设 7.8b 的检验表明了自我建构和知识迁移之间的关系。自主外派者的互依性自我建构与内隐知识迁移和显性知识迁移均为显著的正相关关系。然而，当地同事的互依性自我建构仅与内隐知识迁移关系不显著。数据完全支持了假设 7.8a，而假设 7.8b 未得到支持。

有关假设 7.9a 和假设 7.9b 的检验则表明了自我建构和关系质量之间的关系。自主外派者的互依性自我建构与互动频次、信任程度和共享愿景相关联。因而，假设 7.9a 得到支持。当地同事的互依性自我建构与信任程度及共享愿景存在显著的正相关关系。假设 7.9b 除自我建构与互动频次部分外，基本得到了支持。

对于假设 7.10a 和假设 7.10b 的检验表明，关系质量和知识迁移之间存在密切关系，自主外派者对于当地同事的知识迁移在信任程度和共享愿景之间在内隐知识上分别存在负相关关系、正相关关系，而互动频次和共享愿景对外显知识的迁移存在显著的正相关关系。假设 7.10a 中除互动频次与内隐知识及信任与外显知识之间关系的假设外基本都得到了支持。当地同事关于从自主外派者处获得知识迁移的评价表明，互动频次等关系质量因素与内隐知识迁移及外显知识迁移存在正相关关系，支持了假设 7.10b。

2. 本节研究结果的理论与应用意义

我们的研究结果表明，自主外派者和当地同事在互依性自我建构程度较高时会产生更多的知识迁移，互依性自我建构在变革转型情境下有助于自主外派者与当地同事之间建立高质量关系和工作归属感。有关自主外派者和当地同事之间的联系及其效应，可以从社会资本理论的三个不同维度来考察。我们的研究表明，社会资本指标与有效的知识迁移密切相关。

在自主外派者方面，跨文化互动和共同愿景相关活动的频次有助于把工作知识转化为当地同事的能力。自主外派者与其当地同事双方的相互信任，显著促进了他们之间工作与管理知识的转换与迁移。研究结果表明，双方的互动与双向知识转移和相互的技术与管理专长紧密结合，显著促进变革情境下的创新活动和公司创业项目，持续提升与发展互信和共享愿景。本节研究的结果具有很强的实践意义，不但有助于在促成中国文化变迁和组织变革情境下的自主外派者和当地同事之间的紧密合作。互依性自我建构由于更加强调联结促进协作共事，有助于不同群体间的信任、互动和分享，并进一步促进变革创新心智发展和为迁移新知识、新技能提供指导。总结而言，中国企业可以训练自主外派者发展互相依存与共事模式，不断增强大家的创业创新体验。

第八章　基于行动学习的变革赋能行动论

第一节　组织变革的行动学习与转型案例

一、组织变革与创业学习理论

创业创新领域正在从传统行业转型升级向新兴产业创新发展的方向转移，在转型变革与组织发展情境下，基于个体行为的创业学习理论遇到新挑战。创业学习成为组织变革与文化融合过程中重要的成长策略。从尝试中体验和从行动中学习成为最有效的学习策略。陈燕妮和王重鸣（2015）围绕创业行动学习过程特征与策略，聚焦新兴产业开展了多案例分析，取得了创新性研究成果。

从创业实践来看，新兴产业的低经验性和低参照性，使创业者面临高度的不确定性和巨大的挑战，创业者的学习行为受情境特征的显著影响；团队项目模式使创业者更需要依靠他人力量来实现创业成功。创业学习理论正在形成新的突破，创业学习的概念模型正在改变。本节研究旨在探索新兴产业创业变革情境下的创业学习过程模型，以揭示创业者是如何有效学习的。本节研究不仅有助于指导我国新兴产业的创业变革实践，对我国企业的变革创新具有重要意义，也给构建组织变革情境下的创业学习理论发展提供了新的研究思路。

（一）创业学习的构思和理论进展

创业学习理论是伴随创业理论的演进和发展而产生的新研究领域，即将创业过程视为创业者不断解决企业发展对创业能力提出的新问题、新挑战的学习过程。在企业转型升级和组织变革的情境下，企业面临高风险和高不确定性的营商环境变迁、颠覆式的商业模式转换、跨越式的技术创新升级。为此，创业学习日趋重要，其难度也大大增加。创业学习不再围绕创业商业计划或项目本身，有效的创业学习与心智转换和变革管理紧紧融合在一起。

创业学习研究采用了创业体验视角、创业认知视角、社会交互视角、动态视角、演化视角、行动视角等，研究者可以从多个视角理解创业学习的构思内涵。这是由于创业创新是一场涉及多专业、多行业、多阶段、跨界群体、交叉团队和平台组织的多样行动，多样策略成为创业学习的关键特征。创业学习的研究通过实证分析验证具有普遍意义的理论原理、测量方法和应用策略。围绕组织变革与学习创新问题，创业学习的概念内涵与核心要素仍需要做系统的提升。在新兴产业创业和变革创新情境下，创业学习研究需要引进新视角、新方法来提炼其新内涵和新特征，建构具有中国管理情境特征和面向变革创新的创业学习理论与策略。表 8.1 总结了创业学习的多种视角。

表 8.1　创业学习的概念小结

研究视角	研究单位	概念界定
创业体验视角	创业者	通过直接观察或亲自参与而获得感知与创业体验，并对过去的决策结果做出反思而产生学习
创业认知视角	创业者	通过直接体验或观察学习的方式获得新知识；采用认知策略如启发式、比较、吸收、获取新的知识，并将新知识与已掌握的知识结构相衔接
社会交互视角	创业者	从人与环境交互的视角，通过创业者与创业环境之间的交互过程，以组织内外的社会关系建构开展学习
动态视角	创业者	在企业成长中，创业者获取有关创建组织的知识与技巧，并适应新角色和开发新创业行为的学习过程
演化视角	知识组件	作为新创企业内的集体行为，个体成员之间通过做中学而获取经验单元并分享转移到其他成员并做出集体阐释的经验过程
行动视角	创业群体	通过创业问题驱动，创业原理反思，以创业行动的目标设置、行动反馈、行动推进等学习策略，实现创业成效的"干中学"过程

（二）行动学习的特征与基本策略

1. 行动学习的主要特点

行动学习不同于一般的案例学习，案例学习是通过阅读与讨论他人的成功或失败事例来开展学习；而行动学习则是把自己在工作或创业方面遇到的问题或单位实际困境作为学习的重点。组织变革情境下创业学习需要聚焦实践问题，因而行动学习就成为变革创新的重要学习赋能策略。行动学习有以下几个重要特点。

1）问题驱动

行动学习的一个重要特点是从实践中面临的问题入手，遵循"问题—原理—

目标—反馈—推进"的行动学习链，较多用于创业变革能力开发、创新领导力发展和组织变革创新赋能等目的，也越来越多地用于问题导向的创业技能开发与职业转换学习提升。

2）精准学习

行动学习方法通过问题驱动的研讨、挑战机遇的界定、原理知识的反思、应对方案的对接及创业行动的尝试等学习步骤与程序，精准有效地获取和迁移创业心智、内隐知识和实务技能。

2. 行动学习与赋能策略

典型的行动学习强调"从自身做起，以行动落地"。行动学习的过程参与、问题解析、群体分享、目标设置、群体反馈和行动跟进等都是关键的程序元素。行动学习既可以在个体层面获得能力提升，也能够在群体或组织层面上实现能力开发，并表现出相应的层次性和程序性。相对于一般亲验学习来说，行动学习更有利于创业赋能和技能转换。

在开展创业行动学习时，从创业与变革实践的关键问题出发，通过创业原理与变革模型的反思和研讨，经历了创业机会识别、创业行为对照、创业策略反思等环节，持续获取创业内隐知识与项目技能，达成创业学习效果。创业行动学习也经常在组织层面开展，注重互动与行动，逐步实现团队成长、领域领导力升级、组织变革发展、国际创业推进等。创业行动学习已经成为有效的组织赋能策略，其显著提升组织动态能力和创业创新优势。

（三）创业行动学习的五环模型

由于创业知识与技能的内隐性和实践性，创业行动学习方式成为最多采用的新方法。通过个体高参与和高群体互动，掌握学习反思、践行实践和持续变革等过程要领，在群体互动行动实践中更新创业理念、重构心智、提升技能、改变行为并推进创业任务。

行动学习由个人学习、群体研讨、互动解题、行动跟进等学习活动组成，其形成若干行动学习环节。我们根据相关研究与实践，构建了创业行动学习的五项学习环节：创业问题驱动、创业策略反思、行动目标设置、行动成效反馈、创业行动迭代。我们在所开展的创业能力开发和职业经理人变革赋能计划等应用项目中进行了一系列实践尝试和系统总结，提出了行之有效的创业行动学习五环模型。创业行动学习紧密结合自身需求，实施问题驱动式聚焦学习和目标管理式行动推进，从而完成创业能力开发与赋能举措。研究与实践都证明，行动学习策略可以被有效地运用于变革赋能行动计划中去。图 8.1 表示了创业行动学习五环模型。

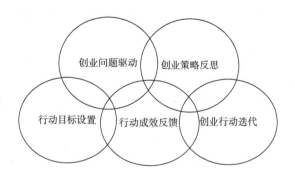

图 8.1　创业行动学习五环模型

从图 8.1 可以看出，创业行动学习的五环模型表现为一个五环流程图，环环紧扣、步步深入，可以通过"问题—原理—行动"机制，显著提升实践知识与行动技能。这个五环行动学习模型比较适合于精益创业实践和变革管理行动的学习，可以在创业行动学习五环的前两个行动环节（问题环、原理环）的基础上，以行动的目标学习、反馈学习、迭代学习三要素组合成"行动环"。以下是问题环、原理环和行动环三环节策略的具体做法。

1. 问题环：问题驱动学习

创业行动学习的第一环是问题环，即问题驱动学习。这是从当前工作任务或转型升级面临的心智、项目、业务、文化方面的挑战和新的发展策略出发，提出急需解决的问题与可能解题途径，进而使创业行动学习聚焦到关键问题。问题环的行动学习可以采用个体学习和群体研讨相结合的方式进行。开展挑战机遇分析，梳理启动面临问题。通过问题环的问题驱动学习，可以具体识别、梳理和确定个人层面的问题需求和群体及组织层面的问题困境，通过学习分析与问题聚焦，提出重点解决的问题任务。

作为创业行动学习的问题环策略，问题驱动学习的关键点是完成以下基本步骤。

（1）聚焦问题。回顾创业变革项目的短板及弱项，识别已有资源与优势、主要机遇和关键问题。反思转型变革或内部创业的必要性，考虑解题的具体思路。

（2）策划措施。思考与交流解题想法，研讨具体措施和行动计划。

（3）配套策略。提出与变革行动相配套的人财物策略与组织策略。

表 8.2 呈现的是某项问题驱动学习的练习实例，表明问题驱动的四项提示及个体层次与群体（组织）层次的问题驱动分析比较。

表 8.2　创业行动学习"问题环"采用的问题驱动分析表实例

个体层次的问题驱动分析	群体-组织层次的问题驱动分析
列举与聚焦关键挑战与问题； 建立对变革创新的心理准备； 提出应对挑战的新行动举措； 为解决挑战问题做配套准备	识别群体与组织层面的问题； 为变革创新建立行动时间表； 确定变革行动举措绩效标准； 制订转型变革能力建设计划

围绕问题驱动学习提出的主要问题，分别思考如何从创业目标、队伍组建、业务模式、能力瓶颈、协调配套及信息化方面加以分析。

2. 原理环：原理反思学习

创业行动学习的第二环策略是原理环，即原理反思学习。这是通过研讨式互动学习进行反思和案例分析，对创业学原理的相关要点加深理解、领会和掌握。通过知识亮点、群体解读、应用反思和行动解题四个步骤，开展原理反思学习。在这一环节，特别需要结合问题，深入理解与学习有关创业行动策略的原理，包括任务行动策略和组织行动策略。前者涉及任务层面的知识与能力提升行动，后者涉及组织层面的整体模式与能力的提升行动。

3. 行动环：行动目标学习—行动反馈学习—行动迭代学习

创业行动学习的第三环策略是行动环，具体包含创业的行动目标学习、行动反馈学习和行动迭代学习三项要素。这是在问题驱动学习和原理反思学习的基础上，通过对创业变革行动的任务目标、成效反馈和行动跟进开展学习与互动研讨，集思广益，赋能提升。针对关键问题，设立各自的创业行动目标，设计行动计划、预判初步成效和可能需要的调节与跟进

1）行动目标学习

行动目标学习的程序包括个人或群体参与、互动研讨、问题聚焦、备择行动和目标设置五个步骤。对于共同设置的行动目标，采用五项目标特征标准做出评价：目标自主性、目标责任性、目标成长性、目标团队性、目标创新性等。研究表明，在这些标准中，目标责任性、目标团队性和目标创新性三项特征，对于创业变革的实际效能具有较强的关联度和预测力。

2）行动反馈学习

这是在行动目标学习的基础上，开展有关行动进展和初步成效的反馈与研讨。由于创业行动目标的实施有一个过程，一时难以直接获得行动成效的证据，因此，在行动反馈学习时，往往采取预计行动难点和商讨应对措施的办法，包括初步的成效分析和优化策略。可以看到，比较有成效的是原理理解度和实施提升度，并且创业行动的优化主要表现在行动结构优化、行动目标优化和行动整体优化。表 8.3 列举了行动反

馈学习的亲验式案例分析（实例），这是运用若干个"身边案例"开展创业行动学习。

表 8.3　行动反馈学习的亲验式案例分析（实例）

亲验案例	请阅读下列身边案例，做出案例解法	创业行动学习策略
身边案例 1	某公司在初创业取得显著进展后业务逐渐下行，又面临电子商务与互联网的挑战。公司如何应对挑战，实施"互联网+"战略呢？	电商升级反馈策略 公司内部创业策略
身边案例 2	某公司准备实施转型变革，但行政化的文化理念比较陈旧，公司现有员工的包袱也比较重，难以适应变革创新的需要，急需设计新的创业转型策略	常规转型效果反馈 内部创业转型设计
身边案例 3	大学城的创业科技园迎来一批又一批大学生创业团队，纷纷利用"互联网+"的创业思路启动创业项目和企业，但是感觉缺乏高科技创业的基本训练和能力开发配套服务。请在行动学习的基础上，为大学生科技园策划创业能力开发计划的设想	互联网+创业反馈 创业能力需求分析 科技园能力计划 考虑提出新行动策略

3）行动迭代学习

行动迭代学习是指在初步行动进展的基础上转换模式或策略而跟进新的行动，比较注重在行动目标设置学习、行动进展反馈学习的基础上，把相关创业能力知识点和策略技能有效地内化到工作任务规范和创业变革项目行为中去。为此，行动迭代学习可以直接改善变革实施过程、新行动计划和整体组织变革赋能计划。行动迭代环节分成个体行动迭代和群体行动迭代两个部分。

A. 个体行动迭代

个体行动迭代是以技能迁移为目标，注重在创业行动学习中有效地内化创业变革知识与变革领导力，特别是在创业变革思维、转型项目启动、业务工作创新、业务开拓、组织发展计划等方面获得赋能提升和行动推进。这部分行动学习需要紧密联系现实创业变革项目和转型升级计划，并结合创业能力转换和文化价值融合，对行动实践加以小结和策划。因此，创业行动学习是一种赋能知识转换和变革行动落实的过程。

B. 群体行动迭代

群体行动迭代是以群体工作模式的整体转换为学习目标，特别重视结合实际变革项目开展群体讨论与赋能学习，加速形成新的变革行动规范、团队创新能力和项目团队能力等成效。特别是在集体创业精神、团队项目协调、群体间互动和创业文化建设等方面形成新的群体创业行动力。

（四）创业变革情境下的行动学习

在创业变革情境下，创业行动学习需要考虑变革情境特征和团队学习行为的新特征。立足于新兴产业的低参照性、低经验性和不确定性所带来的创业问题特征，提出创业行动学习的过程模型：由亲验聚焦、互动解读、参与定位、尝试学习、协同践行组成的过程模型，如图 8.2 所示。可以看到，创业行动学习是由复杂难解的创业问题（挑战或危机）所驱动，学习过程紧紧围绕问题解决而展开：在尝试问题解决的过程中形成问题驱动与亲验聚焦；在社会互动过程中展开原理反思与互动解读，而非个体独自进行的认知行为；基于创业问题与企业运营现状而展开参与定位，完成行动学习目标设置、成效反馈和行动迭代。该模型既体现创业变革情境下创业学习的核心特征，又表现行动学习理论在创业变革情境下的新探索。表 8.4 表示了一般亲验学习与创业行动学习过程的比较。

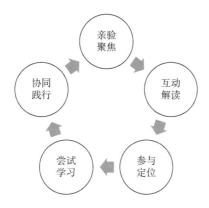

图 8.2　创业行动学习过程模型

表 8.4　一般亲验学习与创业行动学习过程比较

阶段	一般亲验学习	创业行动学习
阶段 1	体验导向：不限定情境的体验式学习	创业问题驱动：以复杂创业难题为导向开展问题驱动式学习，实现关注问题的亲验聚焦
阶段 2	任务体验：个体持开放思维融入真实任务获取体验	创业策略反思：针对创业问题情境考察相关理论并讨论思考解题思路，实现对原理的互动解读
阶段 3	反思观察：个体从不同角度观察、理解和思考事件	行动目标设置：鼓励参与解题行动的目标设置，为行动做出定位和计划，实现行动学习的参与定位
阶段 4	抽象概括：个体运用逻辑、思维和抽象概念建构理论	行动成效反馈：针对行动目标和任务做出尝试或试点，及时小结进展，完成行动学习的尝试学习
阶段 5	积极行动：强调学习内容的实验性应用和检验	创业行动迭代：在创业变革情境下针对创业问题的解决方案加以迭代，更新行动，实现行动学习的协同践行

二、创业行动学习的多案例分析

（一）创业行动学习的多案例方法

我们开展的创业行动学习研究采用多案例设计方法提炼核心特征。通过丰富的实证数据构建理论并产生准确的可验证理论模型。这种方法有助于开发新理论，收集多个案例的数据，可通过案例间的对比分析来验证或推翻由某一案例推理得出的结论，从而产生比单案例研究更精确和可概化的理论。

1. 多案例研究的样本

根据创业行动学习的定义及方法，本节研究在创业者参加的创业能力培训项目中选择案例研究对象：参与者均为创业者，他们遇到许多创业挑战且有责任为应对挑战而采取行动。为了解决创业过程面临的各种难题，组成了相互支持和促进学习的小组。所取样的产业限定在具有创新性和融合性的文化创意产业。创业者的具体选择标准如下：没有先前创业经验，企业年限在 4 年左右，已注册企业和显示创新型创业模式。这些创业者在跟踪研究期间，在他人帮助下至少完整解决了 1 个复杂问题。

本节研究目的是提炼变革创新情境下创业行动学习的新模型，因此样本的选择为在研究跟踪期间具有行动学习问题和成功解题的创业者。经过 2 年的跟踪研究，我们从 100 个初创业者中选择了 3 位创业者作为研究样本，具有一定代表性。

2. 数据采集与处理

多案例数据主要来源于被研究企业的档案文件、深度访谈和直接观察。在本节研究开展之前，已对 3 位创业者进行过将近 3 年的开放性跟踪观察。在这此间收集了每个企业的经营数据、企业外部公开文件、企业内部管理文件、相关新闻报道、商业计划书和创业者所描述的创业故事等。除了开放性跟踪获得的二手和档案数据外，我们还对创业者进行了长期的访谈数据收集。访谈数据来源包括两部分：开放式焦点访谈和深度访谈。在跟踪期间，平均每季度都与这 3 位创业者及其创业团队成员有过广泛的开放性访谈，详细了解企业发展过程中的关键事件。平均每个企业访谈时间超过 8 小时，访谈人数超过 10 人次。进一步设计创业行动学习的访谈提纲，采用半结构化访谈方式对 3 位创业者和两个创业团队的其他成员分别进行 90 分钟的深度访谈。深度访谈过程经过访谈者同意后全程录音，并在后期逐字转化成文本。

（二）创业行动学习研究分析

我们将分析对象界定为创业者个体，分析单元限定在某个具体问题/事件的解决过程。数据分析采用没有先前假设的单案例和多案例分析方法。首先，分析创业者的创业历程；其次，编写企业的关键事件年表；最后，将收集材料中所包含的与关键事件有关的内容整理归类，将内容穿插到事件年表的对应位置。按照行动学习理论中对复杂问题的界定标准筛选这些关键事件，将事件的整个处理过程作为基本分析单元，对每一个事件按照逻辑模型与建构解释的分析技术进行分析。在完成单案例内的事件分析后，将所有事件并列起来举行比较分析，在验证创业行动学习过程模型的同时提炼模型。为了使分析过程更有条理，我们借助图解与表格来提炼创业行动学习的过程模型。案例间的比较分析过程先从单案例中提炼出行动学习的过程模型，再用其他案例来验证和改进。在进行多案例分析时，又将新构建的理论模型与现实数据和先前研究成果进行对照和建模、深化模型内涵定义和提炼性的思路。这样构建的理论模型与案例数据和所设计的理论框架具有一致性。

三、创业企业变革转型的案例分析

表 8.5 和表 8.6 是多案例创业企业的基本信息。

表 8.5 多案例研究中企业的基本信息

企业名称	创建时间	产品	员工人数/人	企业营业额/（万元/年）	创业模式	销售模式
某市田间西米工艺品厂	2009 年 11 月	手绘帆布鞋	12	200	团队创业	实体店销售
某市古早文化创意企业	2009 年 4 月	创意陶瓷	8	100	团队创业	实体店和网络销售
某市梨园春科技企业	2009 年 12 月	戏曲产品	5	40	独立创业	网络销售

注：某市田间西米工艺品厂（以下简称田间西米），某市古早文化创意企业（以下简称古早文化），某市梨园春科技企业（以下简称梨园春科技）

表 8.6 多案例研究中创业者的基本信息

姓名	性别	年龄/岁	学历专业	先前工作经历	职务
罗经理	男	33	艺术设计（本科）	有 5 年某企业设计部经理经验	负责产品营销网络的开发及企业的运营管理
项经理	女	27	工业设计（本科）	1 年工业设计师经验	负责企业的整体日常管理和部分的产品创意设计
古经理	女	37	电子工程（大专）	9 年电子商务行业工作经验	负责企业的战略设计和运营管理

（一）变革转型的内部管理案例

1. 案例背景信息

田间西米由罗经理和两位创业伙伴于 2009 年创办。企业以手绘鞋、手绘 T 恤、手绘套装等为主要产品，集产品开发、设计和销售于一体，产品主要销往邻近省份。企业产品具有图像设计全部手绘、款式更新较快、颜料鲜艳且永不褪色等优势，从而逐渐得到了市场的认可。目前，田间西米已经有上千款手绘鞋，且每月以推出 20 个新款的速度递增。企业已形成由直营店、加盟店和经销店组成的实体销售网络，拥有实体店数十家，除了省内城市外，企业还在邻近省份拥有多个销售加盟店。2012 年企业营业额为 250 万元，员工 12 人，办公场所占地 1000 平方米。产品推向市场以来，口碑很好，田间西米品牌也成为国内手绘行业的知名品牌。2012 年田间西米利用自己在行业的知名度成功举办了田间西米首届手绘体验节。虽然与许多初创企业的发展相比，该企业的发展较为顺利和稳健，但过程中也有不为外界所知的艰辛和困扰。

2. 关键事件描述

罗经理曾经在某大型企业有过五年的部门经理工作经历，在创办自己的企业后，还是遇到许多管理上的问题。创业团队的三个成员工作上很团结，但这并不能掩盖企业内部管理不够清晰的事实。三人共同参与企业的各项事务，如加盟商管理、产品设计、直营店管理、内部生产及财务融资等方面的事务。随着产品款式的增加、市场渠道的增多、产品需求量的增加和企业规模的扩大，团队成员在工作上开始出现顾此失彼现象。

"今年遇到很多麻烦事，大家都很烦躁，脑子都想不过来。我要想这里的事，又要想生产的事。她想营销的事，又要想生产的事，什么事都做不好。"罗经理不仅在生产工作上遇到烦恼，在企业的招聘和员工管理上也遇到了类似的难题。企业扩张需要招聘新员工，但由于资金有限，企业发展所需的员工数量与企业可承受的员工数量之间存在很大差距。招聘员工进入企业后又遇到新的困难，如采用何种管理模式才能最为有效灵活地管理员工。企业经常遇到临时问题需要增加人手来解决，但员工在各自岗位上又各有自己的工作任务，如何既完成定岗工作任务，又能满足机动运作需求，这些成为影响企业内部管理的重要因素。

对于这些困境，罗经理根据之前在大企业工作的经验重新设定企业的组织架构，可是发现若按新架构来执行，则需要雇用几百个员工才能解决企业当前的管理问题。如何使企业管理更有条理成为他每天的困扰，也成为制约企业发展的重要阻碍。通过各种尝试，他知道企业存在什么问题，但却对针对性解决问题无能为力。

带着这个问题他与自己的创业团队、以前的工作同事和同行的创业朋友都进行过探讨交流，从他们视角来重新审视问题以寻找解决策略；积极搜集其他成功企业的内部管理实践，借鉴对比以改进企业内部的管理规范。通过这些努力，罗经理仍然没有找到对症的突破口，直到他加入创业能力项目。在对该企业进行全面诊断并观察所遇到的管理困惑后，罗经理了解了其在企业内部管理上存在方向性错误：创业型企业要根据企业的发展阶段和需要来设置组织机构。之前是根据大企业的由上至下编制方式来设置岗位，而没有考虑到新创企业在资源紧缺、制度不完备和人手紧缺等方面的客观实际。企业管理中呈现的问题需要结合企业自身特征来重新寻找解决思路。

经过思考和讨论后，罗经理设计了新的企业管理方案。首先，他在问题解决方向上进行了大调节：将原先依据传统成熟企业中自上而下设定岗位和管理员工的思路，改成自下而上根据企业阶段需要来设置岗位和招聘人员。其次，根据企业实际情况将整体业务划分成三大块，即生产、销售和设计。三位创始人进行任务分工：一位创业伙伴专长手绘技术，负责企业的产品设计业务；另一位创业伙伴与一线员工年龄段较相近，来负责生产业务；罗经理本人负责企业的销售业务并监督其他两块业务。方案确定后，罗经理带领团队立即进行改革实践。他们不再盲目招人，直到企业的某个岗位确实需要人手且对企业的发展具有重要影响时，才会进行岗位职责设计和人员招聘。确定岗位之后，再确定新岗位应归属哪一位管理者管理。企业管理层进行任务分工，根据企业成员的经验与特征来分管生产、销售和设计。

可是创业团队成员在执行任务分工策略初期，企业出现了新的问题。一方面，以往是由罗经理统筹管理企业的三大业务，两位创业伙伴更多是一种辅助角色，新的任务分工策略使得两位创业伙伴在各自区域独立负责而出现经验不足现象；另一方面，各部门员工此前由三位创业者统一管理，员工习惯向其中任一位反映问题或汇报工作，新策略的执行使得员工需要一定时间熟悉向对应部门领导汇报沟通的方式。对于这种局面，罗经理利用自己之前的经验启发和帮助两位创业伙伴更好地管理这两块业务，并密切关注其他两块业务进展情况和创业伙伴的行动反馈，避免分工导致部分任务责任不明晰带来的冲突。

在经历一段适应与调整之后，罗经理发现企业的内部组织结构与人员配置更加有序，人事系统运作更为有效，企业的内部管理比原来有了显著的改进。创业团队任务分工使得企业的另外两名创业伙伴在能力上获得迅速提升的同时，创业团队在管理上的冲突减少，企业自上而下的管理效率提升很多。而同时，罗经理开始有更多精力专注于产品的市场推广，不仅在多个地区成功开拓了新市场，还与残联部门建立新的长期合作战略。新的岗位设定和选人方式使得企业在招聘和用人上的成本降低很多。面对自己企业偶尔出现的管理混乱问题，创业团队成员的处理手段也更加灵活：不再固守于大企业的用人方式，而是根据自己小微企业的特性来灵活调配和解决人事问题。至此之后，企业内部的人员管理问题不再是创业团队的重要负担，他们将更多精力用于企业的发展上。随着企业业务销售渠道的增加，生产的产品供不应求。企业扩建厂房，新建办公场所；随着手绘鞋加盟店数量的快速增加，通过观察思考，罗经理除了更有效地管理、激励和控制加盟商外，还产生了建立直营店基地的想法：既展示和销售产品，又培养属于自己企业的店长，使他们成熟后管理新的直营店。企业在当地商业中心建立了新的产品展示和销售直营店，并开始招聘和培养店长，往新的成长模式发展。

3. 案例分析

企业对于内部管理问题的解决过程是一个创业行动学习的过程。

首先，企业在管理实践中遇到管理不顺畅的问题。三个合伙人共同负责企业的产品生产、销售和员工管理任务，可每一项任务都出现管理问题。随着企业规模的扩大和业务的增多，创业团队成员需要一起协作处理更多的事务，业务之间混杂而使彼此都感到烦乱。而在企业员工层次，也出现岗位配置和职位归属管理定位不清晰而导致的管理混乱。在遇到管理困境后，企业根据先前工作经验重新设计企业组织架构，自上而下设定岗位职责与需求等。在变革过程中，发现按照以往的工作管理经验所设置的新岗位数量，远远超过企业实际需求和能提供的就业数量。虽然大家充分了解问题所在，但已有的管理经验非常有限，需要新的学习才能解决。

其次，在问题设法解决的过程中，需要通过沟通与相互学习交流来寻找问题产生原因和解决办法。但发现同事提供的方案仅适用于成熟企业；他与创业朋友沟通，但发现由于对方对自己企业不完全了解，所提供的建议效用有限。通过参与能力学习他得到了解决问题的关键启示：新创企业的人员配置应自下而上的方式。"方向性错误"促使大家回顾解决该问题过程中所进行的各种尝试、获得建议和尝试效果，更让他深深反思并意识到自己为什么没有解决好该问题的原因。之后，大家重新审视企业的现状，根据反思结果设计出企业内部管理的新思路，即"自下而上"因事设岗。带着这种思路，企业重新设计了管理层的分工职责和员工的定岗招聘方案。

按照这种方案开始进行企业管理实践的改革，企业的内部管理问题得到了有效解决，创业企业的变革和创新文化融合使得企业各方面发展更加迅速和顺畅。

（二）企业变革转型的过程案例分析

1. 案例背景信息

古早文化是由以项经理为主要创始人的 6 位对陶瓷艺术非常感兴趣的年轻人于 2009 年 8 月注册创办的：项经理总领负责企业各项业务，也涉及产品的设计；1 位创业成员负责企业销售市场的拓展，其他 4 位创业成员专职负责产品设计与生产。企业主营创意陶瓷的批量设计、定制和生产服务，产品覆盖陶瓷工艺品、陶瓷饰品、婚庆用品、纪念收藏品等类型。产品销售方式为经销批发，主要面向企业客户，销售区域遍布全国及海外市场。2012年企业有员工10人，年营业额为200万元。在浙大科技园孵化发展3年后，古早文化得到很大发展，企业规模也迅速扩大，并成为杭州市的知名文创企业。企业创办人项经理也被评为杭州十佳大学生创业之星。

2. 关键事件描述

企业成立后的四年里，各种威胁到企业生存和发展的创业问题接踵而来。首先遇到的是如何销售产品来解决企业无收入的困境，他们尝试各种销售方式，摆摊、参加创业市集和自我推销等。产品销售初步有起色之后，选取怎样的渠道才能带来稳定的销售额的问题又自然而然地被摆到了面前。为了提高企业的营业额和利润，他们对销售渠道进行了优化提升，并且对陶瓷产品的设计方向进行了新的尝试。虽然企业已经走上了稳定发展的道路，但企业遇到了创意行业遇到的通病：产品成本太高、研发速度太慢导致利润过低，企业的发展遇到了瓶颈。如何在当前基础上进行转型升级和变革创新来寻找新的出路，是项经理一直思考的问题。

带着企业如何转型的思考，项经理不断搜集新的思路线索。她们从媒体上获知文化创业战略的信息，充分肯定了文创企业转型的必要性和方向。

对跨境电子商务B2C（business to customer，企业对消费者）模式——"兰亭集势"的相关报道启发了她的思路：可否采用企业对消费者的电子商务模式，学习以网络零售业，开展在线销售活动。"兰亭集势"是将中国的小产品集中起来销售的模式，那文创产品能否采用这种销售模式？结合自身对文创行业的特征和对同行的理解，集合同行的文创产品，采用实体店出售的想法有创新性且有一定可行性，然而实体店平台设计需要大量资金和人力并要解决物流和仓储问题，这对于一个初创业企业来说，是非常大的挑战。她深信这一设想蕴含着企业变革转型的契机，但随之而来的问题又让她左右为难。

已经经历过许多创业波折的她，并没有放弃对该问题解决思路的寻找。带着这种困惑，她不断与朋友交流并寻找思路，不放弃任何可以寻找解决思路的交流机会。正是通过这种锲而不舍的坚持，她反思之前为什么没有想到用网络平台来销售的原因。

顺着网络平台销售的解决思路，她开始学习多方面的可行性评估，而评估的结果再次强化了她的信心。首先，网络平台可以给文创行业的同行提供对外展示并销售原创作品的机会，解决目前文创行业遇到的销售瓶颈问题；其次，建设网络平台需要的资金和人力比实体店少得多，且在物流和仓储方面也少了很多瓶颈；最后，通过对国外朋友的需求调研发现，海外消费者很喜欢中国文化的产品，潜在的销售市场存在。

带着网络销售的思路，她比较分析了中国几个著名的网络平台，如当当、淘宝和京东等知名电子商务平台在产品进货方式、销售方式、物流方式和产品质量控制方面的特点，吸取它们的优点并结合文创行业产品的特点，设计了适合本行业的网络平台建设方案。她将销售创意转化成具体的项目计划书，到处寻找融资：参加杭州市青蓝项目申请以获取项目补助，寻找天使投资人对该项目融资，向朋友圈中可能的融资者推销该项目。经过半年的寻找，项目找到了投资人并获得融资。在获得融资后，项经理与融资人创办了新的企业并获得浙大科技园两年免费使用的办公场所；招聘了六位信息技术背景的员工来启动网站平台的建设。

虽然项经理成立新企业来启动新项目的运营，但她并没有放弃原来的企业，并对原企业生产的陶瓷产品有了新的发展思路：往人工成本少、生产周期快和普通大众消费者需要的方向生产，而不是陷入艺术专业唯美但不被消费者接受的困境中不能自拔。受这个思路启发，项经理学习先对已有的上百种陶瓷产品从市场销售量、生产成本和生产周期快三个角度来分析对比，从中挑选出五款明星产品作为主推产品来销售。对于落选产品设计者的负面情绪，项经理则通过摆事实，希望从企业大局发展角度说服其他创业伙伴放弃各自"叫好不叫座"产品的市场销售。说服企业成员采用新的理念，即从消费者角度而不是从设计师角度来设计新的陶瓷产品等。

通过这一系列的努力，文创企业在变革转型和推广方面得到很大提升，让原来古早文化在业务销售量和利润方面也得到快速增加。

3. 案例分析

带着企业自身发展转型的问题寻找出路并最终找到解决方案且实践尝试的过程是不断学习的过程。首先，企业为了转型而对周围的信息非常关注并收集到有用的信息线索，如与政府部门的接触、电视播放中的政治会议和杂志上的广告信息等。这些信息对企业的转型方向的启发，即结合文化兴国战略和文创行业特征进行实体店销售创意产业的产品。然而由于企业自身规模问题使得该思路遇到许多瓶颈。其次，企业抓住各种交流学习的机会，从中尝试寻找转型的突破口，采用网络平台的方式进行销售。再次，沿着网络平台销售的思路，企业参考当前知名电子商务平台的运营方法，结合文创行业的特征和企业当前的情况，设计了最适合自己企业的网络平台与运营方法。最后，企业根据新的方案寻找融资，并在获得融资之后启动了新的项目，进行了新方向的尝试，如创办新企业、招聘新员工和设计宣传方案等。

虽然项目的未来效果还不容易预期，但项经理在企业转型思路的寻找和实施过程中收获多种效果：找到了转型的方案并成立新企业来专职运营。企业成功进行转型，企业年利润翻番。培养了创业团队成员在财务与行政事务上的办事能力，自我的员工培养能力得到很大提升。

（三）变革转型与产品市场选择案例

1. 案例背景信息

古经理是一个资深戏迷，在创业以前从事软件需求分析工作。2005 年她兼职创办一个以戏会友的戏曲网站。该网站是草根式建设的以非物质文化遗产为主要传播内容的实业型 B2C 网站。由于功能全面、戏曲知识浅显易懂和她的精心打造，网站吸引了无数对戏曲感到好奇的年轻戏迷。网站又兼顾资深戏迷的需求，会员量与流量激增，成为戏曲类网站中的知名网站。该网站是国内首家以戏曲用品经营为主营业务的独立服务器 B2C 网站，也是集戏曲文化知识为一体的准戏曲网站。经过 7 年磨炼和持续不断的改进建设，网站已经取得戏曲类网站中综合实力排名前三的行业地位。网站培养了年轻的戏迷注册会员 3 万余名，有效顾客会员占 5%。

网站创办人古经理于 2009 年 12 月注册了梨园春科技。2012 年企业雇有 8 位全职员工，企业营业额为 50 万元。企业的产品主要围绕戏曲用品及舞台演出用品的设计、生产和销售，以及戏曲专业产品生产过程的技术改造和艺术交流等。企业自创办以来申请了多项产品品牌。产品远销海内外许多国家与地区。

2. 关键事件描述

企业网站最初的创办主旨是保护戏曲非物质文化遗产，推广中国戏曲文化艺术，推进中国舞台演艺产业的发展。随着该网站知名度的提升和投入费用的增加，古经理通过网站的网络排名优势经营戏曲用品，填补了网站运营所需要的费用；并逐渐弥补了企业初建时的财务亏损。2010 年，企业通过网站 B2C 运营，逐步实现盈亏平衡。

古经理是工科毕业，爱好戏曲但并非行家。网站创办之初，她对如何设计、生产戏曲产品知之甚少，但毅然从工作安逸的单位辞职，全身心投入企业网站的建设与产品制作。她去剧团拜名师学习专业的戏曲知识，走访全国各地戏曲用品店取经求教，寻找相关产品的民间手工艺人，经过几年知识积累和身体力行的实践摸索，逐渐建立起戏曲产品设计与生产的方案体系。然而戏曲行业与普通行业不一样，客户范围较窄，而产品的材质、款式设计和生产周期较长，网络订单相对较少，企业在自主开发产品上的投入与收入不成正比。是否应将冷门的戏曲用品推向大众市场，将用户从小众范围扩大到家喻户晓喜闻乐见的常规化产品，是她一直困惑的问题。

在参加行动学习项目以前，她也尝试过其中的一些方向，如研发动漫文创戏曲产品、实体店租赁戏曲服装道具、租赁服务与酒店合作等。她在每个方向都投入了一些资金和经历，但屡试屡亏。这让原本资金就不充裕的企业运转更加困难的同时，让她对未来方向的选择感到迷茫。

带着这种困惑和迷茫及不放弃的坚持，古经理进入了学习项目。她将这次学习的机会视为问题转机的关键。在课堂上她不放过老师提到的每一句话，在课间抓住各种机会与学习同伴交流，并在课后通过网络和书籍来丰富学习过程中接收到的新信息。虽然学习同伴也给她提供了许多新的具体想法，如设计女装、设计生产时尚风格的衣服等，但她知道这并不适合自己，但什么是适合自己的产品思路她也不清楚。带着问题，她继续搜集想要的思路。直到有一天，有一位老师提到"做熟悉的行业"时，她刹那间产生了共鸣。

这一句简单的话语，让她陷入深深的反思，反思这两年来走过的弯路。她意识到自己在往各种方向尝试但以失败告终的根本原因，就是脱离自己对戏曲主业而去尝试不熟悉的行业。在这句话的启发下，她明白自己的产品仍然需要与自己熟悉的方向结合。可是，既要不脱离主业又要进行产品方向的改革，该选择哪类产品呢？带着这个问题，她与该项目的创业同行积极交流，有一位同伴让她"走大众化路线"的话语再次启发了她。她意识到自己的观念，即将客户对象锁定在小众戏迷而非普通消费者的观念，限定了企业产品的转型和企业的发展。她明白，自己的产品方向应放下戏曲高雅的身段，企业想要营利，应该走大众化的方向。

在"做熟悉的行业"和"走大众化路线"的启发下，她开始寻找具体的解决方案。在这个过程中，她抓住许多参加会展的机会，如文博会、动漫节和婚庆展等来寻找具体的产品市场。通过会展现场信息的收集和戏曲行业特征的调研，她发现融合传统戏曲故事才子佳人大团圆元素的中式婚庆主题的产品和服务是企业发展的可行方向。

首先，中国戏曲故事有广泛的群众基础，才子佳人大团圆的概念是永远的话题，企业生产的中国历代婚庆礼服的大气祥和，也符合婚庆基本要求的喜气和圆满。其次，以戏曲元素为素材的产品可衍生开发出系列婚庆产品，如国色生香牡丹家纺用品、喜铺用品等。最后，企业还可以借鉴戏曲的程式化表演流程，为新人设计策划既体现新人个性，又符合企业模板化操作的服务，包括古装摄影、穿越剧微电影、婚礼司仪流程、婚宴节目演出等。从视听上可满足大众需求，从精神上也丰富了中国传统文化内涵展现。

在婚庆主题方向的指引下，她开始制定商业计划书，并将先前做过的产品和实践过的文创服务整合到计划中。为了试探市场的反应并获取直接的客户反馈，她在顾客群相对集中的江浙沪中心位置——嘉兴，开了一家中式婚庆和戏剧用品一站式配置为主题的实体体验店，并根据消费者的反馈不断调节产品的设计。同时她开始考虑融资，以选择最合适的投资人和项目合作伙伴。她从获得的融资实际情况出发，带领她的团队，打造出一个极具中国传统文化魅力的品牌婚庆产品。

3. 案例分析

通过上面的案例可以捕捉创业行动学习促进创业者行为改变的过程。在参加行动学习项目之前古经理有一定的创业经验，且经过许多创业尝试，每次尝试的失败让她很迷茫，不知道自己的想法中哪种是正确的，这促使她积极收集信息并不断与他人交流来寻求解决方法。在行动学习项目的老师和同伴启发下发现自己的潜在假设有问题，即不应该脱离戏曲主业做自己不熟悉的行业和需要走大众化消费路线。反思之前的创业经历，并积极观察周围的环境，寻找可以切入的大众化产品线，并在该思路基础上整合企业已有的产品，重新设计企业的发展计划书，并开始进行市场反馈的尝试。同时寻找投资来启动新项目。在这个过程中不仅找到了产品转型的满意解决方案，也影响了之后关于企业发展道路的选择，实现了双环学习的效果。

（四）变革转型多案例对比分析

三位创业者同属于文化创意产业，在参与行动学习项目期间各自解决了不同的创业挑战。这些挑战均威胁到企业的生存与发展且没有最佳解决方案。问题的复杂性使他们虽经历多次尝试但未能在短暂时间内解决，且问题的焦点随实践的开展而不断发生改变。通过对他们解决困境过程的跟踪研究可以发现，他们的学习过程具有相似性。在基于问题解决的创业行动学习过程中，学习是由创业问题驱动的，由亲验聚焦、互动解读、参与定位、尝试学习和协同践行组成的过程模型。在这三个案例中，创业问题不仅是学习的起点，也是产生持续学习的来源。

深入分析这些案例可以发现，行动学习实时存在于创业过程中。

（1）在新兴产业创业变革情境下创业挑战无时不在，创业者不仅面临行业低参照性、低经验性和不确定性的挑战，也面临资源短缺、政策不完善和激烈竞争等多重挑战，创业者时刻处在解决各种创业问题的过程中。

（2）创业环境具有时间动态性和行动内生性特征：即不管是否采取创业行动，创业变革情境自身会变化；同时创业行动也会改变情境。这使问题的解决不能一步到位，创业问题随着创业行动范围的拓展而改变，创业者需要进行行动迭代和反馈诊断并实时修改行动策略。

（3）创业问题的发展使创业者不断陷入新的问题僵局，这使得解决方案也需要不断调节。创业者需要不断对行动反馈进行诊断以修正解决方案。因此，在新兴产业创业变革情境下，创业行动学的学习阶段随着问题演化而不断递进上升（图 8.3）。

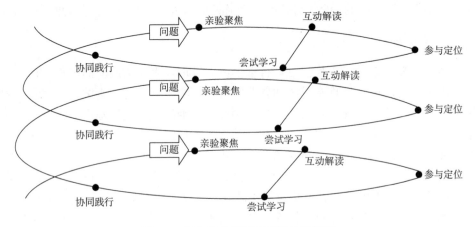

图 8.3　创业行动学习的螺旋过程模型

四、行动学习与组织变革策略

创业学习是应对中国独特创业环境所带来挑战的重要举措，是创业成功的关键。基于行动学习视角提出的创业行动学习概念及其过程模型体现了新创业变革情境下的创业学习核心特征。该过程模型认为对企业发展具有重要影响的创业问题是驱动学习的动力。问题使创业者陷入思维僵局状态：进行多种表征与尝试后问题仍然停滞不前，创业者不知道该如何推进。在这种状态下，企业的生存压力迫使创业者采用各种方式来获取问题解决线索，在问题驱动下创业者会对努力阐释各种信息以从中提取有启发性的视角。此时越多他人视角对问题的表征越有助于创业者吸收外界信息：不仅容易产生问题解决新思路，且会增强创业者对该问题的记忆。

亲验聚焦是指创业者针对创业问题展开对问题情境的考察和问题解决方案的线索搜集与汇总。有别于普通的企业行动反馈收集，这是在没有预设目标的前提下对问题相关信息的搜集。随着创业者实践范围的拓展，创业行动所产生的信息将会进一步影响问题的表征和解决方向。在这个过程中，创业者需及时捕捉并阐释行动所产生的关键信息以聚焦线索。该阶段可在短期内收集行动产生的即时效果，不仅可用于与实践目标比较以寻找问题的解决方向，也是创业者积累信息和促进学习的基础。此外，该阶段可帮助创业者识别潜在的创业挑战。只有充分收集行动的过程信息和问题情境的变化信息，并对结果与创业目标不断比对和聚焦，创业者才能识别出潜在的创业挑战，驱动新一轮创业行动学习过程。

互动解读是指创业者在新信息与原理的启发下，采用新视角回顾问题情境并反思先前的问题解决尝试，归纳问题僵局产生的各种原因，从中查找问题存在的行动假设的缺陷的过程。这是开发创业知识进而获得创业学习的重要阶段：在解读与反思过程中创业者将体验转化成创业知识，这与亲验学习理论中体验的获取与转化两种维度的内涵是一致的。创业者通过对经验、情境的反思，从创业体验中获得实践智慧。

参与定位是目标导向型策略的学习过程：创业问题是非结构化的，企业产品是从不存在到创造出来的过程。策略在系统整合过程的基础上，通过参与决策过程，重新整合新知识与以往创业经验，并做出目标定位与设置。

创业环境具有时间动态性和行动内生性特征：即不管是否采取创业行动，创业变革情境自身会变化；同时创业行动也会改变情境。这使问题的解决不能一步到位，创业者需要迭代进行行动和诊断并实时修改行动策略。在创业行动学习模型里，尝试学习与协同践行是创业者产生学习的重要来源：将问题策略践行于真实情境以尝试与验证其正确性，正确则强化其学习，有偏差则促进方案的修订；创业者在行动时需要时刻警觉其所持的行动假设，避免创业行为受限于已知行动假设而忽略新的信息，这个过程中行动塑造其思维；行动促使创业者从行动信息中推导可能性的解释（逻辑推理）、预想某种行为的结果（演绎）或总结当前数据以获取结论（归纳），产生基于问题解决的学习过程。

创业行动学习的每个要素均产生学习增量，是形成创业行动学习过程的必要条件。由于创业者受自我认知结构、学习偏好和创业变革情境特征等诸多因素的影响，创业者对学习要素的重视程度将呈现一定的差异性。然而学习的核心是创业行为的改进和创业问题的解决。这不仅要求创业者将信息内容转换成创业知识，更要求将知识转化成行动。仅有信息的搜集和思考，或仅有问题视角的提炼和策略的整合，所能产生的学习效果非常有限。同样的，仅有知识向操作的转化也是不够的，因为需要有被转化的新知识。因此，虽然使用创业行动学习中的一种或者多种方式可以获得一定的学习效果，但只有将学习行为联合起来使用，学习才会更有效。

在新兴产业创业变革情境下，创业学习的内涵有新的变化。本节研究运用"问题驱动"方法论，提出了新兴产业创业变革情境下的创业学习新概念——创业行动学习，基于亲验学习理论设计其过程模型，并通过深度多案例分析提炼该过程模型。研究得到如下结论：创业行动学习受创业问题驱动，是由亲验聚焦、互动解读、参与定位、尝试学习和协同践行五个要素组成的螺旋上升的过程模型。通过深入分析发现，任一要素在问题解决过程中都产生学习增量，产生最好的学习效果。本节研究回答新兴产业创业变革情境下创业者如何有效创业学习的问题，是对创业学习理论和行动学习理论在中国企业组织变革情境下的新拓展。

第二节　团队宽容氛围与失败学习的策略

一、团队宽容氛围与失败学习的关系

（一）团队宽容氛围对绩效的影响

在组织变革与文化融合过程中，创新团队的容忍氛围与失败学习是至关重要的问题。王重鸣和胡洪浩（2015）就创新团队宽容氛围及其对团队失败学习与团队绩效的效应开展了实证研究。研究的基本假设是团队氛围对团队工作的效率、创新与绩效有着重要的作用。对于新组建的创新团队而言，其核心任务就是创新实验与探索。创新往往伴随着失败，因此，这些团队就更容易遭遇各种问题、差错及失败，以及后续的冲突、抱怨与责备。对于如何应对团队创新中的失败，不仅需要团队成员之间的沟通与协调，也需要团队建立一种对失败的宽容氛围，容许团队成员出错，并宽容他们的差错。团队宽容氛围指的是团队中形成一种对探索性工作中的差错与失败给予感同身受和仁爱会获得奖励、支持与期待的共识。根据以往学者对工作情境中的宽容氛围的研究，宽容氛围可以促进工作团队对问题的解决，修复员工之间的工作关系，提高员工的生产力并降低离职率等。

根据团队工作设计理论，团队氛围往往通过团队互动过程来影响团队效能。团队失败学习作为一种关键的团队互动形式，越来越受到学者的关注。大量实证研究表明团队可以通过对问题与差错的共同学习来提升团队效能。根据我们对团队宽容氛围的定义，这是指团队成员对团队创新过程中有可能出现的问题、差错或者失败的正视与认可，即认为这些失败有可能给团队工作带来新的知识与价值。因此，我们提出团队失败学习对团队宽容氛围与团队绩效间的关系起中介作用。与此同时，基于组织学习理论，学习导向能够影响个体成员对信息的关注、解释、评价及筛选等学习行为与过程，为有效学习提供了一个共同的方向和焦点。因此，我们对团队宽容氛围的一个条件要素，即团队共享愿景进行了研究，并认为它能够对团队宽容氛围与失败学习的关系进行调节。具体来说就是，当团队成员拥有更强的共享愿景时，团队宽容氛围对失败学习效应的影响更加显著，并在很大程度上促进团队绩效的提高。

（二）团队宽容氛围与失败学习

1. 团队宽容氛围的正向促进作用

以往有关工作组织中的宽容氛围的研究，主要关注四个层次，包括个体层次、人际关系层次、团队层次和组织层次。其中，对前两个层次的研究较为普遍，而关于团队层次及组织层次的宽容的研究则非常少。团队层次与组织层次的宽容起源于成员犯错，包括团队成员在宽容氛围工作中的执行差错、违反规则及那些将团队或者组织置于潜在风险的个人行动等，聚焦团队或组织与个体成员的关系，即如何回应员工错误或者失败。根据提出的团队工作设计理论，团队输入状态通过团队成员间的互动过程来影响团队产出。通过对医院组织的实证研究，提出团队心理安全感通过团队学习过程（内部学习、外部学习及失败学习）促进团队绩效提升的机制。

宽容氛围与其他策略性氛围（如心理安全感）具有一定的相似性，同样聚焦于团队成员对团队中日常发生的并被团队支持行为的理解，以及能够直接反映团队目标并与结果紧密关联的概念，如员工的满意感、效率与绩效等。与团队心理安全感相比，两者都关注员工是如何应对可能引发冲突的行为，但差异也明显。员工参与行为反映出心理安全氛围能够让员工感受到一种开放性，愿意直接讲出个人观点，且无所保留，而宽容氛围则关注员工合作中的差错及导致的冲突，从可能出现的危害性事件的处理动机出发，尽可能让每个成员表达不同观点，而宽容氛围则是对犯错员工表达善意，促使其形成正面动机。

因此，团队宽容氛围促进团队失败学习主要有三个方面的原因。

1）在宽容氛围下团队成员的积极心态

在宽容氛围下，团队成员能够对团队工作中的差错及失败保持客观态度，而且认为，差错和失败可能带来新知识的价值与意义。工作中的 3 种心理条件可以促进员工的工作投入，其中心理意义解释了对工作价值的认同能够激励团队成员更多地投入体力、认知及情绪上的能量，即使遇到挫折或者失败，他们也认为自己给团队做出了贡献，并也期待团队其他成员对自己的反馈。以往研究也曾提到这种心理意义反映了个体积极投身于工作任务的内在动力机制，并且直接影响团队互动过程的成效。有关医院团队管理机构所开展的 20 多年持续研究表明，开展失败学习的一个前提是克服对失败的担忧，正确对待失败，把失败看作学习的机会。

2）在宽容氛围下团队成员的乐观情绪

在宽容氛围下，团队成员能够保持乐观、积极的情绪，不再去抱怨、指责当事人的错误，并能够把时间与精力花在"从失败中汲取经验与教训"以提升团队效能。当合作成员怀有负面情绪时，其绩效水平很难维持。对 12 个科研机构中 585 名科学家在项目失败后的情绪管理研究提出，组织中失败常态化，即组织成员把失败看作是经常发生的事情，能够有效降低组织成员在失败后的消极情绪，而把精力聚焦在项目失败的意义上。研究者对企业在实施裁员变革后的宽容氛围进行了分析，他们选取了 18 家已经实施裁员的企业，对不同职位的员工进行了抽样调查，结果显示，宽容能够有效降低裁员的负面效应。

3）在宽容氛围下团队成员间的信任关系

在宽容氛围下，团队成员人际关系也会更加友好，更加信任，利于团队成员间的合作互助与学习反思。宽容能够帮助员工个体修复受损的工作关系，克服因不合人际关系所带来的负面情绪与想法。我们可以把宽容氛围看作一种问题解决策略，通过调和双方冲突，以挽救工作关系，延续成员资格。另一项对一家大型货运企业中的宽容氛围进行的质性研究提出两种宽容模型，包括实用模型和卓越模型。其中，卓越模型是一种主动学习和转变的实践，即能够促使员工从错误与失败中吸取教训。从变革管理的角度，提出宽容可以创造长远利益，促进员工在出错后快速恢复。因此，我们提出以下假设。

假设 8.1：团队宽容氛围对团队失败学习具有正向促进作用。

2. 团队宽容氛围的调节作用

有关宽容氛围的研究提出，对失败的宽容也需要符合一定的条件，即确保集体目标的实现。有关医院如何应对实习医生的四种类型的错误，包括技术错误、判断错误、规范错误和准规范错误，医院对于技术错误和判断错误更为宽容。也就是说，宽容程度取决于实习医生能否从错误或者失败中学习，以促进医院整体水平的提升，也就是集体目标的保证。另外，追求长远发展的组织在构建宽松、自主的工作环境时，也需要考虑员工对组织共同目标与利益的责任承担。

根据组织学习理论，学习导向能够影响个体成员对信息的关注、解释、评价及筛选等学习行为与过程，它为有效学习提供了一个共同的方向和目标。其中，把共享愿景看作一种学习导向，并认为共享愿景决定了组织成员学习的内容与目标。团队共享愿景指的是团队成员对团队未来状态的一种共同的心理模型，并形成一个共同的行为框架，即按照团队工作的战略方向来开展日常的工作，包括新知识、新机会等的选择与配置，都是集体目标与价值观的体现，能够降低个体机会主义，促使团队围绕集体目标共同努力。对飞行员团队的研究表明，那些具有共享愿景的团队能够表现出更多的协作及团队整合行为。对高管团队的研究表明，较高的共享愿景可以减少团队成员的摩擦，以更有效达成一致。因此，我们认为，团队共享愿景能够对团队宽容氛围与失败学习的关系进行调节。

在团队共享愿景较高的情况下，宽容氛围能够更有效地促进团队进行失败学习。

第一，共享愿景可以让团队成员把有限的注意力聚焦在有助于团队目标达成的差错与失败上，这样可以增加员工对这些失败的认同与包容，以更有针对性地开展失败学习。对医院机构 20 多年的持续研究表明，通过智慧型失败学习，即组织为实现长远发展而进行探索性实验的失败，可以更明显地促进创新。根据心理意义理论，共享愿景能够让员工提升对差错与失败认同的有效性，即选择对工作改进与提升更有作用的失败。

第二，共享愿景能够确保团队应对失败的速度，既紧密围绕团队共同方向，避免不必要的争论与冲突。失败学习成效的重要条件之一就是速度，它能够确保个体在失败后产生有限的负面情绪。

第三，共享愿景是团队成员在共同目标与价值开展行动的表现。在这种情况下，团队成员的个体机会主义行为会被减弱，相互之间的信任度会提高，也愿意为团队出谋划策。相反，当团队共享愿景较低的时候，即使团队形成了较好的宽容氛围，但是团队无法有效识别与集体目标紧密相关的智慧型失败，也不能及时、迅速地应对失败，而把大量时间耗费在对失败事件意义的讨论上，甚至有可能出现个人机会主义的风险（推卸责任等），而这些都影响了团队有效开展失败学习的过程。

因此，我们提出以下假设。

假设 8.2：团队共享愿景对团队宽容氛围与团队失败学习的关系具有调节作用，当团队共享愿景较高时，团队宽容氛围对团队失败学习的促进作用更加明显。

3. 团队宽容氛围对团队绩效的影响

团队失败学习被认为是改进团队工作流程并提升团队绩效的重要途径。相关实证研究也从多个方面印证了失败学习对团队绩效的作用。我们对 9 家医院的 26 名护士进行了深度案例访谈，结果发现，护士团队对日常护理工作中的错误进行学习可以降低团队差错率。通过对高管团队研究我们发现，高管团队可以通过失败学习来优化集体决策质量。我们选取了一家大型医院，对工作团队的学习过程进行了纵向研究，结果发现失败学习可以促进团队绩效的改善。因此，我们提出以下假设。

假设 8.3：团队失败学习对团队绩效具有正向促进作用。

根据以往研究，团队效能与团队学习的关系往往以团队特质通过团队学习这个互动过程来影响团队绩效。团队宽容氛围作为团队的一种共同特质，让团队对创新工作中可能极具价值的失败达成共识。而团队失败学习则是团队成员对失败经验的价值挖掘的过程，也就是从失败中抽取新的知识，一方面完善团队知识结构，降低团队创新工作的不确定性；另一方面则是调整原有知识结构，改进工作流程与方法，提升团队绩效。根据组织学习理论，共享愿景作为一种学习导向，影响了团队学习的方向、内容与目标，它能够让团队成员聚焦智慧型失败、提高对失败的反应速度并降低个体机会主义的风险。

假设8.1和假设8.2提出团队宽容氛围对团队失败学习的影响受到团队共享愿景的影响。假设 8.3 则指出团队失败学习与团队绩效相关。这些关系反映了本节研究的整体构思模型，形成了带调节的中介模型。虽然假设8.1～假设8.3可以通过分布检验来分析相应路径系数的显著性，但这种方法难以验证中介效应与带调节的中介效应。因此，我们提出了新的假设，以揭示整体的带调节的中介效应。

假设 8.4：团队宽容氛围通过有条件的间接效应来影响团队绩效，这种关系受团队共享愿景的调节并以团队失败学习发挥中介作用。

因此，本节研究提出并检验了一个调节中介模型，见图 8.4。

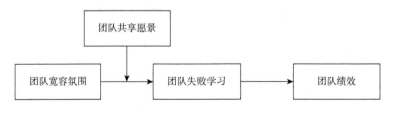

图 8.4　团队宽容氛围研究的构思模型

本节研究主要有两个理论贡献。一是将宽容氛围引入创新团队的工作情境中，揭示团队中的宽容氛围对团队互动的作用；二是根据组织学习中的学习导向理论，提出团队共享愿景是团队宽容氛围产生效用的一个重要条件。

二、设计与分析结果

（一）设计方法与分析途径

1. 取样和问卷方法

本节研究调查的对象是参加技术研发和新产品设计的大学生创新团队。研究历经半年时间，共分两个阶段进行。第一阶段以问卷调研为主，包括搜集团队背景资料，测量团队成员对于创业团队成败的想法。问卷均事先装入信封，并在信封正面贴上问卷填写说明与注意事项。每个团队用一个信封，要求完成问卷后与创业项目结题资料一并提交。第二阶段是测量团队绩效，采用项目结题专家评审成绩。本节研究共发放问卷660份，回收531份，有效问卷463份，问卷有效率为87.2%，共计145个团队。每个团队平均包含3名成员。

2. 研究的变量与测量方法

1）团队宽容氛围

采用我们开发的宽容氛围量表，共4个题项，代表性题项如"在团队里，我们能够包容团队成员的过失或差错"和"在团队里，彼此之间没有怨恨情绪"等，采用利克特五分量表，从"1=完全不同意"到"5=完全同意"开展评价。该量表的克龙巴赫α系数为0.78。

2）团队共享愿景

采用我们设计修订的共享愿景量表，共4个题项，代表性题项如"在团队里，每位成员都很清楚大家共同努力的方向"和"在团队里，你非常清楚项目的长期工作计划与实施方案"等，采用利克特五分量表，从"1=完全不同意"到"5=完全同意"开展评价。该量表的克龙巴赫α系数为0.64。

3）团队失败学习

采用我们设计修订的团队失败学习量表，共5个题项，代表性题项如"在团队里，如果某一成员的工作出现差错，其他成员会主动与其沟通，并不是出于责备，而是看重学习价值"和"在团队里，如果有成员出错，本人会告知队长，以让其他成员吸取教训，防止再犯同样的错误"等，采用利克特五分量表，从"1=完全不同意"到"5=完全同意"开展评价。该量表的克龙巴赫α系数为0.83。

4）团队绩效

采用每个创新团队的创业项目结题成绩。成绩分为5个档次，从低到高分别为"不及格、及格、中等、良好和优秀"，分别以1～5分赋分处理。

5）控制变量

采用了团队规模、团队类型和团队成员熟悉度3个指标。其中，团队规模测量的是团队人数，团队类型分为两类：科技创业团队和文化创业团队，团队成员熟悉度的测量采用了1个题项："我们团队成员相互之间都很熟悉"，采用利克特五分量表，从"1=完全不同意"到"5=完全同意"做出评价。

3. 量表效度与数据聚合方法

我们对宽容氛围、共享愿景和失败学习3个变量进行了验证性因素分析。结果表明，三因素模型拟合效果最好（χ^2=66.65，df=41，RMSEA=0.04，CFI=0.97，NFI=0.93）。这说明上述3个变量具有良好的区分效度。同时，该分析采用单因素检验来检测同源误差，表明对研究的影响较小。

　　由于研究所关注团队宽容氛围、共享愿景与失败学习均为团队水平的概念，根据"一致性指数 r_{wg} 不小于 0.70"的聚合前提，对团队领导和成员的回答一致性程度进行检验。结果显示，团队宽容氛围、共享愿景、失败学习的平均 r_{wg} 分别为 94.4%、91.5%、93.8%，均大于 0.70。另外，聚合团队分值的方法提出，当 ICC_1 大于 0.12 临界点，ICC_2 大于 0.60 临界点时，方可将个体水平数据聚合为团队水平数据。经计算，上述 3 个变量的 ICC_1 分别为 0.29、0.18、0.31，ICC_2 分别为 0.52、0.38、0.55，其中 ICC_1 值符合要求，而 ICC_2 均小于 0.60。以下假设验证将采用聚合后的团队层次数据。

（二）研究的统计分析与主要结果

　　本节研究采用 SPSS 进行统计分析与处理。

1. 描述统计分析

　　变量统计描述分析结果见表 8.7。从表 8.7 中得出，团队宽容氛围与团队失败学习呈正相关而且达到显著水平（$r=0.36$），团队失败学习与团队绩效呈正相关并显著（$r=0.30$）。在进行假设检验之前，对所有连续性变量进行了中心化处理。

表 8.7　描述性统计分析结果

变量名称	平均值	标准差	1	2	3	4	5	6
1 类型	0.21	0.44						
2 规模	3.01	0.10	−0.13					
3 熟悉度	4.03	0.78	−0.04	−0.01				
4 团队宽容氛围	4.37	0.39	0.03	0.18*	0.09			
5 团队共享愿景	3.97	0.36	−0.11	0.09	0.13	0.45**		
6 团队失败学习	4.04	0.39	0.14	0.07	0.03	0.36**	0.49**	
7 团队绩效	3.43	1.07	−0.03	0.10	0.02	0.20*	0.28**	0.30**

注：团队样本数=145

*表示 $p<0.05$，**表示 $p<0.01$

2. 研究的假设检验

　　本节研究参照所提出的检验流程，并采用了 SPSS macro（MODMED）程序进行假设检验。

1）假设 8.1 和假设 8.2 的检验：中介变量模型

MODMED 程序包括多个检验步骤。第一步的中介变量模型（表 8.8），检验了团队宽容氛围、团队共享愿景及它们的交互项对团队失败学习的作用，涵盖了假设 8.1 和假设 8.2。结果显示，团队宽容氛围显著影响团队失败学习，假设 8.1 得到支持。同时，分析表明团队共享愿景对团队宽容氛围与团队失败学习的关系具有调节效应，假设 8.2 得到支持。其调节效应可见图 8.5。当团队共享愿景较高时，团队宽容氛围显著促进团队失败学习。

表 8.8　带调节的中介模型的回归分析

变量	系数	标准误	效应量
第一步中介变量模型：团队失败学习			
常量	−0.24	0.86	
团队类型	0.14*	0.06	
团队规模	0.05	0.28	
队员熟悉度	0.00	0.04	
团队宽容氛围	0.18*	0.08	0.49
团队共享愿景	0.52**	0.09	
团队宽容氛围 × 团队共享愿景	0.40*	0.18	
ΔR^2	0.33**	0.33	
第二步因变量模型：团队绩效			
常量	1.49	2.70	
团队类型	−0.08	0.18	
团队规模	0.68	0.88	
队员熟悉度	−0.01	0.11	
团队失败学习	0.58*	0.27	0.14
团队宽容氛围	0.14	0.26	
团队共享愿景	0.41	0.31	
团队宽容氛围 × 团队共享愿景	−0.08	0.57	
ΔR^2	0.12*	1.03	

注：根据 Cohen（1988）的效应量大小标准，0.02 以下为小，0.02～0.15 为中，0.3 以上为大
*表示 $p<0.05$，**表示 $p<0.01$

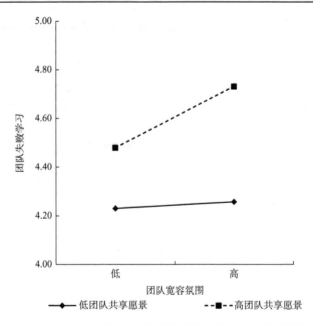

图 8.5　团队共享愿景对团队宽容氛围与团队失败学习的关系的调节效应

2）假设 8.3 的检验：因变量模型

MODMED 程序的第二步为因变量模型（表 8.8），该模型用于检验假设 8.3，在检验过程中，通过除了原有控制变量以外，也控制了自变量、调节变量和交互项。结果显示，团队失败学习正向促进团队绩效，假设 8.3 得到支持。

3）假设 8.4 的检验：有条件的间接效应（带调节的中介模型）

MODMED 程序的第三步是检验有条件的间接效应的显著性。提供的 MODMED 程序包含了两种显著性分析方法。第一种，在不同调节变量值（一般为均值±一个标准差）的条件下，检验自变量通过中介变量对因变量的间接效应。该检验可直接采用正态分布检验。第二种，利用自助法技术生成不同间接效应量下的置信区间，然后评估其显著性。表 8.9 详细提供了不同调节条件下的结果。正态分布检验结果表明，在高水平（均值+一个标准差）的团队共享愿景条件下，间接效应显著，而在平均值水平及低水平（均值-一个标准差）的条件下，间接效应不显著。这些结果表明，假设 8.2 所提出的调节效应在高水平的团队共享愿景条件下，能够对团队绩效产生显著的间接作用。自助法检验也进一步证明了在团队共享愿景较高的情况下，有条件的间接效应显著。上述两种检验方法支持了假设 8.4 及本节研究整体构思图，也就是团队宽容氛围、团队共享愿景和团队失败学习通过有条件的间接效应来影响团队绩效。

表 8.9　不同调节条件下对间接效应的自助法分析

因变量	共享愿景值	有条件的间接效应	标准误	95%置信区间	
				低	高
团队绩效	−0.36	0.03	0.12	−0.18	0.31
	0	0.13	0.10	−0.01	0.39
	0.36	0.23*	0.12	0.06	0.54

注：基于 20 000 次 Bootstrap 样本；有条件的间接效应检验为双尾检验

*表示 $p<0.05$

三、研究的理论与应用价值

本节研究揭示了创业变革情境下团队宽容氛围正向影响团队失败学习，团队共享愿景调节团队宽容氛围与团队失败学习的关系，尤其是在高水平的团队共享愿景下，该关系更加显著。同时，团队失败学习正向影响团队绩效。整个带调节的中介模型也表明，在高水平的团队共享愿景下，团队失败学习能够显著中介团队宽容氛围与团队绩效间的关系。

（一）研究结果的理论进展与意义

1. 团队宽容氛围对团队失败学习的影响

本节研究表明，团队宽容氛围可以促进团队失败学习。以往有关工作情景下的宽容氛围研究，大部分都聚焦宽容氛围的形成条件及其对人际关系的影响，并没有关注宽容对员工进行错误与失败学习的作用。本节研究首先将宽容氛围引入创新团队的工作情境，并发现团队宽容氛围可以促进失败学习。在失败率较高的创新团队中，失败可以给团队带来新的知识与启发。近期的多个研究也表明，通过对失败的学习，可以学到启发式，也就是在快速、动态和复杂的环境中快速并准确决策的能力。团队宽容氛围可以让团队成员对失败保持客观的态度，保持乐观和积极的情绪，不再抱怨或责备当事人，把更多时间放在从失败中吸取教训并改进工作方式与流程等。

2. 团队共享愿景对团队宽容氛围与团队失败学习的调节作用

本节研究从组织学习理论出发，发现团队共享愿景作为一种学习导向，可以对团队宽容氛围与团队失败学习的关系进行调节。当团队共享愿景较高时，上述两者的关系则更加显著。团队共享愿景作为团队成员对未来的共同心智模型，使得团队成员形成了一个共有的行为框架，可以指导团队成员紧密围绕团队目标而行事，包括将有限的注意力集中在智慧型的差错与失败上，以甄别有价值的失败，并且避免团队成员不必要的争论与冲突，提高失败学习的效率与速度。我们的研究表明，共享愿景让团队宽容氛围更有实效，更显著地提升团队成员进行失败学习的质量与效率。因此，本节研究揭示了团队成员对团队目标及愿景的共同认可是团队宽容氛围产生作用的重要条件。

3. 团队失败学习对团队宽容氛围与团队绩效的中介作用

本节研究也表明团队宽容氛围对团队绩效的促进关系是通过团队失败学习这一团队互动过程来实现的。团队宽容氛围作为一种团队的共同特质，让团队在探索性工作中积极面对那些可能蕴含巨大价值的失败，并通过集体的学习，以获取新的知识，并最终提升团队绩效。对失败的宽容并不能直接产生效益，团队必须通过失败学习，对失败进行反思，吸取教训，从而改变原有的工作态度与行为。实证结论也证明了，在团队共享愿景较高的情况下，团队失败学习在团队宽容氛围与团队绩效之间存在完全中介效应。

（二）研究结果的实践与应用价值

团队是组织实施变革与创新的中间体，是组织实现成长与发展的动力单元。团队在开展创新与变革行动过程中，遭遇失败与挫折是必不可少的，也是有益的，因为它意味着与成功的距离又近了一步。团队中形成一种宽容失败的氛围，可以让团队成员更加清晰地意识到失败并不可怕，一些建设性的错误与智慧型的失败甚至可以给团队带来前所未有的价值。这可以促进团队成员更大胆地去探索与实验，不再畏惧失败的产生，而是注重学习及经验的获得。这对于创新团队实现里程碑式的突破是至关重要的。因此，在工作团队中，要鼓励员工容忍失败、理解失败、允许失败并善待失败。一方面，要避免产生失败后的相互指责和归罪与消极悲观的情绪，以防过度消耗团队成员的时间与精力；另一方面，要破除"成王败寇"的观念，让每位成员都能够意识到"失败是走向成功的一个过程，也是迈向成功的一个台阶"，通过对失败经验的学习，可以提高团队成功的可能性。

团队对失败的宽容也是有条件的。如果团队成员具有共同的愿景与目标，那么宽容氛围则可以更明显地提升团队绩效。因为，对于一些可避免的错误及常规的差错，团队成员即使宽容了，其学习的价值也不大，它无法给团队带来新的知识，也无法促进团队目标的达成；但对于那些探索性的失败、智慧型的失败，团队成员的宽容则非常重要。当团队成员具有较高的共享愿景时，他们就能够围绕团队行动框架开展工作，正确识别对团队目标实现的有效经验与知识，并且促进相应的学习行为与过程。在创新团队工作中，要善待失败与失败者，并建立有效的失败学习机制，挖掘失败的价值，以提升团队绩效。

（三）未来展望与结论

团队宽容氛围的概念内涵十分丰富，可以从理论建构上提出多维度假设。本节研究所采用的量表已经充分代表宽容氛围最核心的要素，未来研究可以探索多维的团队宽容氛围概念，以更准确、完整地揭示宽容的内涵及其不同的效用。除了团队绩效外，本节研究的其他三个核心概念，可以结合更多的客观测量指标，更全面、综合地反映团队宽容氛围的作用机制。未来研究也可进一步采用实验方法等更精准操控的研究设计，对上述研究结论做更为深入的验证与探讨。

基于团队工作设计理论和组织学习理论，本节通过实证研究提出了一个带调节的中介模型，重点关注了团队层面宽容氛围对团队失败学习的作用，团队共享愿景对上述关系的调节作用，以及团队失败学习对团队宽容氛围与团队绩效关系的有条件的中介作用。研究结果表明，团队宽容氛围能够正向影响团队失败学习，团队共享愿景能够强化团队宽容氛围与团队失败学习的正向关系，尤其是当团队具有较高共享愿景时，团队宽容氛围与团队失败学习的关系更加显著。同时，团队失败学习也正向影响团队绩效。整体模型也支持了团队具有较高的共享愿景时，团队失败学习能够显著对团队宽容氛围与团队绩效间关系具有显著中介效应的假设，为优化组织变革和创业创新背景下团队学习与赋能管理提供富有价值的理论指导。

第三节　组织变革的行动策略与赋能机制

一、组织变革与文化融合的行动模型

（一）组织行动策略与组织发展技术

中国管理研究的重要新任务是在转型升级背景下强化行动策略和组织发展（organization development，OD）技术，从而更好地解决管理实践问题。在组织变革的行动策略方面，我们通过构建和检验并行分布式的"组织变革行动模型"，描述和验证从个人主动性向组织主动性的转换机制。从所开展的一系列研究的成果来看，采用"变革行动焦点调节"和"创新行动序列迭代"的双重策略，即并行分布式的加工策略，可以显著增强组织变革行动策略的内涵，包括设置变革目标，定制行动地图，监控成效反馈等过程，从而应对变革情境的不确定性、新奇性、模糊性和不可预知性，形成可持续发展的愿景，增强组织创造力和组织发展行动策略的效能。

1. 组织变革行动模型

我们通过 5 年的实证研究，系统检验了这样的理论思路：在组织变革和文化融合的情境下，中国企业组织变革的赋能行动机制着重解决企业"变革思路–行动策略"方面脱节的问题，构建与检验组织变革的三维赋能行动模型。由浙江大学项目团队带领项目组围绕组织弹性与协作敏捷性特征，开展了组织变革与文化融合的实证分析与研究，取得了创新性的研究成果。作为项目组主要成员之一的弗雷瑟教授，在项目开展过程中多次参与项目策划与研究研讨活动，并在创业行动的研究与理论创新上带领课题组，以中国企业管理实践为主线，在先前国际合作研究的基础上，一起对 120 家中国中小企业完成了长达 10 年的跟踪研究，深度考察了中国中小企业创新转型、变革行动的具体实践和进展挑战，提出了基于创新转型的变革赋能行动理论（Frese，2007），强调了个人主动性与全面策划在变革赋能行动中的重要效应，特别是行动顺序，即"目标—环境—计划—监测—反馈"的序列及其交互影响（Gielnik et al.，2015）。我们的相关研究还分析了多重目标导向对于学习赋能动机与学习行为的影响，为变革赋能行动提供了新的理论依据。

2. 组织变革发展策略

有关组织变革与文化融合的"组织变革行动模型"在现实中需要通过"组织变革发展策略"加以实现。我们以"行动焦点调节"和"行动序列迭代"的两栖过程，验证并优化了个体–组织的主动性转换和组织变革发展的行动机制。通过推进可持续的组织发展行动策略（organization development action strategy，ODAS），显著提升了多类组织实现转型变革的动态行动能力。我们的研究发现，在组织变革发展场景下，行动调节聚焦的关键维度是"行动价值调节聚焦"，而行动序列迭代的主要效应则是"行动学习序列迭代"。因此，我们把"行动价值调节聚焦"和"行动学习序列迭代"作为组织变革发展策略的重要策略，用以强化组织变革发展效能。我们实际应用变革赋能行动理论，以"行动调节要素"为特征，实施了创业行动培训，显著提升创业培训的赋能效能。这些调节要素包括创业目标意向、行动计划、行动知识、创业自我效能感、创业机会识别、创业行动价值等。

3. 变革赋能行动机制

我们提出的变革赋能行动理论还包含相应的准实验研究成果。Wang 等（2014b）发表的"知识管理系统中知识分享的激励策略的准实验研究"，以某中国软件企业的 100 多位员工为对象，通过一项为时 17 周的准实验设计，系统检验了知识分享的不同策略的赋能行动模式，强化了变革赋能行动过程中问责管理的积极效应，从而丰富了变革赋能行动理论的知识分享和问责管理机制。在赋能学习方面，Moore 和 Wang（2017）的项目研究通过实证对比与考察，对不同地区首席执行官的领导力指导计划与赋能学习的创新性，提出了认知适应能力与心理安全感的促进与调节效应。我们也检验了承诺升级在变革赋能行动中的正面功能。薛元昊和王重鸣（2014）通过对 35 家企业案例的深度分析，验证了组织学习与赋能行动的探索学习、转化学习和开发学习的紧密关系和理论提炼。

总体来看，基于创新转型的变革赋能行动理论以创业行动模型为核心，以知识分享和问责管理为机制，重点开发认知适应力与迭代学习力（探索、转化、开发），通过心理安全与调节聚焦，实现了基于学习创新的赋能行动，取得企业的转型成功与发展。

（二）分布式三重机制与演化式双栖策略

1. 组织变革与文化融合的三重机制

本节研究从认知科学的并行分布式策略出发，运用 Wang（2012）提出的 ASD 组织变革模型作为理论框架，从价值适应（A：adaptation）、决策选配（S：selection）和赋能发展（D：development）三大维度，考察与探究组织变革与文化融合的多重机制。范巍和王重鸣（2015）运用 ASD 理论研究了人事选拔决策过程匹配机制，验证了匹配评价的显著效果。特别是，通过为期五年的案例分析、跟踪研究、实验与准实验，聚焦竞合式价值适应、前瞻式决策选配和行动式赋能发展三重机制的实证分析，对组织变革的双栖策略范式做出机制上的解释，并开发组织发展行动策略工具，在多项实证研究的基础上建设跟踪案例库、定点企业网络和组织发展解决方案库，从而在多家企业显著推进组织变革与文化融合。特别是，双栖策略组合以"竞争-融合"、"开发-探索"和"创新-规制"为新特征，形成多层次成对策略演进的新范式，显著提升其组织变革与文化融合能力，进一步增强组织变革的可持续效能。

2. 纵向实证研究与深度案例访谈

本节研究通过纵向实证研究,系统分析和检验中国企业组织变革的价值适应、决策选配和赋能发展三重行动过程,通过"竞争–融合"、"开发–探索"和"创新–规制"的双栖过程,考察变革融合行动机制。这部分研究成果主要通过纵向实证研究和深度案例访谈完成。其中,我们通过对互联网企业和管理者的口述历史进行深度案例分析与研究,陆续主编出版了系列专著——《光荣与梦想 互联网口述历史 钱华林篇》、《光荣与梦想 互联网口述历史 刘韵洁篇》、《光荣与梦想 互联网口述历史 田溯宁篇》、《光荣与梦想 互联网口述历史 胡启恒篇》、《光荣与梦想 互联网口述历史 张树新篇》、《光荣与梦想 互联网口述历史 张朝阳篇》、《光荣与梦想 互联网口述历史 陆首群篇》和《光荣与梦想 互联网口述历史 许榕生篇》(方兴东,2018a;方兴东,2018b;方兴东,2018c;方兴东,2018d;方兴东,2018e;方兴东,2018f;方兴东,2018g;方兴东,2018h)。请读者分别阅读上述系列案例。这些深度访谈案例分析,以生动的案例解读了中国互联网企业和研究机构的管理实践,特别是企业变革与文化融合机制。

二、组织变革与文化融合的机制与策略

总结我们的相关研究,组织变革的文化融合机制包括以下六个方面。

1. 基于数字转型的创新动力机制

从中国企业转型升级、全球创新竞争和科技创业发展等方面来看,以中国企业上云运营、"互联网+"、数字化智能化举措,促进组织实现新原文化取向的适应学习,业务价值的跨界转换,社会–技术并行的发展理念等文化价值融合过程,逐步形成组织敏捷、虚拟团队、模式创新,增强创新动力。

2. 基于变革创新的责任担当机制

通过创业变革创新和可持续文化取向,强化创业社会责任,从责任价值、责任动力和责任参与三维度,显著增强创业责任的内在共享行动机制,并与开放式转型升级的组织变革和发展价值及策略相融合。

3. 基于并行分布的前瞻警觉机制

在组织变革与文化融合的决策中,以分布启动、目标参照、交互洞察、前瞻判断这四种特征,构建起前瞻警觉的组织变革决策机制,可以在动态、复杂的情境中优化决策效能。

4. 基于团队互动的组织协同机制

在组织变革与文化融合中，以团队间合作互动增强创新参与程度，显著提升组织嵌入和文化融合的层次，进而提升组织变革行动的团队协同机制。

5. 基于创业五力的赋能适配机制

聚焦于女性创业、知识产权创业和跨境创业应用领域的变革创新，我们创建了创业五力模型，通过创业生态力、创业文化力、创业团队力、创业创新力和创业行动力，形成赋能成长和与组织发展适配的机制。

6. 基于双栖策略的共享整合机制

基于双栖策略，以行动学习为框架，通过失败学习策略，实现价值定位和调节聚焦，综合上述机制，形成主动问责、迭代学习、知识共享的文化整合机制。

图 8.6 比较全面地揭示了中国管理组织变革与文化融合的重要机制，为各类企业成功开展转型升级和变革创新提供了可供采用的理论框架。

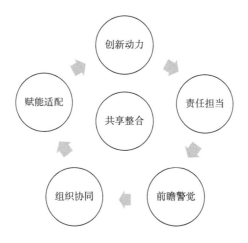

图 8.6　组织变革与文化融合的六项连环机制

总体来看，我们的研究创新性地提出"问题驱动方法论"，聚焦组织适应—选配—发展的 ASD 变革理论（Wang，2012），运用并行分布策略和双栖策略，深度研究了中国企业在转型升级和创业创新过程中的组织变革管理与文化融合问题，重点构建和验证了基于并行分布策略的组织变革与文化融合三重机制和组织变革行动发展的应用策略，揭示出中国企业变革发展特有的创新动力、策略建构、竞合适应、团队选配和行动发展能力，并在此基础上，运用准实验实证分析、纵向跟踪研究模式和神经机制实验等三种研究方法检验和拓展该项目的重点理论创新与策略应用研究。在研究中，我们紧密围绕中国管理实践的理论创新目标，在系统地实证研究的同时，把变革管理、文化建设和行动发展策略应用于组织变革与转型成长实践，形成了变革成长的核心竞争力。

三、管理问题研究的方法论进展

管理研究方法发生了很大变化并取得了显著的进展。中国管理研究在方法论上出现了一系列新的方法尝试和创新与进展。

（一）中国管理研究的新路径

1. 组织作为动态的开放系统

通过有关"中国管理的理论（以现有知识而发掘）与管理的中国理论（以创造知识而探求）"之分和"通过跨情境研究团队借用已有理论获得特定情境下的新理解"的比较研讨，赵曙明和蒋春燕（2009）在《从做中学：中国管理研究的发展思路》一文中，回顾了中国管理研究进展并得出结论——实践将对中国管理研究的成功路径做出最后的判断。而在组织变革研究方面，针对方法论开展的研究则表明，不同变革阶段的动力要素（如异质性）之间存在显著的交互影响。为了紧密结合中国管理情境开展重大问题研究，方法思路也急待进一步突破和创新，进展主要包括多案例深度分析的方法框架、多水平并行分布式建模方法和动态决策过程的实验模拟方法等。

组织作为动态的开放系统需要多个层面（关键员工层面、核心团队层面和组织竞合层面）的战略协同和经营环境互动。Wang 和 Zang（2005）论证了人力资源战略与文化匹配在多个层面对创业的效应，为进一步研究提供了新的依据。在跨组织层面，Barnett 和 McKendrick（2004）有关组织竞争的"红色皇后理论"认为，企业间竞争淘汰竞争力较弱的企业，推动组织学习过程，从而进一步提高了竞争的激烈程度，这种动态的因果循环使得幸存下来的企业更为强大。在个体和团队层面，竞争的动态性能够促进组织内部多种学习策略。在 Barnett 的理论中，竞争促进了组织间学习，基于适应和创新的组织变革与行动模式，可以建立强有力的新的变革决策机制。管理研究的方法论研究日益采用纵向跟踪分析、整体解决方案和可应用研究的策略。行动研究日益成为新的行动导向的研究方法范式。

2. 管理研究的问题驱动方法论

中国管理研究的问题驱动方法论包含三项重要的要素：情境嵌入法、组织动力框架、演进建构模式。我们在研究过程中不断更新研究思路和研究方法，特别是优化基于中国管理实践的问题驱动方法论。

1）情境嵌入法

在中国管理实践问题的研究中，人们通常把管理实践当成"背景"，假定所有企业组织的实践背景是相似和稳定的，只需要关注特定的变量及其关系即可。但是，正如我们在先前所说，中国管理实践的情境日益动态化和多样化，组织变革情境的变异度显著增大而令人不可忽视或视作恒定因素。在研究中，需要围绕转型升级、全球创业、科技转化、"互联网+"、云端运营、数字智能及变革创新等变革转型实践，开发情境关联行为与情境嵌入构思的方法，从而提出实现"多种组织变革关键情境特征"模型和嵌入变量关系的研究方法。这就是"问题驱动方法论"的逻辑与方法。特别是加强情境组合和关键特征匹配，注重多水平特征和交叉效度验证。改变时下"单一关系"和"独立效应"方法论局限，真正做到聚焦中国管理实践中的关键问题开展"前沿引领"理论创新研究和解题策略的深度实证研究。

2）组织动力框架

我们通过深度案例与实证分析，构建了中国企业组织变革动力框架，重点解决组织变革与文化融合方面的关键影响因素或造成最大变异的过程要素（内在动力因素）的识别与建构问题。本节研究表明，中国企业组织变革创新和文化融合机制主要受到以下若干项组织动力要素的影响，组织变革的团队特征动力与组织团队界面动力因素发挥了重要作用。

（1）管理团队多样动力：我们取得的标志性研究进展是在组织变革和文化融合过程中创新性地引入动态能力要素作为团队资源基础，在团队具有高动态能力时，才能收获创新；在低动态能力时，团队多样性和任务冲突都会表现出双刃剑效应，从而揭示出高层团队动力特征在文化融合与变革管理中的两栖效应。

（2）组织团队界面动力：我们的研究也表明，变革创新动力要素包括：文化价值取向、专业团队互动、领导决策选择、技术创新响应、转型政策导向、联盟策略开发六项因素。其中，在变革创新中，领导决策选择与技术创新响应是表现最强动力，文化价值取向、专业团队互动等形成团队界面的动力因素，而转型政策导向、联盟策略开发形成组织界面的动力因素。

3）演进建构模式

中国企业组织变革的演进建构模式包含组织-文化演进组合和组织-合作敏捷

模式。

（1）组织-文化演进组合：我们的研究表明，组织演进的构建包含结构柔性、决策分布、运营生态，而文化情境则包括和谐、关系、多样等要素之间的权变效应。

（2）组织-合作敏捷模式：我们的研究揭示出，在企业组织变革中，信息技术变革和文化开放度都可以显著提升组织敏捷性，从而增强战略层面的敏捷性，包括合作伙伴对接与供应链协作创新、内外信息挖掘和拓展创新机会等，而可能减弱基层流程的敏捷性；云计算技术变革可以促进变革文化融合和伙伴企业间的合作敏捷性。云计算相当于一个开放型的企业间信息系统平台，其应用使企业间的合作变得及时并高效。

基于动态变革的问题驱动方法论，通过情境嵌入、组织动力和演进建模的方法，成功地揭示出中国企业管理实践的情境特征与组织动力因素，并将其纳入研究框架，考察其动态变革机制，成为管理研究方法论的一项重要创新。

（二）如何识别与建构新型组织动力要素

中国企业管理变革实践正在展示和"塑造"出一系列新的情境特征和组织动力要素。围绕中国企业在转型升级、创新驱动、数字智能化和国际化的转型升级与创新发展背景下实现全面、协调、可持续发展的组织变革动力因素和情境特征开展深度研究。

1. 识别新型组织动力要素

中国企业组织在转型发展背景下形成了一系列新的"组织动力要素"，主要包括文化价值多向、专业团队互动、经营权力分布、业务决策选择、公司文化变迁、技术创新响应、客户市场反馈、转型政策导向、联盟策略开发等。请注意，这些动力要素的关键点是其"后缀"动力特征，如多向、互动、分布、选择、变迁、响应、反馈、导向、开发等。诸多动力因素交互作用，逐步构成组织变革与组织发展的组织动力框架。

2. 聚焦文化组织演进特征

本节研究也表明，中国管理重大实践的关键问题与情境特征表现为"文化情境特征"（如和谐性、关系式、多样性等）和"组织情境特征"（如结构柔性化、决策分布式、运营生态化等）之间相互影响与交叉促进，形成了中国企业组织变革的文化与组织行为特征的新型演进特征。

四、组织变革与组织赋能三重机制

我们的研究在组织变革和文化融合的过程中，创建并验证了组织赋能的三重机制，即以创业社会责任形成适应机制，以前瞻警觉决策建立选择机制，以变革融合行动强化发展机制。以这三重机制为基础，提出组织赋能的新策略，成为新型领导力开发和新一代生态系统构建的重要研究领域。

（一）基于创业社会责任的适应策略

组织变革的关键特征是竞合适应，以变革文化价值为基础，我们构建了创业社会责任理论，从责任价值、责任动力和责任参与三个维度，考察创业责任的共享行动机制。由于组织在变革创新过程中所面临的经营环境越来越趋于动态、复杂，这对组织文化与组织生态提出了新的更高的要求。各类新型商务活动和各项工作任务需要运用创业社会责任的思路加以解释和优化。在组织变革与文化融合的情境下，赋能适配是一个多层次能力开发和多方位主动担责的文化竞合适应过程。采用组织生态观的视角，强调将组织群落与其赖以适应、生存和发展的内外环境结合起来，形成新的组织动力机制。我们在组织变革和文化融合研究中，采用了创业五力模型的第一力——创业生态力的概念，强调通过"适应—选择—发展"的组织变革三步机制，实现创业心智与创业政策法规及营商环境之间的担责赋能，并进一步提出赋能式生态系统的概念，主动强化赋能适配的内在功能和发展机制。

同时，适应策略也聚焦于创业五力模型的第二力：创业文化力。强调创业伦理价值与创业责任的融合，创造一种促使整个组织生态系统共同演化、重塑更新与组织发展的担责赋能的新路径。

（二）基于前瞻警觉决策的选择策略

组织变革的前瞻警觉对变革决策具有直接的影响，我们的研究以分布启动、目标参照、交互洞察、前瞻判断四种特征构建了组织变革与文化融合的组织前瞻警觉理论，作为组织变革决策的理论框架和行为决策机制。在组织变革文化融合机制的研究中，运用前瞻警觉的决策判断，提出选配赋能的新思路。

常规商业范式比较强调组织的内在能力，而今，成功的企业组织都利用整个商业网络的合作能力来获取竞争优势。影响组织成长的多种要素之间相互促进和反馈调节。运用简单的线性理论已无法解释组织变革与文化融合中所面临的各种复杂问题，特别是恶性竞争、伦理违背、当前利益等负面行为问题。这要求采用新的方法来研究复杂环境下的组织间关系。企业在通过产品、服务、技术、队伍等方面的内外相互关联而形成交互式资源选配的赋能网络。基于创业五力的团队力与创新力，强调组织成员的心智更新或赋能转换，超越组织与行业界限，通过组织间的成员共同合作，来满足多种新兴市场需求和使每位成员成长的整体选配赋能发展。

我们开展的组织变革与文化融合机制研究，针对浙江大学创业校友成长模式与策略的深度案例与实证分析表明，持续成功的创业组织通常在以下三个方面表现出选配赋能的优势。

1. 职业转换能力

在组织变革的情境下，注重创业型项目与职位的转换和提升，在多种岗位或业务上得到历练与成长。一般都会有 4～6 次的创业转换、组织更新和项目历练机会。特别是通过建立多种项目升级与职业转换的机会，形成成长的新动力，实现积极主动的选配赋能。

2. 协同创新能力

在组织变革的过程中，注重创设项目间协同和团队创新计划，从而持续推进协同创新的能力。特别是注重激活协同创新网络和知识共享机制，建设和优化创新文化和配套建立文化融合的合作计划，形成成长的新活力，开展协同创新能力提升的选配赋能计划。

3. 变革学习能力

强调组织变革与文化融合的赋能机制，是优化组织变革效能的重要举措。创设新型"组织发展策略"并建立"组织发展策略库"，从组织设计、云端平台、战略绩效和创业五力等方面，设置相应的团队选配赋能计划与评价体系，运用适应—选配—发展为过程要素的 ASD 变革理论框架（Wang, 2012），通过心智模式、胜任能力和效能体系等赋能策略与效能指标，系统优化中国企业组织变革和组织发展创新模式、责任机制、变革策略和融合路径，为企业组织变革与文化融合的机制和策略提供新的解决方案。

（三）基于变革融合行动的发展策略

组织变革中，通过创业社会责任促进文化融合的竞合适应与担责赋能，以前瞻警觉决策提升文化融合的决策选择与选配赋能，用变革融合行动发展增强文化融合的迭代赋能，从而构建了新的赋能行动理论：担责赋能、选配赋能、迭代赋能，从而揭示出组织变革文化融合的赋能适配机制。

聚焦于组织变革与文化融合的迭代赋能行动，通过迭代学习实现高成长的生态系统体系与发展特征。

1. 领军企业与群体成长

迭代赋能需要支持成长型领军企业和领军人物，创造成长条件开展核心团队建设。可以在组织变革过程中出台新的领军企业计划和创新团队成长计划，增强激励指导和业务战略能力。迭代赋能还要求结成产学研一体化科技创新与产业发展的战略伙伴，集聚组织创新的各类资源，形成开放式发展的创新平台。

2. 能力建设与培训开发

迭代赋能注重在组织变革与企业转型过程中开展组织能力建设和核心竞争力的提升，把培训开发作为持续赋能的主要策略，并特别注重"变革技能和组织发展能力"的培养与辅导，包括团队间沟通技能、变革创新社会责任、创新团队协作技能等。一方面营造创业创新的文化氛围，鼓励失败学习，支持创新发展；另一方面强化学习型组织文化建设，塑造拥抱变革、协同创新的赋能成长心态。

3. 项目平台与创新服务

迭代赋能也注重项目平台的建设与管理能力的提升。运用多种相关政策法规与变革创新文件，构筑科创项目启动、脱颖、成长、加速的高效能投融资体系，并以定制式赋能辅导和创新服务的新模式与新机制，建设新一代生态系统。同时，强化行业协会与社会组织在转型升级与组织变革发展方面的协同服务与凝聚功能，实现创新动力、社会责任、前瞻警觉、组织协同和共享融合的变革创新赋能机制。

我们通过组织变革与文化融合的一系列实证研究，围绕问题驱动方法论、创业社会责任论、组织前瞻警觉论、能力适配成长论、女性创业领导论、知识产权创业论、跨境外派角色论和变革赋能行动论相关问题，从动态变革、竞合适应、分布决策、组织学习、变革创新、系统柔性、心理获得和行动学习等视角，取得了基于中国管理实践的理论创新成果。在此基础上，构建和验证了组织变革与文化融合的六项连环机制：创新动力机制、责任担当机制、前瞻警觉机制、组织协同机制、赋能适配机制和共享整合机制。研究成果为推进中国企业组织变革和实现可持续发展提供了富有理论意义和应用价值的原理与方法。

参 考 文 献

陈笃升，王重鸣. 2015. 组织变革背景下员工角色超载的影响作用：一个有调节的中介模型. 浙江大学学报（人文社会科学版），45（3）：143-157.

陈燕妮，王重鸣. 2015. 创业行动学习过程研究——基于新兴产业的多案例分析. 科学学研究，33（3）：419-431.

范巍，王重鸣. 2015. 人事选拔决策过程匹配评价的现场研究：以 ASD 理论"A"阶段分析为例. 心理学探新，35（2）：187-192.

方兴东. 2018a. 光荣与梦想：互联网口述系列丛书 钱华林篇. 北京：电子工业出版社.

方兴东. 2018b. 光荣与梦想：互联网口述系列丛书 刘韵洁篇. 北京：电子工业出版社.

方兴东. 2018c. 光荣与梦想：互联网口述系列丛书 田溯宁篇. 北京：电子工业出版社.

方兴东. 2018d. 光荣与梦想：互联网口述系列丛书 胡启恒篇. 北京：电子工业出版社.

方兴东. 2018e. 光荣与梦想：互联网口述系列丛书 张树新篇. 北京：电子工业出版社.

方兴东. 2018f. 光荣与梦想：互联网口述系列丛书 张朝阳篇. 北京：电子工业出版社.

方兴东. 2018g. 光荣与梦想：互联网口述系列丛书 陆首群篇. 北京：电子工业出版社.

方兴东. 2018h. 光荣与梦想：互联网口述系列丛书 许榕生篇. 北京：电子工业出版社.

傅颖，王重鸣. 2014. 女性继任家族企业研究回顾与展望. 妇女研究论丛，（2）：119-125.

海勒 F，王重鸣. 1988. 关于组织心理学内容和价值的再思考. 应用心理学，（1）：5-9.

胡洪浩. 2014. 海归创业研究前沿与展望. 科技进步与对策，31（17）：151-155.

胡洪浩，王重鸣. 2013. 创业警觉研究前沿探析与未来展望. 外国经济与管理，35（12）：11-19.

柯林斯 J，波勒斯 J. 2011. 基业长青. 真如译. 北京：中信出版社.

柯林斯 J，汉森 M T. 2012. 选择卓越. 陈召强译. 北京：中信出版社.

莱斯 E. 2012. 精益创业. 吴彤译. 北京：中信出版社.

凌斌，王重鸣. 2014. 时间距离对于验证性信息加工的影响. 心理学报，46（8）：1176-1191.

刘景江，刘博. 2014. 情境性调节焦点、即时情绪和认知需要对技术创业决策的影响. 浙江大学学报（人文社会科学版），44（5）：110-120.

刘景江，王文星. 2014. 管理者注意力研究：一个最新综述. 浙江大学学报（人文社会科学版），44（2）：78-87.

潘剑英，王重鸣. 2014a. 创业指数研究述评与展望. 管理现代化，（2）：123-125.

潘剑英，王重鸣. 2014b. 生态系统隐喻在组织研究中的应用与展望. 自然辩证法研究，30（3）：65-69.

王重鸣. 2015. 专业技术人员创业能力建设读本. 北京：中国人事出版社.

王重鸣，蔡学军. 2017. 中关村创业人才成长案例. 北京：党建读物出版社.

王重鸣，陈国青，李维安. 2011. 中国管理研究与实践. （复旦管理学杰出贡献奖获奖者代表成果集 2007）. 上海：复旦大学出版社.

王重鸣，郭维维，弗雷瑟 M，等. 2008. 创业者差错取向的绩效作用及其跨文化比较. 心理学报，（11）：1203-1211.

王重鸣，胡洪浩. 2015. 创新团队中宽容氛围与失败学习的实证研究. 科技进步与对策，32（1）：18-22.

王重鸣，吴挺. 2016. 互联网情境下的创业研究. 浙江大学学报（人文社会科学版），46（1）：131-141.

王重鸣，薛元昊. 2014. 知识产权创业能力的理论构建与实证分析：基于高技术企业的多案例研究. 浙江大学学报（人文社会科学版），44（3）：58-70.

吴挺，王重鸣. 2016. 互联网情境下的创业行动、信息获取和新创绩效——来自苹果应用商店的证据. 科学学研究，34（2）：260-267.

薛元昊，王重鸣. 2014. 基于组织学习理论的企业知识产权策略研究. 科学学研究，32（2）：249-256.

严进，吴英杰，姜琦. 2015. 基于行为事件的履历资料评估. 心理科学，38（2）：457-462.

杨静，王重鸣. 2013. 女性创业型领导：多维度结构与多水平影响效应. 管理世界，（9）：102-115，117，187-188.

赵曙明，蒋春燕. 2009. 从做中学：中国管理学研究的发展思路. Management and Organization Review，5（1）：101-111.

Aiken L S，West S G. 1991. Multiple Regression：Testing and Interpreting Interactions. Newbury Park：Sage.

Aquino K，Reed A I I. 2002. The self-importance of moral identity. Journal of Personality and Social Psychology，83：1423-1440.

Barnett W P，McKendrick D G. 2004. Why are some organizations more competitive than others? Evidence from a changing global market. Administrative Science Quarterly，49（4）：535-571.

Baron R M，Kenny D A. 1986. The moderator-mediator variable distinction in social psychological research：conceptual，strategic，and statistical considerations. Journal of Personality and Social Psychology，51：1173-1182.

Baum J R，Bird B J. 2010. The successful intelligence of high-growth entrepreneurs：Links to new venture growth. Organization Science，21（2）：397-412.

Blackburn R，Clercq D D，Heinonen J，et al. 2018. The SAGE Handbook of Small Business and Entrepreneurship. SAGE Publications.

Bledow R，Frese M，Anderson N，et al. 2009. A dialectic perspective on innovation：conflicting demands，multiple pathways，and ambidexterity. Industrial and Organizational Psychology，2（3）：305-337.

Brown M E，Treviño L K，Harrison D A. 2005. Ethical leadership：a social learning perspective for construct development and testing. Organizational Behavior and Human Decision Processes，

97（2）：117-134.

Chen D S，Wang Z M. 2014. The effects of human resource attributions on employee outcomes during organizational change. Social Behavior and Personality：an International Journal，42（9）：1431-1443.

Chen J T，Hui E，Wang Z M. 2017. More promotion-focused，more happy? Regulatory focus，post-purchase evaluations and regret in the real estate market. Urban Studies，54（1）：251-268.

Child J. 2009. Context，comparison，and methodology in Chinese management research. Management and Organization Review，5（1）：57-73.

Edmondson A C. 1999. Psychological safety and learning behavior in work teams. Administrative Science Quarterly，44（2）：350-383.

Frese M. 2007. The psychological actions and entrepreneurial success：an action theory approach// Baum J R，Frese M，Baron R A. The Psychology of Entrepreneurship. LEA Press：151-188.

Frese M，Fay D. 2015. Personal Initiative. Wiley Encyclopedia of Management. John Wiley & Sons，Ltd.

Gao Y Q，Lin Y L，Yang H B. 2017. What's the value in it? Corporate giving under uncertainty. Asia Pacific Journal of Management，34（1）：215-240.

Garvin D A，Edmondson A C，Gino F. 2008. Is yours a learning organization? Harvard Business Review，86（3）：109-116，134.

Gielnik M M，Frese M，Kahara-Kawuki A，et al. 2015. Action and action-regulation in entrepreneurship：evaluating a student training for promoting entrepreneurship. Academy of Management Learning and Education，14（1）：69-94.

Graen G B，Uhl-Bien M. 1995. Relationship-based approach to leadership：Development of leader-member exchange（LMX）theory of leadership over 25 years：applying a multi-level multi-domain perspective. Leadership Quarterly，6（2）：219-247.

Hayes A F. 2015. An index and test of linear moderated mediation. Multivariate Behavioral Research，50（1）：1-22.

Hofmann D A. 1997. An overview of the logic and rationale of hierarchical linear models. Journal of Management，23（6）：723-744.

Jannesari M，Wang Z M，Brown P，et al. 2016. Knowledge transfer between expatriate and host country nationals：the role of self-construal. Social Behavior and Personality：An International Journal，44（3）：369-382.

Jannesari M，Wang Z M，McCall J，et al. 2017. Psychological availability between self-initiated expatriates and host country nationals during their adjustment：The moderating role of supportive supervisor relations. Frontiers in Psychology，8：2049-2062.

Keller J，Loewenstein J，Yan J. 2017. Culture，conditions and paradoxical frames. Organization Studies，38：539-560.

Klein K J，Kozlowski S W J. 2000. From micro to meso：critical steps in conceptualizing and conducting multilevel research. Organizational Research Methods，3（3）：211-236.

LeBreton J M，Senter J L. 2008. Answers to 20 questions about interrater reliability and interrater agreement. Organizational Research Methods, 11（4）：815-852.

Leung K, Deng H, Wang J, et al. 2015. Beyond risk-taking：effects of psychological safety on cooperative goal interdependence and prosocial behavior. Group & Organization Management, 40（1）：88-115.

Li H C, Wang Z M. 2015. Powerful or powerless when change is needed：effects of power on escalation of commitment. Social Behavior and Personality：An International Journal, 43（1）：123-135.

Li J Y, Shieh C J. 2016. A study on the effects of multiple goal orientation on learning motivation and learning behaviors. Eurasia Journal of Mathematics, Science and Technology Education, 12(1)：161-172.

Liden R C, Maslyn J M. 1998. Multidimensionality of leader-member exchange：an empirical assessment through scale development. Journal of Management, 24（1）：43-72.

Liu J J, Chen L, Kittilaksanawong W. 2013. External knowledge search strategies in China's technology ventures：the role of managerial interpretations and ties. Management and Organization Review, 9（3）：437-463.

Luan K, Rico R, Xie X Y, et al. 2016. Collective team identification and external learning. Small Group Research, 47（4）：384-405.

March J G. 1991. Exploration and exploitation in organizational learning. Organization Science, 2（1）：71-87.

Mathieu J E. Taylor S R. 2007. A framework for testing meso-mediational relationships in organizational behavior. Journal of Organizational Behavior, 28（2）：141-172.

Mo S J, Ling C D, Xie X Y. 2019. The curvilinear relationship between ethical leadership and team creativity：the moderating role of team faultlines. Journal of Business Ethics, 154(1)：229-242.

Mo S J, Wang Z M, Akrivou K, et al. 2012. Look up, look around：is there anything different about team-level OCB in China?. Journal of Management & Organization, 18（6）：818-832.

Moore J H, Wang Z M. 2017. Mentoring top leadership promotes organizational innovativeness through psychological safety and is moderated by cognitive adaptability. Frontiers in Psychology, 8：318.

Qu W G, Ding Y J, Shou Y Y, et al. 2014. The impact of enterprise systems on process flexibility and organisational flexibility. Enterprise Information Systems, 8（5）：563-581.

Qu W G, Yang Z Y. 2015. The effect of uncertainty avoidance and social trust on supply chain collaboration. Journal of Business Research, 68（5）：911-918.

Qu W G, Yang Z Y, Wang Z M. 2011. Multi-level framework of open source software adoption. Journal of Business Research, 64（9）：997-1003.

Seibert S E, Crant J M, Kraimer M L. 1999. Proactive personality and career success. Journal of Applied Psychology, 84：416-427.

Snijders T A B, Bosker R J. 1999. Multilevel Analysis：An Introduction to Basic and Advanced Multilevel Modeling. London：Sage Publications.

Wang H Y, Liu Y F. 2016. The impact of regulatory fit on postdecision evaluation. Social Behavior and Personality: An International Journal, 44（3）: 383-390.

Wang J, Leung K, Zhou F. 2014a. A dispositional approach to psychological climate: relationships between interpersonal harmony motives and psychological climate for communication safety. Human Relations, 67（4）: 489-515.

Wang S, Guidice R, Zhou Y Y, et al. 2017a. It's more complicated than we think: the implications of social capital on innovation. Asia Pacific Journal of Management, 34（3）: 649-674.

Wang S, Noe R A, Wang Z M. 2014b. Motivating knowledge sharing in knowledge management systems: a quasi-field experiment. Journal of Management, 40（4）: 978-1009.

Wang W, Fu Y, Qiu H Q, et al. 2017b. Corporate social responsibility and employee outcomes: a moderated mediation model of organizational identification and moral identity. Frontiers in Psychology, 8: 1906.

Wang Y, Wang Z M. 2017. Influence of new generation succession on team performance: evidence from China. Social Behavior and Personality: An International Journal, 45（2）: 281-298.

Wang Z M. 2004. HRM-culture fit and its effects on entrepreneurship. International Journal of Psychology, 39（5/6）: 4018. 4.

Wang Z M. 2012. Developing global roles for Chinese leadership: an ASD theory of organizational change//Mobley W H, Wang Y, Li M. Advances in Global Leadership. London: Emerald Group Publishing: 375-388.

Wang Z M, Fu Y. 2015. Social support, social comparison, and career adaptability: a moderated mediation model. Social Behavior and Personality: An International Journal, 43（4）: 649-659.

Wang Z M, Heller F A. 1993. Patterns of power distribution in managerial decision making in Chinese and British industrial organizations. The International Journal of Human Resource Management, 4（1）: 113-128.

Wang Z M, Zang Z. 2005. Strategic human resources, innovation and entrepreneurship fit: a cross-regional comparative model. International Journal of Manpower, 26（6）: 544-559.

Wang Z M, Zhao Y H. 2018. Entrepreneurial social responsibility//Blackburn R, de Clercq D, Heinonen J. SAGE Handbook of Small Business and Entrepreneurship, London: SAGE Publications Limited: 423-442.

Yan J, Hou S H, Unger A. 2014. High construal level reduces overoptimistic performance prediction. Social Behavior and Personality: An International Journal, 42（8）: 1303-1313.

Zheng B Y, Wang Z M. 2017. Perceived overqualification and its outcomes: the moderating role of organizational learning. Social Behavior and Personality: An International Journal, 45（10）: 1675-1690.